八字奧秘三十天快譯通

作者：於光泰博士

於光泰
籍貫：中國，江蘇省，常洲。
1957年出生於台灣桃園市。

學經歷：
台北科技大學建築系、土木系
輔仁大學中文(易經)博士
中央大學哲學博士候選人
指南宮中華道教學院講師

相關著作：
1. 八字基礎會通
2. 周易與六爻預測
3. 易經三十天快譯通
4. 擇日學三十天快譯通
5. 陽宅奧秘三十天快譯通
6. 八字奧秘三十天快譯通
7. 「梁學八字大破譯」教學光碟
8. 「梁學陽宅內局大解碼」教學光碟
9. 「三合派與形家風水會通」教學光碟
10. 「梁學八字基礎整合」教學光碟
11. 「擇日十週會通」教學光碟
12. 「八字流年實務」教學光碟
13. 「八字卜卦陽宅擇日十八週四科基礎」教學錄影片
14. 「陽宅奧秘二十二週」教學錄影片
15. 「九星水法八週」教學錄影片

看「八字」為的是「天人合德」──論「自然氣數」與「人文自覺」：為於光泰博士著《八字奧秘三十天快譯通》推薦序

林安梧(山東大學易學與中國古代哲學研究中心特聘教授、元亨書院山長)

　　我們談到「八字」，「八字」其實是中國文化傳統裏利用天干地支，準確來記錄「年、月、日、時」的方法，年有干支，月有干支，日有干支，時有干支，年月日時各有干支，這樣總的算起來，一共就八個字，所以簡稱叫「八字」。換言之，每個人誕生都有八字，看他在哪一年、哪一月、哪一日、哪一時誕生的，從這八字可以看到它就是一個時空結構，天地間的一個結構。這個結構就讓你的生命能有個定準可以理解。在這裏有一種自然之氣數啊，自然之氣數定了，讓你自己有些理解，理解你在宇宙中的位置。

　　但是人他不只是自然之氣，人還有人文自覺。自然之氣在自然之天，人文自覺在人的修為。就命來說，有自覺之命與自然之命；世俗所說的氣數，但這不就可以算定人的命。自然講的是氣，在人則講的是自覺。這兩者如何搭配，如何處理，這是個非常有意思的技術，也是藝術，是由技近乎道的「命理的藝術」，也可以說是「命理之道」，由技近乎道，這樣的命理之道。

　　漢文化地區所說的命，基本上它不是一硬性的決定論，因為與其說是硬性的命定決定論。毋寧說，他給出了一個參考架構，由這算命的先生、命理師，幫你把你的四柱八字算了之後，點化、疏理，教你該當如何？在時間歷程裏，比如說流年如何？在情境場域裡，你該當如何扮演適當的角色。這裏我們可以看到重要還是如何趨吉

避凶，如何能趨利避害。趨吉避凶，趨利避害，這是人類基本生存所必要的，當然，論命看相，總離不開這個的。

命學先生，他一定會告訴你，你生身的命格如何，和你該如何參贊，如何參與助成它。這也就告訴我們，「命」並不是上天可以百分之百幫你決定的。其實，所謂「氣數」，生命之氣的情況，我們通過「數」來運算。這最重要是：讓我們在理解、詮釋的過程裏，我們參與於其中，進到整個天地之氣的場域之中，喚醒我們內在生命的動能，這裡有著我們自覺生命的覺醒。如此一來，進一步我們期待達到「天人合德」的狀態。

天以其自然之氣，人以其自覺之德，自覺之德與自然之氣，兩端而一致，這兩者和合一致，如何為適當。人們尋求其恰當和合，能夠趨吉避凶、趨利避害。不止你個人而已。這裏隱含着家族脈絡的系統，還有共同體的脈絡。它教你該當如何在這個家庭人倫，在更寬廣的共同體，人又該當如何好？當然，這些都得回到你自己的身心共同體，您又該如何？其實，這說的就是「身、家、國、天下」，與你密切相關，你該如何？這是你必須深入去思考的，因為你必然參贊於其中。人參贊乎天地化育，自然之命數固然重要，但自覺之修為則更為重要。不管如何神準的命相先生，也一定會留給道德自覺之修為，作為最關鍵的角色。

我常和很多朋友說，一個好的八字命學先生，其實隱含著心理諮商師的角色，而且他是接近於「超個人心理學」(transpersonal psychology)的點化與成全，這是很有意思的。我們從這些角度來思考，你就會發覺到：中國古代的學問裏，它是柔性的參贊天地之化育，人生於天地之間，張載的《西銘》說「乾稱父，坤稱母，於茲眇焉，混然中處」，我們指天為父，指地為母，有天地、乾坤、父母，才有我，我不只是一個孤零零的個體，我不能是被隔離開來的封閉的我，

我不只是一個個體的自我，他是一個在總體脈絡中共同體中的自性的我。

學習八字其實是要讓我了解這共同體的脈絡，在這結構底下有更深的詮釋，進一步的參贊，能夠參贊天地之化育，能達到「天人合德」的狀態。「天人合德」不是什麼奧祕，道爲根源，德爲本性，天地有道，人間有德，如其根源，順其本性，而人參贊之，參贊的主宰就是心靈的自覺。三才者，天地人，天爲高明，地乃博厚，人參贊於其中，自能悠久無疆。

天地之中，因為人有心之自覺，故能參贊，心者，覺醒、認知、思考、抉擇，有著這樣的功能，用荀子的話來說，就是「知通統類」，用孟子的話，「心之官則思」，思則得之，不思則不得。在此，我們要正視八字的奧祕，其實最重要的在於啓動我們內在參贊的玄機啊。關於八字與人參贊的玄機，這裏就是我們常說的「天人合德」之道德人文與自然生命的合和與共，是在參贊，參與助成的過程中，如船山所說「命日降，性日生日成」，這樣生生不息，長育而成的。

《易經》〈乾卦文言〉說「大人者，與天地合其德，與日月合其明，與四時合其序，與鬼神合其吉凶」，這道理說得很到位。《易經》是「參造化之微，審心念之幾，觀事變之勢」。「絜靜精微，易之教也」，八字命學是易學所導引出來的某個向度。他當然也一樣要「參造化之微，審心念之幾，觀事變之勢」的。

於光泰博士，十餘年前，曾經在台北木柵指南宮的「中華道教學院」聽過我的課，參與《易經程氏傳》的易理課程，他在課堂中常有敏銳的洞見，及精采的討論，我覺得他對於易經義理契入頗深。後來，他轉益多師，對於陰陽術數，頗為精通。他從事易經學術之研究，既深且久，於天人性命之道，深造有得，洵非虛言也，非世俗常人所能及也。他已經出版了許多易學的相關著作，最近他的大

作《八字奧秘三十天快譯通》要出版了，真為他高興歡喜，相信他這本書的出版，可以幫助許多人們解開疑惑，並點化他們如何參與於人間世，如何守其中正之道，如何「不習無不利」，如何「亢龍有悔」，如何「見龍在天」，如何「元亨利貞」，如何「天人合德」，如何「致中和，天地位焉，萬物育焉」，知己知彼，知人知天；如何得天時、取地利，成就人和，豈曰小補之哉！豈曰小補之哉！尚此推薦焉！是為序！

—壬寅之春 2022 年陽曆 3 月 3 日 林安梧於台北元亨書院

（序文作者簡介：林安梧，台灣大學首位哲學博士，當代新儒家學者，後新儒學的開啟者。先後擔任清華大學教授暨通識教育中心主任，南華大學哲學所創所所長，臺灣師範大學國文學系教授，慈濟大學人文社會學院院長，同濟大學中國思想與文化研究院院長，元亨書院創辦人，山東大學儒學高等研究院，儒家文明創新協同中心傑出訪問學人，山東大學易學與中國古代哲學研究中心特聘教授，二零二零年獲選為第一屆中華本土社會科學會會士。著有《王船山人性史哲學之研究》《存有意識與實踐》《中國人文詮釋學》《中國宗教與意義治療》《當儒家走進民主社會：林安梧公民儒學論集》《論語聖經譯解：慧命與心法》專著三十餘部，專業論文三百餘篇。）

高序

指南宮開山立基百餘年，傳承道教真樸義，天地靈氣鍾「指南」。大中華第一所「中華道教學院」於戊辰（1988）年成立，即設址在臺北指南宮凌霄寶殿，旨在培育道教人才，闡揚道教信仰及義理。

光泰博士，乙未（2015）年畢業於中華道教學院，登台執鞭教學，隨後又在輔仁大學中文研究所取得博士學位，其博士論文「唐代以前《周易》象數與義理研究」，對於道教術數中的子平學有精湛之研究，而後更進一步，於中央大學取得哲學博士候選人資格，其論文也是研究道教哲學與陰陽家術數學精義。

光泰博士研究耕耘命理數十年，2021 年出版《陽宅奧秘》三十天快譯通，於研究道家哲學之餘，再完成一部《八字奧秘》三十天快譯通著作，究讀其內容，程度上將古籍中隱晦深奧學理，直白論述；順序上由八字學基礎，生旺庫，刑冲合會，格局辨識，強弱用神分判，十神定位，八格喜忌，特別格與雜格等循序漸進，深入淺出；實務上將古今佳例歸納分析，申論己意；閱讀後定然心領神會，誠為命理學界傑出作品。光泰博士力學勤耕，與我指南宮情誼深厚，再寫新書，本人願誠懇推薦。

壬寅（2022）年仲春
指南宮主任委員高超文

內文目錄

4

第壹章、八字學基礎

前言

中國傳統命理非常豐富，有四柱八字、紫微斗數、鐵板神數、奇門遁甲、大六壬、終生卦等不勝枚舉；其中四柱八字較為普遍廣泛被使用，亦為「祿命學」之一。四柱命學亦稱「子平命學」、「子平術」、「八字」、「生辰八字」（俗稱算命，本書從俗簡稱八字）。用天干、地支相配標出一個人出生的年、月、日、時四項，分別稱為年柱、月柱、日柱和時柱，每一柱由一個天干和一個地支組成。在應用中或有以年柱或月柱為主，但多用日柱為主，以年柱代表祖基，月柱代表父母，日干代表本人，日支代表配偶，時柱代表子嗣。兼取命宮、胎元、大運、流年，配合流年太歲、月令、神煞、十二生旺庫等的五行生剋制化，判斷吉凶悔吝。

八字命理之起源與卜筮相關，東漢末年取「京房易」納甲卦的說法，以天干地支，生出剋入定十神。三國時期管輅在祿命學有重大發展。隋朝蕭吉《五行大義》一書使八字學理論更完整。唐代以納音五行與神煞為主，李虛中根據年、月、日、時干支，推算貧富貴賤、吉凶禍福等。宋代徐子平組合以日柱為主的「子平法」，徐升整理出《淵海子平》，明清時期談祿命法者有劉伯溫、陳素庵、萬育吾《三命通會》、沈孝瞻《子平真詮》、余春台《欄江網》、任鐵樵《滴天髓》等。民國初年起有江浙地區袁樹珊《命理探原》、《滴天髓闡微》等，徐樂吾《造化元鑰評註》、《滴天髓徵義》、《子平粹言》等。台灣則是由五十年代的鐵筆子《四柱推命學》、鄒文耀、吳俊民《命理新論》、韋千里至八十年代梁湘潤《子平基礎概要》、《子平母法總

則》、《細批終身詳解》、《喜忌用神大辭淵》等。明朝萬育吾著《三命通會》、清朝沈孝瞻著《子平真詮》，兩人帶有官職，學養俱佳，並非以八字糊口之術士，其作品是學習理論的極佳著作。但八字哲學文化有甚多隱藏在傳統江湖色彩之書籍中，即所謂密訣、密抄等，甚有實務價值，所以學習八字學術與訣語並用，不可偏廢。

八字哲學運用之基礎為陰陽五行生剋制化等，而其哲學內涵不外乎天人合一、中庸、倫理道德、因果關係等。雖然古代觀念例如男尊女卑，多子多孫，女子無才便是德，萬般皆下品，惟有讀書高等封建觀點，與現代思想不同，然追求富貴、趨吉避凶或亢龍有悔等人生沉浮之因果關係均相同。而<u>學習八字半途而廢之學者比例甚高，推究其原因第一門檻在刑、沖、合、會等基本法則不熟練。其次，排四柱大運流年產生困難。其三，柱運歲兜攏時沒有得到師門訣竅，而古書今論在關鍵點，俱都隱晦精髓。</u>而學習八字的動機有業餘學術興趣研究，有立志成為命理師，有探求洞悉自己與周邊親友之命運。

所謂八字是由天干地支所構成，其學理基礎在於我國古代天文曆法之資料，例如《尚書》堯典、《史記》曆書、《漢書》律曆志、《禮記》月令、《淮南子》天文訓、《爾雅》釋天等。《繫辭傳》云：「一陰一陽之謂道」。《周易》思想「太極生兩儀」，「兩儀」就是陰陽兩者。引申到八字命理就是東西、南北、吉凶、貧富、貴賤、順逆、旺絕等。老子云：「有無相生，難易相成，長短相形，高下相盈，音聲相和，前後相隨。」講的是對立轉化，歸根復命。北宋張載云：「兩不立則一不見，一不見則兩之用息。」宇宙間之事情都是相反相成，統一對立並存，陰陽融合一體，八字哲學也是根據這種思想，要求

中庸太和之道。八字哲學其實就是套用陰陽五行的說理，以中庸思想為最高原則，解釋人生過與不及均非所取。因此身強身弱均非高命，例如丙午日若生在巳、午月，又逢大運流年甲寅、丙午、丁巳等，都必須提高警覺，穩健守成，戒急用忍。中國哲學辨證思維的特色，反映在八字論命有：世界唯一不變的就是處在持續變化中、統一與對立相互轉化，所以過旺則衰，陽死陰生，陰死陽生等。

八字是否一定神準，唐朝太常博士呂才，奉唐太宗命令整理相關文獻，云「祿命之書，多言或中，人乃信之。然長平阬卒，未聞共犯三刑。南陽貴士，何必俱當六合？今亦有同年同祿而貴賤懸殊，共命共胎而壽夭更異。」這裡指出如果八字包準，為何雙胞胎或同一個八字的兩人，富貴貧賤壽夭懸殊甚大？這除了先後天環境以外，導入現代遺傳學觀念，八字無法包準是必然的。然八字依據長久以來的歸納，仍有相當之精準度，如果以百分之七十以上，加諸判斷的人生哲理，對於學習者理解社會道理有相當的幫助。換言之，學習者莫執著於神準之境界，而應在學習中體會人生哲學。例如流年丙子遇到壬午大運為水火既濟互換祿，應知火水未濟之道理，然是否一發即滅，而應戒急用忍即發人反省，如是套用人生哲理於八字理論中，才是學習八字的正確態度。

至於學習八字哲學必先具備之基礎有：（一）天干地支與六十甲子順序。（二）干支刑、冲、合、會。（三）五虎遁月、五鼠遁日。（四）支藏天干。（五）六親十神生剋關係。（六）十干祿絕。（七）十二生旺庫。（八）神煞起例。（九）用神喜忌等不勝枚舉。八字難學難精，吾人起步務須融會貫通，然後始得心應手。

因為八字哲學淵源甚久，作者與時代背景各有不同，因此各家

3

所述學理自然有所不同，須知命書中之案例未必完全可信，局部可信之理論未必通盤適用，用神有各種說法，不一定專講扶抑日主、身強身弱等。如何消除是非判斷、以偏概全等命理盲點，全在於將經驗與哲理並用，學者須勤練通盤論命的基礎功夫與哲學推理，須知論命正確性是無法百分之百的。

對於八字要求絕對精準是不可能的事，實務上以百分之七十五就算上得了檯面，對於命格甚高或甚低之人生百態，八字學其實是有侷限的。簡單說，高官鉅富與遊民可能只差一個字。至於八字為何無法絕對準確？

（一）因為<u>變數太多及前提條件無法精確定義</u>，陰陽五行的道理僅是談天說地的常理，將理論基礎置於變幻莫測之天地，是否經得起科學反覆驗證，當然必須持保留態度。

（二）<u>後天環境之差異</u>：為何有孟母三遷？為何文風鼎盛之學區，房價特別貴？為何有嫌惡設施的地區房價總是低一些？因為後天環境是人格成長的條件之一。

（三）<u>心性之轉換</u>：某些人因為生活行為高度追求道德或清心寡慾等，八字中所顯現的功名利祿、是非刑傷，自然消弭無蹤。

孟子云：「富歲子弟多賴，凶歲子弟多暴，非天降之才爾殊也，其所陷溺者然也。」簡單說，八字學稱不上科學，雖也套用一些人生哲學或玄學，然不能以科學之標準，要求其必定具有完全令人折服之準確性，一般若有七成半之正確性就算交代了。《史記・龜策列傳》云：「夫筮者，虛抬人命，以盡人財，擅言禍福，以傷人心」。劉知幾《書志五行》亦云：「不憑章句，直取胸懷，或以前為後，以虛為實。移的就箭，曲取相諧」，一語道盡部份命理師倒果為因，亂

槍打鳥的行徑。我國以農立國，春耕、夏耘、秋穫、冬藏，基於對大自然四時行焉，百物生焉的宇宙運行觀察所得後，將人生哲理拼湊於八字命理中，然懂些命理擅言他人壽夭、子息、離寡、功名利祿者，能不慎乎？

一、第一個門檻

　　學習八字應具備之基礎，整體言之，<u>五行相生相剋、天干五合、天干相冲、地支六合六冲、四季方位(東方甲乙寅卯木)、地支三刑、地支自刑、地支三合三會、地支六害</u>、天干地支陰陽、<u>六十甲子與空亡、二十四節氣、五虎遁、五鼠遁</u>、支藏天干、十二生旺庫、神煞、十神生剋、六親取用等。刑冲合會基本法則不熟，就成為進階學習之障礙，這個道理就像學習英文一樣，看句子每個單字都還要查字典，肯定無法持久。簡單說，<u>熟背刑、冲、合、會等，是學習八字第一個門檻</u>。其次，八字的學習，最忌諱光讀書不演算，在筆者教學經驗中，學習者往往或有作筆記之習慣，而筆記之整理，卻有散亂之現象。其次，將書本與筆記分開，可能就造成事後整理複習之記憶分割現象，而演繹與歸納自然就不流暢，進而學習效果不彰。因此本書特色以大量古人原典、當代實例，供學習者直接在書本上演算。如此，有益於整理出自己之體系。

(一)、陰陽

　　中國陰陽部份出於《易傳》之說「一陰一陽之謂道」，又說：「陰陽不測之謂神」，指事物正反、盛衰、剛柔之變化神不可測，中庸才是處世王道，亦成為八字論命最高準則。又云：太極生兩儀，兩儀代表陰陽。《繫辭傳》又云：「天一、地二；天三、地四；天五、地

六；天七，地八；天九，地十。」以天代表陽數一、三、五、七、九。以地代表陰數二、四、六、八、十。《繫辭傳》亦云：「大衍之數五十有五」，即天數與地數總和為五十五，天數具有陽剛的性質，地數具有陰柔的性質。這些數字與五行方位的關係，在《五行大義》云：「天以一始生水於北方，地以其六而成之，使其流潤也。地以二生火於南方，天以七而成之，使之光耀也。天以三生木於東方地，以其八而成之，使得舒長盛大也。地以四生金於西方，天以九而成之，使其剛利有文章也。天以五合氣於中央生土地，以十而成之，已備天地之間所有之物。」八字學中一般以陰陽相生為利，惟獨傷官性驕不作此解。其次，八字全陰全陽偏枯之造，偏離中和，究非佳局。例如：甲辰、戊辰、丙戌、丙申，四柱全陽，女性男人個性。癸卯、癸亥、丁卯、辛亥，四柱全陰，一介寒儒。

(二)、河圖

《繫辭傳》云：河出圖，洛出書，聖人則之。《周易正義》疏：「孔安國以為河圖則八卦是也，洛書則九疇是也。」

東方春甲乙寅卯木。南方夏丙丁巳午火。
西方秋庚辛申酉金。北方冬壬癸亥子水。
辰、戌、丑、未月，土分佈在四季。(需背誦)

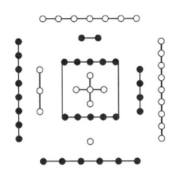

河圖五行陰陽奇偶配置圖示

　　一六居北，二七居南，三八居左，四九居右，五十居中。另說，河圖之文，七前六後，八左九右，五十居中。

（三）、洛書

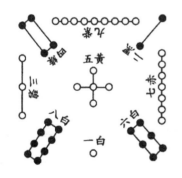

洛書圖

後天八卦方位圖示

　　戴九履一，左三右七，二四為肩，六八為足。又說，洛書之文，九前一後，三左七右，四前左，二前右，八後左，六後右。

（四）、五行

　　《子平評註》云：五行各分陰陽，而有天干。天干者，五行在天流行之氣。地支者，四時流行之序也。五行之說出於《尚書‧洪範篇》，其云：「五行：一曰水，二曰火，三曰木，四曰金，五曰土。水曰潤下，火曰炎上，木曰曲直，金曰從革，土爰稼穡，潤下作鹹，炎上作苦，曲直作酸，從革作辛，稼穡作甘。」五行即金、木、水、火、土。王安石《洪範傳》云：「五行也者，成變化而行鬼神，往來乎天地之間而不窮者也，是故謂之行。」

　　《三命通會》：「火為太陽，性炎上。水為太陰，性潤下。木為少陽，性騰上而無所止。金為少陰，性沉下而有所止。土無常性，視四時所乘，欲使相濟得所，勿令太過不及。夫五行之性，各致其用；水者其性智，火者其性禮，木者其性仁，金者其性義。惟土主信，重厚寬博，無所不容。以之水，則水附之而行。以之木，則木拖之而生。金不得土，則無自出。火不得土，則無自歸。……推其顏色，則水黑、火赤、木青、金白、土黃。」

1、金喜本象，土生，空亡，鍛煉。忌木旺，火旺，墓敗等。
2、木喜琢削，生扶，助火，土培，生旺地支。忌空折，飄落，空亡，動搖，死絕，枯槁，自焚，耗泄，濕爛等。
3、水喜清潔，寬遠，相生，火濟，潤下，西北。忌空亡，泛濫，剋害，木多，氣寒，枯涸，死絕，焦燥等。
4、火喜和暖，生助，空亡，炎上，高遠，土照，水濟。忌侷促，急燥，清冷，水重，木枯，雜黨，木敗，死水之木。
5、土喜生扶，堅厚，疏通，生金。忌崩頹、木重，水多，空亡，氣寒，金重，虛淺。

五行以相生順序而言，即是：水、木、火、土、金。

五行相生：<u>水生木，木生火，火生土，土生金，金生水</u>。(需背誦)

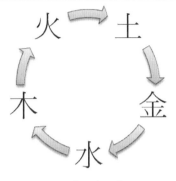

五行相生圖示

以相剋順序而言，即是：木剋土、土剋水、水剋火、火剋金、金剋木。五行相剋：<u>水剋火，火剋金，金剋木，木剋土，土剋水</u>。(需背誦)

五行隔位相剋圖示

五行各有所宜，各自生在春夏秋冬，依據性質之不同，不可一概而論。春令，東方甲乙寅卯辰屬木。夏令，南方丙丁巳午未屬火。秋令，西方庚辛申酉戌屬金。冬令，北方壬癸亥子丑屬水。水依附土地而行，木依託土地而長，金無土則無從生出，火無土則無從歸庫。故辰戌丑未為四庫，以土為五行性。

　　木主仁，木性陽和。火性光明，離卦屬火，《易經‧彖‧離》：「日月麗乎天，百穀草木麗乎土。重明以麗乎正，乃化成天下。」故主禮。土主信，土性渾厚近於仁。金主義，金性嚴肅，金為殺伐之器。水性流動，智者樂水，主智。

(五)、天干

天干有十：甲、乙、丙、丁、戊、己、庚、辛、壬、癸。

甲、丙、戊、庚、壬屬陽，稱陽干。

乙、丁、己、辛、癸屬陰，稱陰干。

依五行相生順序：

甲、乙東方屬木。丙、丁南方屬火。戊、己中央屬土。

庚、辛西方屬金。壬、癸北方屬水。(需背誦)

甲乙木，生丙丁火，剋戊己土。

丙丁火，生戊己土，剋庚辛金。

戊己土，生庚辛金，剋壬癸水。

庚辛金，生壬癸水，剋甲乙木。

壬癸水，生甲乙木，剋丙丁火。

1、十天干陰陽五行

陽	甲木	丙火	戊土	庚金	壬水
陰	乙木	丁火	己土	辛金	癸水

(1)、甲木為棟樑木，喜歡庚金雕塑才能成器，丙丁火見財。

(2)、乙木陰柔需要癸水來生，丙火行光合作用，忌水泛木漂。

(3)、丙火猛烈除亥月外，需要壬水壓制，癸水亦有利。

(4)、丁火微弱忌見壬、癸水，需要甲木為燃料，可用於淬鍊庚金。

(5)、戊土堅實可用於壓制壬水，需甲木疏通以生養萬物。

(6)、己土為田園之土，身弱要丙、戊，夏季要癸水，濕土能潤金。

(7)、庚金為銅鐵金屬，身強需有丁火淬鍊，有甲木能發揮專長。金
　　白水清需無火土混雜。弱金忌木多，土重則金埋。

(8)、辛金需壬水淘洗其華，甲木正財可用；冬生不宜見丙火，女命
　　猶忌，男命也不貴。

(9)、壬水沖奔，生於秋冬要用戊土剋制。見寅午戌火帶土，財官俱
　　全。地支有亥卯未運行南方是財地。

(10)、癸水是弱水，身弱忌譖火土之地阻礙流動，戊、未燥土尤甚，
　　　辰丑之地有癸水相應，申酉亥子金水能助行運。

2、天干五合與沖剋

　　指依據十天干順序，陰陽相合，依據河圖原理，一（甲）六（己）、
二（乙）七（庚）、三（丙）八（辛）、四（丁）九（壬）、五（戊）
十（癸）等原理，天干相隔五位可以合化。五行分配如下。

甲己合化土。乙庚合化金。
丙辛合化水。丁壬合化木。戊癸合化火(需背誦)。

天干化合者，必須鄰位相依。天干化合者，有早婚之機緣，有親和力。另有「逢龍則化」之說，不另述說。

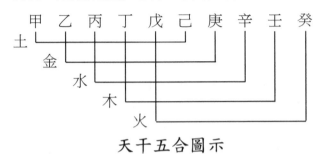

天干五合圖示

甲己合化土

木屬仁，甲有陽木「仁」之性質。所謂中正之合，形容循規蹈矩，安守本分。講究信義。若命局沒有合化之五行，又帶七殺者無制，比劫猖狂反剋者，則缺乏仁義，變化不羈，輕忽廉恥，硬拗成性。

> 《三命通會》云：「甲陽木也，其性仁，位處十干之首。己陰土也，鎮靜淳篤，有生物之德，故甲己為中正之合。帶此合，主人尊崇重大，寬厚平直。如帶煞而五行無氣，則多嗔好怒，性梗不可屈。」

乙庚合化金

金屬義，仁義之合，剛柔兼備，能屈能伸，重仁守義。若有七殺或坐死、絕等弱運者，反固執己見，輕仁寡義。

> 《三命通會》云：「乙陰木也，其性仁而太柔。庚陽金也，堅強不屈，則剛柔相濟，仁義兼資。故主人果敢有守，不惑柔佞。周旋惟仁，進退惟義。五行生旺，則骨秀形清。若死絕帶煞，則使氣好勇，體貌不揚。」

丙辛合化水

水屬智，威嚴機智之合，儀表秀麗，智力優秀。若帶七煞或坐死、絕者，反性酷無情，乖僻寡合。女命丙辛化水逢支冲，有異性緣，縱橫情場。

> 《三命通會》云：「丙，陽火也，煇赫自盛，辛，陰金也，剋刃喜煞，故**丙辛為威制之合**，主人儀表威肅，人多畏懼，酷毒好賄，喜淫，若帶煞或五行死絕，則寡恩少義，無情之人，婦人得之，與天中，大耗，咸池相併者，貌美聲卑，三合，妖冶而淫。」

丁壬合化木

仁壽之合，心地仁慈，木性長命多壽。女命若命局有水過旺而木漂，則為淫欲之合。若坐死、絕，無貴人者，酒色破格。

> 《三命通會》云：「壬者，純陰之水，三光不照，丁者，藏陰之火，自昧不明，故**丁壬為淫暱之合**，主人眼明神嬌，多情易動，不事高潔，習下無志，耽歡嫟色，於我則吝，於彼則貪，若五行死絕或帶煞，見咸池，大耗，天中自敗，有淫汙家風之醜。」

戊癸合化火

火屬禮，謙恭有禮，文質彬彬。或稱無情之合。容貌俊秀，薄情乏義，男多抱玩世之心，女則多嫁俊秀。須兼看生旺、貴人、空亡等。

> 《三命通會》云：「戊，陽土也，是老醜之夫，癸，陰水也，是婆娑之婦，老陽而少陰，雖合而無情，主人或好或醜，如戊

> 得癸，則嬌媚有神，姿美得所，男子娶少婦，婦人嫁美夫，若
> 癸得戊，則形容古樸，老相俗塵，男子娶老妻，婦人嫁老夫。」

天干合化後，以合化之五行論，原干之五行，失卻其作用。合
而不化，以獨立個體計，不再與他干再論生剋。合化後之五行，<u>依
據「逢龍則化」所定，例如甲、己之年起丙寅月，順數至辰月，天
干為戊，戊五行屬土，所以甲己合化土</u>，其餘乙庚、丙辛、丁壬、
戊癸，皆仿此。

3、天干相沖

所謂相沖，指方位相對，例如東方甲木沖西方庚金，東方乙木
沖西方辛金，北方壬水沖南方丙火，北方癸水沖南方丁火等。相沖
就有相剋的情況。

4、天干相剋

所謂相剋，指南方丙火剋西方庚金，南方丁火剋西方辛金等，
均為陰陽五行相剋，且陰對陰、陽對陽所致。北水對南火，西金對
東木是既沖又剋。相剋不一定相沖。

整理言之：<u>甲庚沖剋</u>，<u>乙辛沖剋</u>、<u>丙壬沖剋</u>、<u>丁辛沖剋</u>。<u>戊土
剋壬水</u>、<u>己土剋癸水</u>、<u>丙剋庚</u>、<u>甲剋戊</u>，<u>乙己沖剋</u>、<u>癸丁沖剋</u>等。
天干沖剋以同性陰對陰，陽對陽現象較明顯。(需熟練)

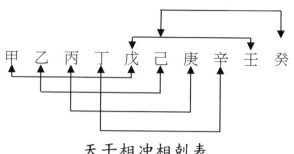

天干相冲相剋表

5、日主天干喜忌剋合

天干相剋，例如甲剋戊、戊剋壬等。以日主而言，<u>甲不離庚</u>、<u>庚不離丁</u>、<u>丁不離甲</u>、<u>戊不離甲</u>、<u>己不離丙</u>、<u>丙不離壬</u>、<u>壬不離戊</u>、<u>辛不離壬</u>。原則上陽日主要有剋制，陰日主要有生助。月令旺相，要有反剋。兩干鄰位相剋，隔干次之，年時相剋則近於無力。

天干相剋要分陰陽，異性相剋不甚忌諱，例如甲木剋己土、丁火剋庚金。兩干相剋，不分主剋或受剋，兩干均損傷，惟受剋損傷大於主剋，例如甲庚相遇，甲受剋較重。兩干相剋，忌神受剋，為喜；喜用神受剋，為忌。隔干相剋，中間隔有生或泄，化剋而不作剋論。例如月干壬水，時干丙火，日主為乙木。兩干相剋，遇有干合，合剋而不做剋論。例如：丙火剋庚金，但丙辛合化水，合剋，而不做丙火剋庚金，即丙辛合住五行論水，不再與他干論生剋。

初學八字對於十天干喜忌很難拿捏，因此可以先套用一些古訣，作基本練習。例如：

15

天干部分：三甲天上貴，孤獨守空房。三乙多陰私，又要敗祖業。
　　　　　三丙人孤老，母在產中亡。三丁多惡疾，手足也自傷。
　　　　　三戊子隨出，離祖別家鄉。三己別父母，兄弟各一方。
　　　　　三庚是才郎，萬里置田莊。三辛壽數長，財滯多災郎。
　　　　　三壬家業盛，有富不久長。三癸一亥全，烈火燒屋房。
　　　　　四甲少夫妻。四乙命早亡。四丙子息空。四丁壽不長。
　　　　　四戊受孤刑。四己人忠良。四庚他鄉走。四辛壽限長。
　　　　　四壬定富足。四癸命夭亡。

地支部分：三子婚事重。三丑四夫妻。三寅守孤寡。三卯凶惡多。
　　　　　三辰好鬥傷。三巳遭刑害。三午剋夫妻。三未守空房。
　　　　　三申人不足。三酉獨居房。三戌訟事多。三亥孤苦憐。

以四柱、大運、流年重疊尤甚。

（六）、地支

　　地支有十二位，子、丑、寅、卯、辰、巳、午、未、申、酉、
戌、亥。其中子、寅、辰、午、申、戌為陽地支。丑、卯、巳、未、
酉、亥為陰地支。(需背誦)

巳 陰	午 陽	未 陰	申 陽
辰 陽			酉 陰
卯 陰			戌 陽
寅 陽	丑 陰	子 陽	亥 陰

十二地支示意圖

1、地支三會

　　寅卯辰三會木。巳午未三會火。申酉戌三會金。亥子丑三會水(需背誦)。辰戌丑未亦論會土。論三會須地支齊全，缺一不可，中間隔他柱仍可論三會特性。三會之力最大，大於三合、六合、半三合。

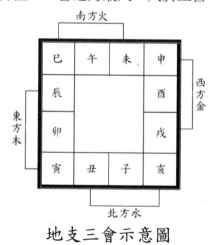

地支三會示意圖

壬戌	癸酉	戊申	丁未

天干戊癸合化火，戊土剋壬水，地支申、酉、戌三會金局。

庚寅	丙寅	丁卯	甲辰

天干丙火剋庚金，庚金剋甲木，地支寅、卯、辰三會木局。

2、地支三合

《三命通會》云：「或以三合者，如人一身之運用也，精乃氣之元，氣乃神之本，是以精為氣之母，神為氣之子，子母互相生，精氣神全而不散之為合，蓋謂支屬人元，故以此論之，如申子辰，申乃子之母，辰乃子之子，申乃水生，子乃水旺，辰乃水庫，生即產，旺即成，庫即收，有生，有成，有收，萬物得始得終，乃自然之理，故申子辰為水局。」

亥卯未三合木。寅午戌三合火。
巳酉丑三合金。申子辰三合水(需背誦)。

舉例於下：

地支三合金	<table>巳 / 酉 / 丑 with 金</table>	丁酉 辛丑 丙午 丁巳	天干丙辛合，地支巳、酉、丑隔位三合金，巳午半三會，酉丑半三合，丙丁干鄰，時干丁火剋辛金。
地支三合木	未 / 卯 / 亥 with 木	乙未 辛亥 辛卯 辛卯	天干辛金剋乙木，三辛壽數長，財滯多災郎。卯亥半三合，地支亥、卯、未三合木局。
地支三合水	申 / 辰 / 子 with 水	戊辰 甲申 庚戌 壬子	天干甲木剋戊土，庚金剋甲木，庚金生壬水，地支申子辰三合水局。辰戌隔位六冲。

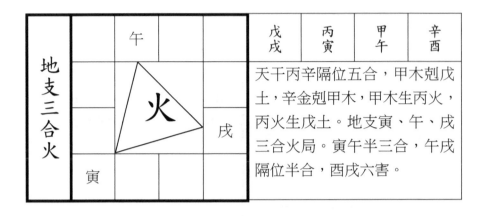

戊戌	丙寅	甲午	辛酉

地支三合火

天干丙辛隔位五合，甲木剋戊土，辛金剋甲木，甲木生丙火，丙火生戊土。地支寅、午、戌三合火局。寅午半三合，午戌隔位半合，酉戌六害。

《三命通會》云：「凡六合三合入命，主人形容姿美，神氣安定，好生惡死，心地平直，周旋方便，聰慧疎通，如相生合者，舉事多遂，更有福神來往，則福愈厚，一生平易，多藝多才，言和貌悅，不較是非，禍福扶持，人多見憐，如相剋合者，難事而易悅，多是定計，動多招損，更有凶煞相兼，橫事勾連。」

(1)、三合局之五行，為命局所喜用則吉。反之，命局所忌則凶。三合之力，遜於三會，大於六合及半三合。例如甲日主生在亥月，調候用神喜庚金，四柱無庚，喜得大運地支申，申藏庚、壬、戊。

(2)、三合局得一合支，不作爭合，以增強三合之力論，例如地支排列為寅、亥、卯、未。

(3)、三合可解空亡，例如壬寅、己酉、丙辰、辛卯，丙辰自坐年空亡無妨。

3、地支六合

子丑合化土。寅亥合化木。卯戌合化火。辰酉合化金。巳申合化水。午未合化火(需背誦)。地支合與否，端視天干有否引化之行

予以引化。合化後，以合化之神論，原兩支之五行失去其作用。合化為喜用神，則論吉；合化為忌神，則論凶。

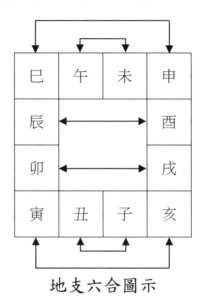

地支六合圖示

舉例

丙午	丁酉	乙丑	戊子

地支子丑六合濕土，子午隔兩位不沖。

舉例

癸酉	甲戌	乙卯	戊午

地支卯戌六合火，天干戊癸隔兩位不合。

(1)、地支六合，<u>兩支須緊鄰</u>，<u>且四柱天干需有合化之五行予以引化</u><u>，方可論化</u>，例如年柱甲寅，月柱丁亥，寅亥合化木，天干有甲木，否則以合而不化論。兩支各以獨立個體計，不再與他支論冲刑等。

(2)、二支爭合一支，謂之<u>爭合</u>。不管合化與否，均以獨立個體計，不再與他支論冲刑等。

(3)、六合可解六冲及空亡。如寅亥合，寅申冲，亥可解寅申冲。

進階說明：《三命通會》：甲生人以寅為祿，不見寅而見亥，謂之合祿。寅生人，以申為馬，不見申而見巳，謂之合馬。甲戊庚人，以丑未為貴，不見丑未而見子午，謂之合貴。

4、地支半三合

以子午卯酉四專位為中心，分：

(1)、前半合：<u>申子，寅午，亥卯，巳酉</u>。(需背誦)

(2)、後半合：<u>子辰，午戌，卯未，酉丑</u>。(需背誦)

(3)、半三合後之五行為喜用神，論吉；為忌神，論凶。

(4)、半三合亦可解空亡。半三合以巳火剋酉金，所以力量最弱。

舉例

地支巳、酉半三合，辰戌對冲，天干金生水、水生木、木生火。

己未	癸卯	壬戌	戊辰

戊土剋壬水，己土剋癸水，辰戌對冲，卯戌六合火，卯未半三合。

《三命通會》云：「干合更得支合，在一旬內，如甲戌見己卯，甲辰見己酉之類，謂之<u>君臣慶會</u>，在兩旬內，如甲子見己丑，甲午見己未之類，謂之<u>夫妻聚會</u>。」

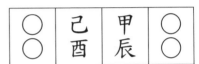

君臣慶會

夫妻聚會

《三命通會》云：「夫合者，和也，乃陰陽相和，其氣自合，子、寅、辰、午、申、戌六者為陽；丑、卯、巳、未、酉、亥六者為陰，是以一陰一陽和而謂之合，子合丑，寅合亥，卻不子合亥，寅合丑，夫何故，造物中雖是陽為合，氣數中要占陽氣為尊，子為一陽，丑為二陰，一二成三數，寅為三數，亥是六陰，三六成九數，卯為四陽，戌是五陰，四五得九數，辰為五陽，酉為四陰，五四得九數，巳為六陽，申為三陰，六三得

九數，午為一陰，未為二陽，一二得三數，子丑午未，各得三者，三生萬物，餘皆得九者，乃陽數極也。」

亦有通俗便於記憶之說：子水合丑土成為濕土。濕土往左右生長草木，所以寅亥合為木。寅亥木性向上迎上陽光，所以卯戌合為火。天道由左右旋，先辰後酉合酉成金。金生水，所以巳申合化水。午為太陽，未為太陰，合化為火。巳申有刑的關係，如果天干相合則地支也作合，天干相剋巳申則刑。另外卯申、午亥為暗合。

5、地支六沖

子午沖，卯酉沖，寅申沖，巳亥沖，辰戌沖，丑未沖 (需背誦)。

《三命通會》云：「地支取七位為沖，猶天干取七位為殺之義。如子午相沖，子至午七數，甲逢庚為殺，甲至庚為七殺，數中六則合，七則為過，故相沖為殺也。觀易坤元用六，其數有六無七，七乃天地之窮數，陰陽之極氣也。」《星平會海》云：「子午相沖者，子藏癸水，剋午藏丁火，午藏己土，剋子藏癸水也。丑未相沖者，丑藏辛金，剋未藏乙木；未藏丁火、己土，剋丑藏辛金、癸水也。寅申相沖者，寅藏甲木，剋申藏戊土；申藏庚金、壬水，剋寅藏甲木、丙火也。卯酉相沖者，酉藏辛金，剋卯藏乙木（經云：東沖西不動，殆即卯木不能反沖酉金之義）。辰戌相沖者，辰藏癸水，剋戌藏丁火；戌藏辛金，剋辰藏乙木也。巳亥相沖者，巳藏庚金，剋亥藏甲木，亥藏壬水，剋巳藏丙火也。」

地支六冲圖示

舉例

乙	辛	甲	甲
未	丑	戌	辰

天干辛金剋乙木，地支辰戌對冲，丑未對冲。

舉例

辛	己	癸	丁
未	未	丑	丑

天干癸水剋丁火，己土剋癸水，地支丑未相冲。

(1)、兩個相鄰地支，冲力最大。中間隔開次之，例如月柱甲辰，時
　　柱庚戌。年柱與時柱遙冲，幾無。

(2)、兩支相冲各損其氣。以子午卯酉之冲，冲激最烈。寅申巳亥
　　，次之。辰戌丑未支冲，冲力幾無。

(3)、六冲可解空亡。

戊戌	丙寅	戊辰	甲戌

六沖在實務論命是很重要的，例如甲戌、戊辰、丙寅、戊戌是年柱與月柱天剋地沖，月柱與時柱互換空亡。

己酉	丁酉	癸卯	壬申

天干壬癸水相鄰。日柱丁酉與月柱癸卯天剋地沖。酉酉自刑。卯申暗合。

癸丑	戊午	癸丑	壬子

天干癸水兩見合日主戊土，天干壬癸水相鄰。地支子丑六合，子午沖。日柱與時柱雙沖，五行缺木。財六見，求財不怕笑。

進階說明：

子午沖：馬鼠相沖財庫開，夫妻不和各西東。
　　　　雖然離別居南北，尚有錢銀去合來。
　　　　道是無情又有義，可惜恩愛不合諧。
　　　　百年同床把山隔，歡樂時少生愁眉。
丑未沖：牛羊相沖沖財官，夫妻利害有兩般。
　　　　多子少財兼沖撞，敗地相逢總不安。
　　　　心事常亂沒主意，猜疑感動恩如山。
　　　　時常日久怨似海，負義忘恩難相和。
寅申沖：猴虎相沖動生方，夫妻恩愛變怕傾。

最忌娘子不賢淑，從此功名心不喜。

無意求學業荒廢，終日思想重婚娶。

女念再嫁男說娶，偷雞摸鴨更難防。

卯酉沖：雞兔六沖金木宮，金雞玉兔本相親。

無奈思想不符合，終日口舌沒時停。

謀生百事難如意，指桑罵槐恨在胸。

欲解刑沖來變好，再擇時日禮聘迎。

辰戌沖：龍狗六沖庫大開，錢銀破盡又有來。

四壁蕭然常躁急，自有來日耀門楣。

命中有合宜沖破，日元相生怕沖破。

少年相沖皆沖發，老運相沖壽元衰。

巳亥沖：豬蛇六沖多口舌，婦人長舌好囉嗦。

男人不喜聞貧賤，家庭從此生風波。

生方怕動沖不利，水火冰炭可奈何。

夫妻六沖宜和解，消災解難息干戈。

6、地支相刑

(1)、<u>寅刑巳，巳刑申，申沖寅</u>：<u>寅巳申三刑</u>(需背誦)，無恩之刑。四柱有寅、巳、申三刑者，一生命運有蹇難波折現象或逢柱歲運相刑者，性情冷酷寡義，或遭人陷害及健康遭損等事發生。若再坐十二運星死、絕者，更甚。女子遇此刑者易損孕。觀其三合、六合、貴人可解。例如坤造八字戊午、庚申、丁巳、丙午，在丁巳大運庚寅年及丙辰大運壬寅年等。

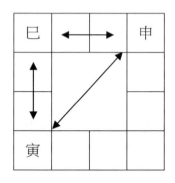

地支寅巳申三刑圖示

舉例

癸 巳	辛 酉	丙 申	丙 寅

天干丙辛合，地支寅、巳、申雖三刑，但巳酉半三合隔開。

舉例

庚 子	壬 申	癸 巳	丙 寅

年柱丙寅與日柱壬申天剋地沖。地支寅、巳、申三刑，天干壬剋丙，丙剋庚。申子半三合。

(2)、丑刑戌，戌刑未，丑未冲：丑戌未三刑 (需背誦)，恃勢欺凌之刑。四柱有此刑者，依靠權勢行事，過於衝動欠周慮，易遭小人是非口舌之憂。與十二運星長生、冠帶、建祿、帝旺同柱，克服萬難。精神堅毅。與死、絕同柱，卑恭屈膝或多狡猾騎牆，常罹疾招口舌是非。女子則孤獨。觀其三合、六合、貴人可解。

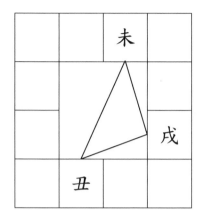

地支丑戌未三刑

舉例

乙	丙	丙	乙
未	午	戌	丑

丑刑戌、戌刑未，丑未冲。午未六合。

舉例

丁	乙	庚	丁
丑	亥	戌	未

天干乙庚合，地支丑、戌、未三刑。

(3)、子刑卯，卯刑子(需背誦)，無禮之刑。四柱單純之子卯相刑，不甚忌。柱運歲重疊相見，性情暴戾不合，職場、人際不和睦，同事官長部屬爾虞我詐。若與死、絕同柱發生無禮頂撞摩擦之事。婦女有此刑者，受夫之刑制，母子不睦，易損孕。觀其三合、六合、貴人可解。例如乾造壬子、癸卯、甲子、甲子。

(4)、<u>辰刑辰</u>，<u>午刑午</u>，<u>酉刑酉</u>，<u>亥刑亥</u>(需背誦)，自刑單獨出現不甚忌，兩組以上或柱運歲併見則不吉。缺乏獨立自主性，行事反復欠周慮，有始無終，固執己見，自尋煩惱。與死、絕同柱者，更甚。<u>日柱有此刑，夫妻有疾；時柱有此刑，憂其子息建康</u>。例如壬午、丙午、辛亥、丁酉，逢己酉大運癸亥年。

舉例

甲子	甲子	癸卯	壬子

地支子卯相刑，午運午年二午沖子，甲日主生在卯月，羊刃格。

舉例

辛卯	辛酉	乙亥	己亥

天干乙己相剋，乙辛相剋。地支亥亥自刑，卯酉對沖。

舉例

丙午	壬子	丙午	壬午

地支午午自刑，子午相沖，壬水剋丙火。水火兩行。三午剋夫妻。

甲寅	癸卯	庚申	癸巳

月柱庚申時柱甲寅，月時雙沖。地支巳申六合，寅卯半會，卯申暗合，寅巳申隔位三刑。丙寅大運沖提綱，庚寅年月柱天比地沖，年柱地比天剋，三寅沖申罹癌。

(5)、半三合、半三會之五行氣勢，尚不足以成為取格局用。寅刑巳、巳刑申，寅申則是對沖，不論刑。丑、戌為半刑，戌、未為半刑，丑未是對沖，不論刑。如果地支中三合、三會、三刑已經形成，而仍有多出的地支，則為全刑、全合、全會，其勢更大。

7、地支相害

<u>子未害</u>。<u>丑午害</u>。<u>寅巳害</u>。<u>卯辰害</u>。<u>申亥害</u>。<u>酉戌害</u> (需背誦)。

《三命通會》云：「六害者，十二支凌戰之辰也。子未相害者，謂未旺土，害子旺水，名勢家相害，故子見未則為害。丑午相害者，謂午以旺火凌丑死金，名官鬼相害，故丑見午，而午更帶丑干之真鬼，則為害尤甚。寅巳相害者，謂各恃臨官，擅能而進相害，若干神往來有鬼者尤甚；況刑在其中（寅刑巳），尤不可不加減災福。卯辰相害者，謂卯以旺木凌辰死土，此以少凌長相害，故辰見卯，而卯更帶辰干真鬼，則其害尤甚。申亥相害者，謂各恃臨官，競嫉才能，爭進相害，故申見亥，亥見申均為害。更納音相剋者眾。酉戌相害者，謂戌以死火害酉旺金，此嫉妬相害，故酉人見戌則凶，戌人見酉無災。」

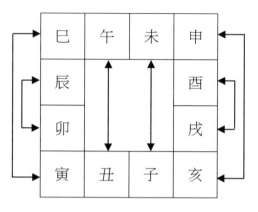

地支相害示意圖

舉例

丁丑	庚子	乙未	辛酉

天干辛乙相剋，乙庚相合，地支子丑六合，子未相害，酉丑半三合。

舉例

辛丑	丁酉	甲戌	甲寅

地支丑戌相刑，酉戌六害，酉丑半三合。天干丁火剋辛金。

8、四時五行「旺相死囚休」

	旺	相	死	囚	休
春	寅卯	巳午	辰戌丑未	申酉	亥子
夏	巳午	辰戌丑未	申酉	亥子	寅卯
秋	申酉	亥子	寅卯	巳午	辰戌丑未
冬	亥子	寅卯	巳午	辰戌丑未	申酉

說明：「旺」指與季節相同的五行。「相」指得到當令五行所生者。
　　　「死」指受當令五行所剋制的地支。「囚」指剋制當令五行的
　　　地支。「休」指生出當令五行的地支。

9、地支六冲現象進階說明

(1)、子午相冲：水火無情，南北地域之冲，漂泊、調職，速發速敗
　　之跡象。

(2)、卯酉冲：卯酉為日出日落之門戶，亦為沐浴桃花之地，凡有紅
　　艷、三合六合，因異性而困擾。

(3)、寅申冲：注意感情引發枝節，金剋木，有突如其來之性質。

(4)、巳亥冲：冷熱無形，表面不明顯，多管閒事，暗中刑剋。

(5)、辰戌冲：陽支相冲，憂妻傷子官非，爭權奪利鬥氣之性質。

(6)、丑未冲：陰支相冲不甚忌，惟事多阻逆，黯然傷心，不明於外。

(7)、年與月支冲：出身艱困，自力更生，背祖離鄉，不得祖蔭。

(8)、年支與日支冲：與親人不合，艱困中謀生息。

(9)、年支與時支冲：與子息不合，晚輩親屬緣薄。

(10)、年與日月時支冲：性暴躁或罹疾。

(11)、日支冲時支：剋妻損子之兆。

(12)、日支冲月支：犯父母兄弟，事業家庭兩難。

(13)、四柱逢冲：多不居父母之家，發跡在外。

(14)、子午卯酉四旺之地冲：地域之冲，即居住之地變遷，但職業並不變。

(15)、辰戌丑未四庫之地冲：職業之冲，居住之地不變，但職業變動。

(16)、寅申巳亥四生之地冲：職業與地域之冲，居住之地，職業均改變。

　　刑冲合會的基本原則是「貪生忘剋」，例如以下數例。

舉例

午亥暗合，亥亥不自刑，月柱與時柱丁壬合，午亥暗合。

舉例

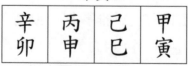

年月天剋地冲，辰酉六合，辰戌不對冲，巳酉半三合。

舉例

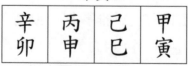

寅刑巳，巳刑申，寅巳申三刑，卯申暗合，化解三刑。甲己合土，丙辛合水。

34

舉例

癸巳	丙午	癸未	丁丑

年月雙冲，地支巳午未三合火局，丑未不冲。

地支相冲，須兼看天干是否有相剋現象，在四柱有不同意義。在年支月支，論為三十歲前事倍功半，天干再相剋一無所有，早年靠不到父母家庭或與家庭不合。在月支日支相冲，婚姻有隱憂。在日支時支為家庭之事傷神，成敗出於偶然(指日時雙冲理應困蹇，若其人財官印有成或因出於時機，或有家世貴人之類)。日柱時柱如果天干相合地支六合，反而因為合過頭，婚姻難到底。年時雙冲專門和幫忙的人過不去，月時雙冲，根基一定空。

道姑：干支多合，戊癸合火，寅亥合木，無刑冲。

劫財	日主	正財	比肩
己未	戊寅	癸亥	戊午
乙 丁 己	戊 丙 甲	甲 壬	己 丁
正官 正印 劫財	比肩 偏印 七殺	七殺 偏財	劫財 正印

進階說明：

戊土生在亥月，戊土厚重先用甲木，次取丙火暖身。戊癸合火，午亥暗合，寅亥合木，午未六合，寅午半三合，四柱無刑冲，笑臉迎人。木火在地支不透干。年干與月干戊癸合火，正財被合，地支寅亥合木，時支乙木正官，官殺無缺，可惜平生不逢甲地，所喜七殺暗中是用神。旺火傷身。比肩劫財五見，比劫剋財難聚財，身強而八字缺食傷，戊土不生金，五行氣窒，親疏緣寡。

職員：干支多合，丙辛合，地支巳酉丑三合，巳申六合，陰刃。

正官	日主	七殺	食神
丙申	辛酉	丁巳	癸丑
戊　壬　庚	辛	庚　戊　丙	辛　癸　己
正印　傷官　劫財	比肩	劫財　正印　正官	比肩　食神　偏印

進階說明：

辛金生在巳月，時逢首夏，忌丙之爍，樂水之濕。正官格月支透出時干，孤官無輔。三夏月令皆有土，若四柱見水潤土，濕土生金，如魚得水。原局除癸水外，丑中藏癸水，申中有壬水長生，不亦樂乎。殊不知，地支巳酉丑三合陰刃，遑論辛帝旺在申。八字缺木，妻財無著落。初年食神格在年柱，心寬體胖，家境優渥。甲乙運賴財旺之地成家，膝下無子。癸丑大運癸巳年，三合巳酉丑陰刃重疊於日支，撼動妻財位，離婚。天干丙辛合水，正官格好看不好用。地支明暗多合，陰魅不清，是非不分，為朋友兩肋插刀。

道姑：天干丙火剋庚金，地支巳午未隔位三合，巳申六合

傷官	日主	七殺	正官
癸 未	庚 申	丙 午	丁 巳
乙 丁 己	戊 壬 庚	己 丁	庚 戊 丙
正財 正官 正印	偏印 食神 比肩	正印 正官	比肩 偏印 七殺

進階說明：

庚金生在午月，先取壬水，次取癸水，地支隔位三會巳午未透干，官殺五見。官殺透天干，殺疊官。丁祿在午，丙祿在巳，庚祿在申，癸祿原局雖無，自有辛亥、壬子運福祿，水火既濟。地支正偏印四見，中運戊己以化官殺，地支申酉戌幫身，官殺尚能制服為用。庚戌大運與庚申日主拱酉，三合比肩劫財羊刃，對抗七殺；癸巳年與癸未時柱拱午三會官殺，琵琶別抱。晚年傷官生財，財官印齊全，倒吃甘蔗。

土地掮客：天干正財甲木兩見，丁火剋辛金，地支卯酉冲，午午自刑。

正財	日主	七殺	正財
甲午	辛酉	丁卯	甲午
己 丁	辛	乙	己 丁
偏印 七殺	比肩	偏財	偏印 七殺

進階說明：

辛日主生在卯月，要壬水淘洗，甲木為正財。本造年時天干俱為甲木，正財以偏財為根，年時正財兩透，三妻之命。七殺三見，月干通根年時地支，七殺格工作勤奮，早期五金商，中晚期土地掮客，雖有斬獲，無奈日月雙冲，落袋難安。午火剋辛金，神煞有天乙貴人、桃花、月德貴人，行事俱受感情與人情限制。缺食傷，子息緣淺。癸酉大運己亥年雙合年柱與時柱，庚子年雙冲年柱與時柱，一合一冲，上下震盪，辛丑年與女命癸亥、丙辰、丙子、甲午登記生子；庚子年女命三合官殺。

自我評量

一、試論八字庚寅、庚辰、戊子、庚申之特性？

二、試論八字丁酉、癸卯、丁丑、丁未之特性？

三、試論八字乙卯、癸未、乙丑、乙酉之特性？

四、試論（坤命）丙寅、辛丑、辛酉、辛卯之特性？

五、試以天干地支討論八字戊子、戊午、壬辰、壬寅之特性？

六、試以天干地支關係討論辛亥、壬辰、癸亥、癸亥之特性？

七、試論（坤命）癸巳、戊午、癸巳、庚申之異性緣？

八、試以天干五合地支六合討論（乾命）戊申、辛酉、壬寅、庚戌在流年癸巳，有進財或異性緣的現象？

九、試論（坤命）癸亥、甲寅、庚辰、己卯之六親、婚姻、財運如何？又大運丁巳、戊午、己未，行運順逆如何？

十、試論（坤命）庚戌、戊子、乙酉、己卯，三十歲以後吉凶特性？

進階說明：

女命月柱與時柱天剋地冲，年柱與日柱干合地支半會，有後援背景。壬水在巳午丑未俱有正官七殺，巳午未三會夫星容易攪和。

庚申	戊子	庚辰	庚寅

庚寅、庚辰拱卯，地支申子辰三合水，四柱全陽。三庚是才郎。四柱缺火。

丁亥	乙酉	丙辰	癸酉

地支都是自刑，辰酉合分隔酉酉自刑，忌大運流年辰、酉、亥一再
重疊。

（七）、六十甲子與納音

六十甲子，天干由甲開始，地支由子開始，可以組成六十組，再
由甲子開始。換言之，每人的六十一歲與年柱是相同的。六十組中分
為六旬，十天干配十地支，有兩個地支沒有排上，稱為空亡。所以甲
子旬中空亡是戌、亥。甲戌旬中空亡是申、酉，其餘依此類推。

甲子旬	甲戌旬	甲申旬	甲午旬	甲辰旬	甲寅旬
乙丑	乙亥	乙酉	乙未	乙巳	乙卯
丙寅	丙子	丙戌	丙申	丙午	丙辰
丁卯	丁丑	丁亥	丁酉	丁未	丁巳
戊辰	戊寅	戊子	戊戌	戊申	戊午
己巳	己卯	己丑	己亥	己酉	己未
庚午	庚辰	庚寅	庚子	庚戌	庚申
辛未	辛巳	辛卯	辛丑	辛亥	辛酉
壬申	壬午	壬辰	壬寅	壬子	壬戌
癸酉	癸未	癸巳	癸卯	癸丑	癸亥
空亡					
戌、亥	申、酉	午、未	辰、巳	寅、卯	子、丑

1、六十甲子與空亡

甲子旬中無戌亥。甲戌旬中無申酉。

甲申旬中無午未。甲午旬中無辰巳。

甲辰旬中無寅卯。甲寅旬中無子丑。

舉例於下：

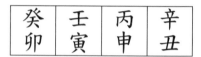

坤造，四柱一旬空亡在辰巳，日月雙冲，壬寅孤鸞日，丙辛合。

坤造，四柱一旬空亡在寅卯，有甲無庚，親合而有家資，無庚不利事業大成。四柱無刑冲，命運勝於前造。

2、納音

甲子、乙丑海中金　　　丙寅、丁卯爐中火

戊辰、己巳大林木　　　庚午、辛未路旁土

壬申、癸酉劍鋒金　　　甲戌、乙亥山頭火

丙子、丁丑澗下水　　　戊寅、己卯城頭土

庚辰、辛巳白蠟金　　　壬午、癸未楊柳木

甲申、乙酉泉中水　　　丙戌、丁亥屋上土

戊子、己丑霹靂火　　　庚寅、辛卯松柏木

壬辰、癸巳長流水　　　甲午、乙未沙中金

丙申、丁酉山下火　　　戊戌、己亥平地木

庚子、辛丑壁上土　　　壬寅、癸卯金箔金

甲辰、乙巳覆燈火	丙午、丁未天河水
戊申、己酉大驛土	庚戌、辛亥釵釧金
壬子、癸丑桑拓木	甲寅、乙卯大溪水
丙辰、丁巳沙中土	戊午、己未天上火
庚申、辛酉石榴木	壬戌、癸亥大海水

（八）、支合時年

在理解天干地支、六十甲子、刑冲合會之後，以年支對照時支可以提出一些八字跡象。

1、子：子年出生，喜時柱見癸亥，稱「雙魚遊墨」，渙乎於文章。

2、丑：丑年出生，喜時柱見己未，稱「月照柳梢」，命格高尚。

3、寅：寅年出生，喜時柱見戊辰，稱「虎嘯生風」，秉權有聲望。

4、卯：卯年出生，喜時柱見己未，稱「兔入月宮」，秀氣貴人。

5、辰：辰年出生，喜時柱見壬戌、癸亥，稱「龍歸大海」，翻江覆海。

6、巳：巳年出生，喜時柱見辰時，稱「千里龍駒」，揚名在外。

7、午：午年出生，喜時柱見辰時，稱「馬化龍駒」，龍馬精神。

8、未：未年出生，喜時柱見辛未、戊戌，篤實敦厚。

9、申：申年出生，喜時柱見亥時，稱「天地交泰」，前程順遂。

10、酉：酉年出生，喜時柱見寅時，稱「鐘鳴谷應」，威震八方。

11、戌：戌年出生，喜時柱見卯時，稱「春入燒痕」，木火通明。

12、亥：亥年出生，喜時柱見寅、辰，稱「水拱雷門」，水木生機。

（九）、二十四節氣與生肖

習慣上皆是以初一為月首，但論命時是以節氣為依據，例如過了立春（節）才是寅月，中間經過雨水（氣），過了驚蟄才算卯月。

月份	一	二	三	四	五	六	七	八	九	十	十一	十二
月支	寅	卯	辰	巳	午	未	申	酉	戌	亥	子	丑

立春、雨水（寅）　驚蟄、春分（卯）　清明、穀雨（辰）

立夏、小滿（巳）　芒種、夏至（午）　小暑、大暑（未）

立秋、處暑（申）　白露、秋分（酉）　寒露、霜降（戌）

立冬、小雪（亥）　大雪、冬至（子）　小寒、大寒（丑）（需背誦）

1、四時變化

立春：春天立刻就到了。

雨水：冰雪開始融化，水氣增加。

驚蟄：春雷驚醒蟄伏的小生物。

春分：春天過一半了。

清明：植物生長茂盛，氣候清朗明麗。

穀雨：春耕後稻苗渴望春水滋潤。

立夏：夏天開始到了。

小滿：稻穀開始結穗。

芒種：稻子抽穗結種，稻芒出現。

夏至：太陽直射北回歸線，白天最長之日。

小暑：比不上大暑炎熱。

大暑：一年中最熱的時候。

立秋：秋天就要到了。

處暑：秋老虎還是很炎熱。

白露：夜晚凝結出露水。

秋分：日夜等長，秋高氣爽。

寒露：北方氣團蘊釀，秋意漸涼。

霜降：地面開始結霜。

立冬：進入冬天的氣候。

小雪：冬天開始飄雪。

大雪：北風呼嘯，大雪紛飛。

冬至：太陽直射南回歸線，白天最短一天。

小寒：輻射效應，天氣依然寒冷。

大寒：最寒冷的時節。

2、生肖與時辰

　　子屬鼠，丑屬牛，寅屬虎，卯屬兔，辰屬龍，巳屬蛇，午屬馬，未屬羊，申屬猴，酉屬雞，戌屬犬，亥屬豬(需背誦)。十二生肖與十二地支對應關係必須熟悉，除了記憶生年生時外，一些命書會以生肖論理，例如《滴天髓》云：『丙火猛烈，欺霜侮雪，能煅庚金，逢辛反怯，土眾成慈，水猖顯節，虎馬犬（即寅午戌）鄉，甲來焚滅。』

時點	23—1	1—3	3—5	5—7	7—9	9—11	11—13	13—15	15—17	17—19	19—21	21—23
時辰	子	丑	寅	卯	辰	巳	午	未	申	酉	戌	亥

　　鼠馬相沖，牛羊相沖，虎猴相沖，兔雞相沖，龍狗相沖，蛇豬相沖。源於地支相害關係，由十二生肖與十二地支相配則有：鼠羊相害，牛馬相害，虎蛇相害，兔龍相害，猴豬相害，雞狗相害。

（十）、五虎遁月法與五鼠遁日法

1、五虎遁月

五虎遁月口訣：

甲己起丙寅

乙庚起戊寅

丙辛起庚寅

丁壬起壬寅

戊癸起甲寅(需背誦)。

　　簡單說，年柱天干甲或己，當年一定是丙寅月開始，其餘仿此。立春並不一定是正月初一，正月必須查萬年曆，自立春開始計算。

五虎遁月表

月＼年	一月寅	二月卯	三月辰	四月巳	五月午	六月未	七月申	八月酉	九月戌	十月亥	十一月子	十二月丑
甲己	丙寅	丁卯	戊辰	己巳	庚午	辛未	壬申	癸酉	甲戌	乙亥	丙子	丁丑
乙庚	戊寅	己卯	庚辰	辛巳	壬午	癸未	甲申	乙酉	丙戌	丁亥	戊子	己丑
丙辛	庚寅	辛卯	壬辰	癸巳	甲午	乙未	丙申	丁酉	戊戌	己亥	庚子	辛丑
丁壬	壬寅	癸卯	甲辰	乙巳	丙午	丁未	戊申	己酉	庚戌	辛亥	壬子	癸丑
戊癸	甲寅	乙卯	丙辰	丁巳	戊午	己未	庚申	辛酉	壬戌	癸亥	甲子	乙丑

2、五鼠遁日：

五鼠遁時口訣：
甲己起甲子
乙庚起丙子
丙辛起戊子
丁壬起庚子
戊癸起壬子(需背誦)

　　簡單說，日柱天干甲或己，在十二地支中必定是子時起甲，按順序甲子、乙丑、丙寅、丁卯、戊辰、己巳、庚午、辛未、壬申、癸酉、甲戌、乙亥。所以卯時時柱天干為丁，辰時天干為戊，其餘仿此。

五鼠遁日表

時 日	子	丑	寅	卯	辰	巳	午	未	申	酉	戌	亥
甲己	甲子	乙丑	丙寅	丁卯	戊辰	己巳	庚午	辛未	壬申	癸酉	甲戌	乙亥
乙庚	丙子	丁丑	戊寅	己卯	庚辰	辛巳	壬午	癸未	甲申	乙酉	丙戌	丁亥
丙辛	戊子	己丑	庚寅	辛卯	壬辰	癸巳	甲午	乙未	丙申	丁酉	戊戌	己亥
丁壬	庚子	辛丑	壬寅	癸卯	甲辰	乙巳	丙午	丁未	戊申	己酉	庚戌	辛亥
戊癸	壬子	癸丑	甲寅	乙卯	丙辰	丁巳	戊午	己未	庚申	辛酉	壬戌	癸亥

二、支藏天干

(一)、《三命通會》論人元司事

五行分陰陽，並在十二地支中依據季節而有不同份量。《三命通會・人元司事》：

寅月：寅中有艮土用事五日，丙火長生五日，甲木二十日。
卯月：卯中有甲木用事七日，乙木二十三日。
辰月：辰中有乙木用事七日，壬水墓庫五日，戊土十八日。
巳月：巳中有戊土用事七日，庚金長生五日，丙火一十八日。
午月：午中有丙火用事七日，丁火二十三日。
未月：未中有丁火用事七日，甲木墓庫五日，己土一十八日。
申月：申中有坤土用事五日，壬水長生五日，庚金二十日。
酉月：酉中有庚金用事七日，辛金二十三日。
戌月：戌中有辛金用事七日，丙火墓庫五日，戊土一十八日。
亥月：亥中有戊土五日，甲木長生五日，壬水用事二十日。
子月：子中有壬水七日，癸水二十三日。
丑月：丑中有癸水用事七日，庚金墓庫五日，己土一十八日。

(二)、支藏天干

地支的五行除了本氣外，還可能包含著其它的五行成分。口訣如下：
子位癸水在其中，丑癸辛金己土同，寅中甲木兼丙戊，
卯宮乙木獨相逢，辰有戊乙藏癸水，巳中庚金丙戊從，
午中丁火並己土，未宮乙木與己丁，申位庚金壬水戊，
酉宮辛字獨豐隆，戌宮辛金及丁戊，亥藏壬甲是真踪。(需背誦)

巳 庚戊丙	午 己丁	未 丁乙己	申 戊壬庚
辰 癸乙戊	地支藏天干		酉 辛
卯 乙			戌 丁辛戊
寅 戊丙甲	丑 辛癸己	子 癸	亥 甲壬

支藏天干圖

論地支藏天干，應以干、支、五行一併解釋較易理解。

1、<u>正月建寅</u>：寅卯辰在東方是木的專旺方，甲木長生在亥，經過沐浴（子）、冠帶（丑）到臨官（寅），所以寅中以甲為主，甲祿在寅，甲生丙火，丙火長生在寅，而火附於土，艮方亦屬土，所以戊的長生也在寅，甲、丙、戊陽干配陽支。

2、<u>二月建卯</u>：木雖在盛極之時，其氣已經衰竭，所藏天干為乙，金氣未生，水氣已死，乙祿在卯，成為卯木的專位，子午卯酉四正位，亦合稱為四敗之地。

3、<u>三月建辰</u>：木氣已經衰敗，水氣長生由申順數到辰是墓庫，土旺在辰，辰為土寄旺之隅，以十八日為土專旺之地，故藏土，辰為陽支，所以辰月所藏天干，依序為戊、乙、癸。

4、<u>四月建巳</u>：四月南方火土專旺之地，故藏火土，丙戊臨官，金長生在巳，陽干用長生，不用墓庫，所以巳月依序為丙、戊、庚。

5、<u>五月建午</u>：火之旺地盛極而衰，故取丁火。丁祿在午之專位，己

土附於丁火之專位，皆為臨官之位。

6、六月建未：火氣已經衰弱，乙木由長生起算至未是墓庫，未為土寄旺之一隅，以十八日為土專旺之地,土長生由寅起算至未為衰，未又為陰支，因此為己土，依序為己、丁、乙。

7、七月建申：為西方金氣專旺之地，金長生在巳，臨官在申，陽支配陽干，故藏庚金。金旺生水，水長生在申故藏壬水。土附在水生，申也是長生，戊土又在坤方。所以依序為庚、壬、戊。

8、八月建酉：辛祿在酉，四正之位，西方金之旺地，盛極將衰。火多怕東，木旺怕南。

9、九月建戌：金氣雖衰，猶有餘氣，故藏辛金。火迴光返照，故又藏丁火，戌為土寄旺之一隅，關十八日為土專旺之地，陽支配陽干，所以依序為戊、辛、丁。

10、十月建亥：亥子丑為北方水氣專旺之地，水長生在申，臨官在亥，故藏壬水。木氣長生在亥，又藏甲木，依序為壬、甲。

11、十一月建子：水之旺地，氣盛即將衰敗，故藏癸水，癸祿在子，獨以四正臨官取之。

12、十二月建丑：辰戌丑未都是陰支配陰干，陽支配陽干，丑為土寄旺之一隅，關十八日為土專旺之地，因此配己土。水氣已衰敗，猶有餘氣，故藏癸水。金氣迴光返照，又藏辛金。依序為己、癸、辛。

從以上可以整理出幾個記憶原則：

1、地支所藏天干，就是長生、臨官、帝旺、墓庫等位置，但必須分別主氣、餘氣之力量。

2、寅、申、巳、亥為五行長生之位，亥是木的長生位，寅是火土共長生位。巳是金的長生位。申是水的長生位。

3、辰、戌、丑、未均為墓庫之地，癸水歸辰庫，乙木歸未庫，丁火歸戌庫，辛金歸丑庫。土雖然附於火，但土性散於四方，所以不論土庫。其次均有四正位的餘氣，辰有乙木，未有丁火，戌有辛金，丑有癸水。

4、子、午、卯、酉四正位（又稱專位），為癸、丁、乙、辛之專位，土寄於火，所以己在午位。

5、以長生、帝旺、墓庫等三角形可以了解三合的意義。例如水長生在申，帝旺在子，墓庫在辰，因此申子辰三合水。其餘類推。

6、辰、戌為魁罡，為邊鄙惡地，祿元不寄生，丑、未乃天乙貴人出入之門，祿元避之，所以辰、戌、丑、未無祿，另外說因為辰、戌、丑、未在四季最後一個月，有雜氣，為祿不專，故不取。

(三)、十二生旺庫

十二個月分成十二地支，分別象徵五行金、木、水、火、土，由盛而衰，由衰而盛之程序，循環不已。有長生、沐浴、冠帶、臨官、帝旺、衰、病、死、墓、絕、胎、養共十二位。《淵海子平評註》云：長生者，猶人之初生。沐浴，猶人既生之後，而沐浴以去垢也。如果核既為苗，則前之青殼，洗而去之矣。冠帶者，形氣漸長，猶人之年長而冠帶也。臨官者，由長而壯，猶人之可以出仕也。帝旺者，壯盛之極，猶人之可以輔帝而大有為也。衰者，盛極而衰，物之初變也。病者，衰之甚也。死者，氣之盡而無餘也。墓者，造化收藏，猶人之埋於土者也。絕者，前之氣已絕，而後氣將續也。胎

者，後之氣續而結聚成胎也。養者，如人養母腹也。自是而後長生循環無端。《韓非子》德也者，人之所以建生也。祿也者，人之所以持生也。

十干祿絕：甲祿在寅絕在申，乙祿在卯絕在酉。
　　　　　丙祿在巳絕在亥，丁祿在午絕在子。
　　　　　戊祿在巳絕在亥，己祿在午絕在子。
　　　　　庚祿在申絕在寅，辛祿在酉絕在卯。
　　　　　壬祿在亥絕在巳，癸祿在子絕在午。(需背誦)

十干生旺庫分立表

甲

巳 病	午 死	未 墓	申 絕
辰 衰	甲		酉 胎
卯 帝旺			戌 養
寅 臨官	丑 冠帶	子 沐浴	亥 長生

乙

巳 沐浴	午 長生	未 養	申 胎
辰 冠帶	乙		酉 絕
卯 臨官			戌 墓
寅 帝旺	丑 衰	子 病	亥 死

丙

巳 臨官	午 帝旺	未 衰	申 病
辰 冠帶	丙		酉 死
卯 沐浴			戌 墓
寅 長生	丑 養	子 胎	亥 絕

丁

巳 帝旺	午 臨官	未 冠帶	申 沐浴
辰 衰	丁		酉 長生
卯 病			戌 養
寅 死	丑 墓	子 絕	亥 胎

戊

巳 臨官	午 帝旺	未 衰	申 病
辰 冠帶	戊		酉 死
卯 沐浴			戌 墓
寅 長生	丑 養	子 胎	亥 絕

己

巳 帝旺	午 臨官	未 冠帶	申 沐浴
辰 衰	己		酉 長生
卯 病			戌 養
寅 死	丑 墓	子 絕	亥 胎

十干生旺庫分立表

庚

巳 長生	午 沐浴	未 冠帶	申 臨官
辰 養	庚		酉 帝旺
卯 胎			戌 衰
寅 絕	丑 墓	子 死	亥 病

辛

巳 死	午 病	未 衰	申 帝旺
辰 墓	辛		酉 臨官
卯 絕			戌 冠帶
寅 胎	丑 養	子 長生	亥 沐浴

壬

巳 絕	午 胎	未 養	申 長生
辰 墓	壬		酉 沐浴
卯 死			戌 冠帶
寅 病	丑 衰	子 帝旺	亥 臨官

癸

巳 胎	午 絕	未 墓	申 死
辰 養	癸		酉 病
卯 長生			戌 衰
寅 沐浴	丑 冠帶	子 臨官	亥 帝旺

十天干十二生旺庫總表—錄自徐樂吾《淵海子平評註》

巳	午	未	申
壬絕 庚生 戊祿 丙祿 甲病 癸胎 辛死 己旺 丁旺 乙敗	壬胎 庚敗 戊旺 丙旺 甲死 癸絕 辛病 己祿 丁祿 乙生	壬養 庚冠 戊衰 丙衰 甲墓 癸墓 辛衰 己冠 丁冠 乙衰	壬生 庚祿 戊病 丙病 甲絕 癸死 辛旺 己敗 丁敗 乙胎

辰	酉
壬墓 庚養 戊冠 丙冠 甲衰 癸養 辛墓 己衰 丁衰 乙冠	壬敗 庚旺 戊死 丙死 甲胎 癸病 辛祿 己生 丁生 乙絕

生旺死絕圖　　陰陽順逆

卯	戌
壬死 庚胎 戊敗 丙敗 甲旺 癸生 辛絕 己病 丁病 乙祿	壬冠 庚衰 戊墓 丙墓 甲養 癸衰 辛冠 己養 丁養 乙墓

寅	丑	子	亥
壬病 庚絕 戊生 丙生 甲祿 癸敗 辛胎 己死 丁死 乙旺	壬衰 庚墓 戊養 丙養 甲冠 癸冠 辛養 己墓 丁墓 乙衰	壬旺 庚死 戊胎 丙胎 甲敗 癸祿 辛生 己絕 丁絕 乙病	壬祿 庚病 戊絕 丙絕 甲生 癸旺 辛敗 己胎 丁胎 乙死

十二生旺庫依五行分別立表

絕	胎	養	長生
墓	水		沐浴
死			冠帶
病	衰	帝旺	臨官

病	死	墓	絕
衰	木		胎
帝旺			養
臨官	冠帶	沐浴	長生

長生	沐浴	冠帶	臨官
養	金		帝旺
胎			衰
絕	墓	死	病

臨官	帝旺	衰	病
冠帶	火土		死
沐浴			墓
長生	養	胎	絕

四生、四旺、四庫分立表

巳			申
	四生之地		
寅			亥

四生之地，天干在地支互有長生、祿(臨官)旺(帝旺)。

正印	日主	食神	正財
丙寅	己巳	辛亥	壬申
戊　丙　甲	庚　戊　丙	甲　壬	戊　壬　庚
劫　正　正 財　印　官	傷　劫　正 官　財　印	正　正 官　財	劫　正　傷 財　財　官

進階說明：

韓佗冑，宰相，己土生在亥月卑濕，必須用丙火戊土幫扶，比劫正印各三見，食神傷官三見，正財三見，五行流通，寅木生丙火，丙火生己土，己土生辛金，辛金生壬水。地支寅刑巳，巳亥冲，亥申害。年時雙冲，互換病，難善終。

57

四生之地，丙火剋庚金，寅申沖，巳申六合。

劫財	日主	比肩	七殺
辛巳	庚申	庚寅	丙申
庚　戊　丙	戊　壬　庚	戊　丙　甲	戊　壬　庚
比肩　偏印　七殺	偏印　食神　比肩	偏印　七殺　偏財	偏印　食神　比肩

進階說明：

庚金生在寅月，木旺秉令，庚金剋不動甲木，寅宮火土共長生，燥土不能生金，火土反而埋金，庚金要比劫，忌戊土多埋金。庚金臨官兩見，偏印四見，身強；七殺格通根，身殺兩行，身強殺弱，大運南方火地甲午、乙未，木生火，七殺得財生，登科甲。

	午		
	四旺(敗)之地	酉	
卯			
	子		

四旺(敗)之地，陽刃格，八字全沖，地支倒剋。

七殺	日主	正官	劫財
丙	庚	丁	辛
子	午	酉	卯
癸	己　丁	辛	乙
傷官	正印　正官	劫財	正財

進階說明：

清高宗皇帝命造，庚金生在酉月，金氣最為剛銳，秋意漸深，寒威日重，故以丙火解寒，以丁火煉金。羊刃格透干年上，官殺三見，羊刃駕殺，羊刃有印，官殺有財。傷官於丙、丁、己之間無礙正官格。八字全沖，正官與羊刃在地支均有祿位。子午卯酉分據帝旺與沐浴(桃花)之地，又稱四敗之地。

四旺(敗)之地，時干比肩，地支全沖。

比肩	日主	正印	傷官
戊午	戊子	丁酉	辛卯
己　丁	癸	辛	乙
劫財　正印	正財	傷官	正官

進階說明：

前造與本造都是地支子、午、卯、酉齊全，排列位置變換後，戊土生在酉月，金洩身寒，賴丙照暖，以癸水滋潤，先丙後癸，仲秋土生金，嫌元氣洩漏，要用木火。傷官格辛金月支與年干天透地藏，正印格丁火月干通根時支，年月雙冲，傷官格與正印格兩敗俱傷。子午冲，財剋印，以致讀書未遂。

乙木入未庫。
丁火入戌庫。
辛金入丑庫。
癸水入辰庫。(需背誦)

四庫之地，日時地支相冲，財官不透。

比肩	日主	劫財	劫財
庚辰	庚戌	辛丑	辛酉
癸　乙　戊	丁　辛　戊	辛　癸　己	辛
傷官　正財　偏印	正官　劫財　偏印	劫財　傷官　正印	劫財

進階說明：

特別格雙魁罡，人聰明，身強。辛金劫財入丑庫，兄弟無助。丁火正官入戌庫，馭夫有術。癸水傷官入辰庫，雖能生財，子息疏遠。日時地支辰戌相冲，成功出於偶然，自有天德與月德貴人重疊相臨。兩干不雜，中等好命，也須受早期劫財所困。只須乙巳、丙午、丁未等運，身殺對等即順遂。

四庫之地，雜氣財官身強不畏冲，還需天干有接應。

61

偏財	日主	傷官	傷官
壬戌	戊辰	辛丑	辛未
丁　辛　戊	癸　乙　戊	辛　癸　己	乙　丁　己
正印　傷官　比肩	正財　正官　比肩	傷官　正財　劫財	正官　正印　劫財

進階說明：

戊土生在丑月，地寒土凍，丙火為先，傷官格與財格。原局雖無丙火，以比肩劫財扶日主。用神辛金吐秀，傷官生財但地支相冲，以丑未冲，辰戌冲，雜氣財透干有錢。木火官印在地支，不混天干金水，格局清純。

進階說明(十神生剋制化)

八字是依據同我(比肩、劫財)、生我(正印、偏印)、我生(食神'傷官)、剋我(正官、七殺)、我剋(正財、偏財)的五行關係為理論基礎所謂十神,即指比肩、劫財、正印、偏印、食神、傷官、正官、七殺、正財、偏財。而十神生剋則是進一步必須理解與背誦的。

<u>同我為比肩劫財。同性為比肩,異性為劫財。</u>
<u>我生為食傷。同性為食神,異性為傷官。</u>
<u>我剋為正偏財。同性為偏財,異性為正財。</u>
<u>剋我為官殺。同性為七殺,異性為正官。</u>
<u>生我為正偏印。同性為偏印,異性為正印。</u>(以上需背誦)

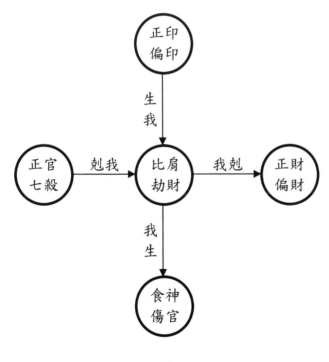

第貳章、柱運歲、神煞、生旺庫、刑冲合會

一、排四柱

對於八字基礎略作瞭解後，即應學習八字四柱的排列方法，必須先有一本萬年曆，雖因電腦程式排列更快速，但仍需知道排列原理。因為電腦程式並非包羅萬象，舉例來說，<u>四柱空亡攸關八字判斷，但在電腦列表中是很難見到的。其次，生旺庫、神煞的表格就隱含很多論命訊息，跳過這個階段會有遺珠之憾。</u>八字學是以立春為交年的換算點，例如民國六十年農曆十二月二十一日寅時出生，離農曆正月初一還有十天，但因為已經交立春，所以不是辛亥年而是壬子年。又例如民國五十五年出生的人，在農曆寅月庚辰日到癸巳日之間，因為尚未到農曆寅月十五日立春，所以還是乙巳年。

排年柱

某男出生於民國 60 年 4 月 6 日戌時（即農曆 3 月 11 日），先查萬年曆，民國六十年是「辛亥」年，填入表格中，即完成年柱。此命造辛年所生，因辛為陰天干，故稱「陰男」。

排月柱

其次，國曆 4 月 6 日（即農曆 3 月 11 日），再查萬年曆是交過「清明」節（查萬年曆，得辰月是開始於國曆清明 4/5 酉時 18 時 36 分），所以算是進入「辰」月，起五虎遁，丙辛之年寅月起「庚」，順數至辰月為「壬辰」月，填入表格中，即完成月柱。

排日柱

查萬年曆，4 月 6 日為辛酉日，填入表格中，即完成日柱。

排時柱

起五鼠遁，甲己起甲子，乙庚起丙子，丙辛起戊子，丁壬起庚子，戊癸起壬子。順數至地支「戌」恰為「戊」，填入表格中，即完成時柱。

再舉一例，女命民國 71 年國曆 12 月 5 日巳時生，陽年出生稱「陽女」。

排年柱

先查萬年曆，民國七十一年是「壬戌」年，填入表格中，即完成年柱。

排月柱

其次，國曆 12 月 5 日（即農曆 10 月 21 日），再查萬年曆是交過「立冬」節（查萬年曆，得亥月是開始於國曆 11/8 丑時 2 時 4 分），所以算是進入「亥」月，起五虎遁，丁壬之年寅月起「壬」，順數至「亥」月為「辛亥」月，填入表格中，即完成月柱。

排日柱

查萬年曆，國曆 12 月 5 日為壬戌日，填入表格中，即完成日柱。

排時柱

起五鼠遁，甲己起甲子，乙庚起丙子，丙辛起戊子，丁壬起庚子，戊癸起壬子。順數至地支「巳」恰為「乙」，填入表格中，即完成時柱。

二、支藏天干

　　四柱查出來後，地支部分就必須依據地支所藏之天干排列。如下表可供對照。

（一）、支藏天干表

子	丑	寅	卯	辰	巳	午	未	申	酉	戌	亥
癸	己癸辛	甲丙戊	乙	戊乙癸	丙戊庚	丁己	己丁乙	庚壬戊	辛	戊辛丁	壬甲

（二）、支藏天干

　　支藏天干，就是地支中所包藏的天干，或者是所代表的天干。因為八字學是以五行生剋制化關係論命，所以地支十二個序位與天干的十個序位，必須以五行貫通四柱上下，取得一致的術語。故此，以地支改化為天干的符號，隱藏在地支中，就可以用天透地藏來取格，或者以地支三合、三會之五行，取代天干出干之方式，也可以取作格局。其次，地支所包含的五行，如果僅僅是以河圖五行而言，即是以東方甲乙寅卯木、南方丙丁巳午火等規則論命，則地支所屬的五行也是很單純，無非是子水、丑土、寅木等。然而，地支之河圖五行並不能完全涵蓋於子平法之中，因為四柱八字之中，反而是以三合五行、三會五行等的層面，在實際應用上多於純用河圖五行，因為只有子、午、卯、酉四個地支，是比較接近於河圖五行，以地支三合、三會的五行變化，呈現於四柱八字之中，其五行之所屬，就比較精緻靈活。子平法地支藏干，另含有十二生旺庫的體系。而四生、四旺、四庫各具論命之涵義

以辰支為例，在河圖五行而言，辰雖是土，然而土中含有水、木、火、金等元素，扣除春季火土同位、金氣衰絕外，以申、子、辰三合水的辰字是作水庫而言之。寅、卯、辰三合木，辰字是作木的餘氣而言之。如此，辰之一個地支，就有三種五行屬性，即是土、木、水。因此，辰的支藏天干以戊、乙、癸作為代表。十二個地支之支藏天干的分配原則如下：

1、子藏癸：在北方四正位，即是癸水。癸水祿位在子。

2、丑藏己、癸、辛：己以辰戌丑未都是土，丑為陰支，故配己土。巳酉丑三合金，故丑是金庫，以陰干歸庫，故配辛金。亥子丑三會水，故丑是水的餘氣，餘氣亦用陰干為代表性，故而配以癸水。

3、寅藏甲、丙、戊。甲木，臨官在寅。丙火長生在寅。戊土寄託丙火之長生亦在寅，艮宮亦屬土。

4、卯藏乙：東方四正位。乙祿在卯之專位。

5、辰藏戊、乙、癸：乙是寅卯辰三會木之木餘氣，故配以乙陰木。以辰戌丑未皆是土，辰戌是陽支，皆配戊土。癸是申子辰之辰為水庫，以陰干癸水，而歸辰庫。陰干用「墓庫」而不配「長生」。

6、巳藏丙、戊、庚：丙祿在巳，陽干用臨官天干相配。戊土寄用丙火，使用相同之巳祿位。庚金長生在巳，以巳酉丑三合金，陽干用長生，不用墓庫。

7、午藏丁、己：丁祿在午之專位。戊土寄丁火之祿，故配丁、己，皆取臨官祿位。

8、未藏己、丁、乙：甲是以亥卯未三合木，未是木庫，乙木歸未庫。未配乙是配木庫。丁以巳午未三會火，未是火餘氣，故配於丁之陰火。己是以辰戌丑未皆是土，未是陰土，故配己。

9、<u>申藏庚、壬、戊</u>：戊土在坤宮，不借丙火，借壬水。庚祿在申，陽干居祿配庚。壬以申子辰三合水，長生配壬陽干。

10、<u>酉藏辛</u>：以辛祿在酉，西方四正位，取專位地支。

11、<u>戌藏戊、辛、丁</u>：寅午戌三合火，戌是火庫，丁火歸戌庫。戊土配辰戌丑未，陽支配戊陽土。辛是申酉戌三會金，戌是金之餘氣，配陰金辛。

12、<u>亥藏壬、甲</u>：壬是配壬祿在亥之臨官祿位。甲是配亥卯未三合木之亥木，長生之位。

其中在四庫之地，<u>乙木入未庫，丁火入戌庫，辛金入丑庫，癸水入辰庫</u>。子、午、卯、酉屬四旺之地，分別為甲、丙、戊、庚、壬，五行陽干沐浴之地。寅、申、巳、亥屬四生之地，即分別為甲、丙、戊、庚、壬，五行陽干長生之地。(需背誦)

認識地支藏天干後，如果天干透出，且地支藏干也有相同之天干(比肩劫財例外)，就稱「天透地藏」也稱「格」。或地支中有三合、三會的情形就稱「局」。格局者，命主之性質。

三、排十神

(一)、日主

又稱<u>命主、日元、日神、日干</u>等。子平推命術，專以日干為主，配合四柱干支陰陽五行生剋等推論之。即是以日柱天干為基準，比較其餘七個干支五行生剋制化的關係，以推斷日主吉凶禍福。

(二)、十神

指正官、七殺、正財、偏財、正印、偏印、比肩、劫財、食神、傷官等。十神產生的道理，就是以日主「我」為代表，與四柱干支

五行發生之生剋關係。日主既稱「我」，有生我、我生、剋我、我剋與同我等情形。例如日主為甲木，甲木為我。生我者為壬、癸水，壬為偏印，癸為正印。我生者丙、丁，丙火為食神，丁火傷官。我剋者戊、己土，戊為偏財，己為正財。剋我者庚、辛金，庚為七殺，辛為正官。同我者甲、乙木，甲為比肩，乙為劫財。

<u>生我者為正印、偏印</u>：正印是陽生陰、陰生陽。偏印是陽生陽、陰生陰。

<u>我生者為食神、傷官</u>：食神是陽生陽、陰生陰。傷官是陽生陰、陰生陽。

<u>我剋者為正財、偏財</u>：正財是陰剋陽、陽剋陰。偏財是陽剋陽、陰剋陰。

<u>剋我者為正官、七殺</u>：正官是陽剋陰、陰剋陽。七殺是陽剋陽、陰剋陰。

<u>同我者為比肩、劫財</u>：比肩是陽同陽、陰同陰。劫財是陽同陰、陰同陽。

(需背誦)

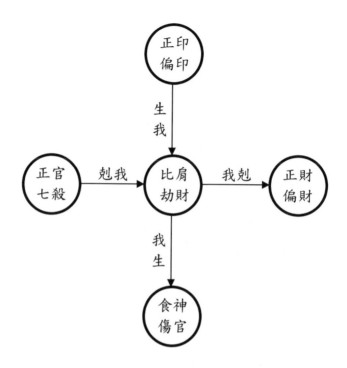

　　例如甲日主，則壬水是偏印，癸水是正印。甲木是比肩，乙木是劫財。丙火是食神，丁火是傷官。庚金是七殺，辛金是正官。戊土是偏財，己土是正財。又例如戊日主，丙火是偏印，丁火是正印。戊土是比肩，己土是劫財。庚金是食神，辛金是傷官。甲木是七殺，乙木是正官。壬水是偏財，癸水是正財。

日干與年、月、日天干十神表

對應 / 日主	甲	乙	丙	丁	戊	己	庚	辛	壬	癸
甲	比肩	劫財	食神	傷官	偏財	正財	七殺	正官	偏印	正印
乙	劫財	比肩	傷官	食神	正財	偏財	正官	七殺	正印	偏印
丙	偏印	正印	比肩	劫財	食神	傷官	偏財	正財	七殺	正官
丁	正印	偏印	劫財	比肩	傷官	食神	正財	偏財	正官	七殺
戊	七殺	正官	偏印	正印	比肩	劫財	食神	傷官	偏財	正財
己	正官	七殺	正印	偏印	劫財	比肩	傷官	食神	正財	偏財
庚	偏財	正財	七殺	正官	偏印	正印	比肩	劫財	食神	傷官
辛	正財	偏財	正官	七殺	正印	偏印	劫財	比肩	傷官	食神
壬	食神	傷官	偏財	正財	七殺	正官	偏印	正印	比肩	劫財
癸	傷官	食神	正財	偏財	正官	七殺	正印	偏印	劫財	比肩

神煞對照表

1、年柱地支見月、日、時地支者

年柱地支	孤辰	寡宿	大耗	
子	寅	戌	未	巳
丑	寅	戌	申	午
寅	巳	丑	酉	未
卯	巳	丑	戌	申
辰	巳	丑	亥	酉
巳	申	辰	子	戌
午	申	辰	丑	亥
未	申	辰	寅	子
申	亥	未	卯	丑
酉	亥	未	辰	寅
戌	亥	未	巳	卯
亥	寅	戌	午	辰

神煞對照表

2、月柱地支見四柱天干與地支者

月柱地支	天德	月德
子	巳	壬
丑	庚	庚
寅	丁	丙
卯	申	甲
辰	壬	壬
巳	辛	庚
午	亥	丙
未	甲	甲
申	癸	壬
酉	寅	庚
戌	丙	丙
亥	乙	甲

神煞對照表

3、日柱地支為主，對年、月、時、地支

日柱地支	將星	華蓋	驛馬	劫煞	亡神	桃花
子	子	辰	寅	巳	亥	酉
丑	酉	丑	亥	寅	申	午
寅	午	戌	申	亥	巳	卯
卯	卯	未	巳	申	寅	子
辰	子	辰	寅	巳	亥	酉
巳	酉	丑	亥	寅	申	午
午	午	戌	申	亥	巳	卯
未	卯	未	巳	申	寅	子
申	子	辰	寅	巳	亥	酉
酉	酉	丑	亥	寅	申	午
戌	午	戌	申	亥	巳	卯
亥	卯	未	巳	申	寅	子

神煞對照表

4、日柱天干為主，見年、月、日、時地支者

日柱天干	天乙貴人	文昌貴人	羊刃	干祿	紅艷煞
甲	未丑	巳	卯	寅	午
乙	申子	午		卯	午
丙	酉亥	申	午	巳	寅
丁	酉亥	酉		午	未
戊	未丑	申	午	巳	辰
己	申子	酉		午	辰
庚	未丑	亥	酉	申	戌
辛	寅午	子		酉	酉
壬	卯巳	寅	子	亥	子
癸	卯巳	卯		子	申

四、大運與流年

(一)、大運

　　以十年為一個大運，一生中所行各個階段的休咎吉凶運勢，一般均排列八個大運。由生月按陽男（指年干為陽）陰女（指年干為陰）順行，陰男陽女逆行而推算。如有男性生於甲寅年，丙申月，甲年為陽年，則為「陽男順行」。其大運從生月丙申起，依次為丁酉、戊戌、己亥、庚子、辛丑、壬寅、癸卯、甲辰等。每運干支各管五年之運，然須干支同時審斷（另有他說不述）。何時起運（交運）則由生之日以「陽男陰女順行，陰男陽女逆行」，推至下一節令或逆至上一節令，共計若干日，以三日折一歲，若不足或有餘時須加註明，一時為十天，一日為四個月。

　　論大運的吉凶，取決於它對本命的生剋扶抑等關係，再看其有無刑冲合會等。《命理探原》說：「宜與不宜，全憑格局；利與不利，但問日干。破格者值之為戚（忌的），助格者遇之為歡（宜的），日弱者扶之而氣盛，日強者抑之而全美。旺日復到旺鄉（即大運）必罹悔吝，衰日再行衰地，定主摧殘。吉若財官印食，喜於相見，凶如刑冲梟劫，多主不安。」看大運法又可以四柱推論：「年管少年，月日管中年，時管晚年。如年為喜神則少年發達，為忌神則少年迍邅。月日為喜神，則中年亨通，為忌神則中年蹇滯。時為喜神則晚年安榮，為忌神則晚年零落。」

(二)、地支藏干、十神、生旺庫、神煞、大運等排列

一般八字盤的排列方式，第一列是天干十神，第二列是八字，第三列是地支藏干，第四列是十二生旺庫，第五列是神煞，第六列是大運與幾歲起運。以下八字盤練習例，熟能生巧。

練習例

	日主		
壬寅	壬子	丁亥	乙丑

坤造，日月天干丁壬合，亥子半三會。日干壬水，地支亥、子、丑三會水。月時天干丁壬合，地支寅亥六合。日主孤鸞日，自坐羊刃。壬子、壬寅拱丑。

練習例

	日主		
丁未	丁巳	癸丑	壬戌

乾造，年月柱干鄰，地支半刑。丁巳、丁未拱午(祿)，三會巳、午、未比劫。地支丑、戌、未三刑。月柱癸丑與時柱丁未雙冲。年時干合支刑。七殺格，自坐帝旺。身殺兩停。

練習例

	日主		
丙申	辛卯	癸亥	戊戌

乾造，日時天干丙辛合，地支卯、申暗合。天干戊、癸合。地支亥、
卯半三合。正印格。

練習例

辛卯	丙申 日主	壬戌	癸酉

坤造，地支卯、戌隔位六合；日時天干丙辛合，日時雙合。七殺格、正財格。地支三會申酉戌透出天干，等同偏財格。

練習例

偏印格，月日互換空亡，月時互換空亡，正官傷官入庫。

比肩	日主	偏印	正印
甲子	甲子	壬戌	癸丑
癸	癸	丁 辛 戊	辛 癸 己
正印	正印	傷官 正官 偏財	正官 正印 正財
甲寅 乙卯	丙辰 丁巳	戊午 己未	庚申 辛酉

進階練習：

甲木生在戌月，木性凋零，丁火與壬癸水為調候用神，丁火入庫無解正偏印五見，水泛木漂，甲木無根，辛金不當用神。初運辛酉、庚申生水，屋漏偏逢連夜雨。己未戊午運，土盛制水，必有佳機。午運、丁巳、丙運，甲木得食傷，火土就是財。官藏殺沒，印剋食傷，子息緣薄。偏印需有偏財剋制。

練習例

偏印格為主，偏財格為輔《三命通會》例：官印祿庫。

劫財	日主	偏印	偏財
壬戌	癸酉	辛亥	丁丑
丁 辛 戊	辛	甲 壬	辛 癸 己
偏 偏 正 財 印 官	偏 印	傷 劫 官 財	偏 比 七 印 肩 殺

進階練習：

癸日主以丁火為偏財，丁火由年干通根時支入庫，戊土為正官，戊土隨丁火旺在時支。偏印四見，辛金入丑庫；財官印俱逢庫旺，無沖破，貴命。癸水自坐印，殺輕印重，大運庚戌、己酉、戊申俱為印綬與官殺交疊之地，吉凶參半，至丁未、丙午俱為火土財官之地，前途顯達。

84

偏財格《三命通會》例：水火既濟格。

食神	日主	正財	正財
戊子	丙子	辛丑	辛巳
癸	癸	辛 癸 己	庚 戊 丙
正官	正官	正 正 傷 財 官 官	偏 食 比 財 神 肩

進階練習：

《三命通會》：「火若遇水盛既濟，兵權萬里。」正偏財四見，論偏財格；食神時干通根年支，日月天干地支雙合。丙日主坐下正官，「月時引旺，重逢奇儀」子丑都是丙火的正官位，癸水以戊為官，戊土通根巳火，丙辛合化水(財生官)，時柱戊子干支戊癸合火，年日地支子(癸水)巳(戊土)化火，原局年月地支拱出三合巳酉丑金局，金生水，財生殺，故格強身弱，又初運庚子、己亥行水運，之後戊戌、丁酉、丙申運行金運，均使格局一再增強剋日主亦應不利，何以論貴命？除原局水火既濟外，丙辛化氣為真水，大運推波助瀾。

85

練習例：凡夫，傷官格，正印格，年日互換空亡。

比肩	日主	傷官	正印
甲子	甲戌	丁巳	癸酉
癸	丁　辛　戊	庚　戊　丙	辛
正印	傷官　正官　偏財	七殺　偏財　食神	正官
己酉　庚戌	辛亥　壬子	癸丑　甲寅	乙卯　丙辰

進階練習：

甲木生在巳月，年干正印通根時支，正印格。月干傷官通根日支，傷官格。甲木生在巳月，木氣已退，丙火司權，急須癸水，庚金與丁火淬鍊，原局有癸水與丁火。原局較量金與火孰盛？以官殺三見對抗食傷三見，官殺在地支力薄，須待大運土生金，或申酉之地。木火有餘，甲木參天，光明之人，然甲戌、甲子拱亥冲巳，波瀾時有。偏財坐日墓，妻星明晦不止。

練習例

乾造，農曆 60 年 3 月 11 日戌時；傷官格，正印格。日柱與月柱地支辰酉六合，月柱壬辰與時柱戊戌天剋地冲。

正印	日主	傷官	比肩
戊戌	辛酉	壬辰	辛亥
丁 辛 戊	辛	癸 乙 戊	甲 壬
七殺 比肩 正印	比肩	食神 偏財 正印	正財 傷官
甲申	乙酉	丙戌	丁亥	戊子	己丑	庚寅	辛卯

進階練習：

辛金生在辰月，需壬水淘洗，甲木疏通戊土，壬水貼身，天德月德貴人加臨，四柱無刑冲，必有風華歲月。正印格為主，傷官格為輔；比肩三見，身強。月柱與時柱天剋地冲。自坐祿，妻緣難諧合。晚年七殺入庫，子息緣不圓。年支驛馬托比肩，幼時家境堪憂。比肩通根日時，兄弟成黨錢做人。年支比肩坐驛馬，定然奔波。月支有天德月德貴人伴隨大耗，事成出於己身努力。自坐比肩有抱負。晚年七殺入庫坐寡宿，印剋食傷與子女疏遠。

練習例

坤造，農曆 71 年 10 月 21 日巳時。年柱與日柱伏吟，月柱與時柱天剋雙冲。

傷官	日主	正印	比肩
乙巳	壬戌	辛亥	壬戌
庚　戊　丙	丁　辛　戊	甲　壬	丁　辛　戊
偏印　七殺　偏財	正財　正印　七殺	食神　比肩	正財　正印　七殺

進階練習：

壬水生在亥月，正偏印四見，比肩月令透干，身強。水勢冲奔，建祿格，財官不透。用戊土為尊，丙火為輔，身強不用庚。初運庚戌、己酉、申運，土生金，乏善可陳。中運丁未、丙午等，火土財官齊來必有斬獲，乙巳運且步步為營，辰年天羅地網帶雙冲。年日伏吟，年干壬水比肩，伏吟日柱，有志氣不靠家庭。

練習例

乾造，農曆 25 年 9 月 17 日未時；月柱與日柱地比天生，日柱與時柱地支戌刑未，半刑。

正印	日主	食神	比肩
乙未	丙戌	戊戌	丙子
乙　丁　己	丁　辛　戊	丁　辛　戊	癸
正印　劫財　傷官	劫財　正財　食神	劫財　正財　食神	正官

進階練習：

食神傷官四見，傷官格。時柱正印坐庫，正印格。丙日主生在戌月，火愈衰；忌土晦火，先取甲木偏印疏土，再用壬水輝映。傷官格晦火，原局雖無甲木疏土，但比肩劫財四見，身強，勉力自主；初運己亥、庚子、辛丑等北方水運，「火土傷官宜傷盡」故不免邅迍。壬寅運七殺偏印正是喜用神，癸卯運戊癸合火，卯戌合火，逢亥年食傷受制。

練習例

坤造，農曆 43 年 10 月 4 日寅時。年柱與月柱干鄰支暗合，年柱與日柱干支雙合，月柱地支與時柱地支寅亥六合，月干乙木剋日主己土。官殺混雜，七殺格。五行缺庚辛食神傷官。

正 印	日 主	七 殺	正 官
丙 寅	己 未	乙 亥	甲 午
戊　丙　甲	乙　丁　己	甲　壬	己　丁
正　正　正 財　印　官	七　偏　比 殺　印　肩	正　正 官　財	比　偏 肩　印

進階練習：

己日主生在亥月，濕泥寒凍，急需丙火正印暖身，甲木洩水酌用。原局官殺五見，七殺格足以洩水生火。正偏印四見，偏印格，官殺生印。初運丙戌，寅午戌合為用神，年日雙合火土，年上正官好家庭。乙酉運，乙木截腳，酉金生水，丙火受制，困蹇。甲申運拱未，木火土，佳境。

90

練習例

乾造，農曆 68 年 11 月 12 日亥時。月干與日主丙辛合水，年柱與月柱地支子未六害，月柱地支與日柱地支也是子未六害。

偏印	日主	正官	偏印
己亥	辛未	丙子	己未
甲　壬	乙　丁　己	癸	乙　丁　己
正財　傷官	偏財　七殺　偏印	食神	偏財　七殺　偏印

進階練習：

辛金生在子月，火土夾雜，非金白水清。寒冬雨露，辛金不離壬、丙為用，寒月故以丙火為急，忌丙辛化水，應隔開否則用神無力。初運乙亥、甲戌後進入癸酉、壬申金水之地，那壺不開提那壺。偏印四見，偏印格，日主無根，為人自鳴清高，自我設限，遲婚，人際脈絡疏遠，徘徊在理想與現實之中。

練習例

坤造，農曆 72 年 2 月 8 日午時。月柱天干與時柱天干乙庚合，年月地支亥、卯半三合。月柱乙卯與日柱己酉天剋地冲，年柱地支與時柱地支午、亥暗合。

傷官	日主	七殺	偏財
庚午	己酉	乙卯	癸亥
己　丁	辛	乙	甲　壬
比　偏 肩　印	食神	七殺	正　正 官　財

進階練習：

日主己土生在卯月，陽氣漸生，丙火非急用，先甲(正官)次癸(偏財)，身弱有丙火，福澤愈厚，但過遲。乙木既成格局又有財星扶持，不須木運支撐。原局七殺格，有癸水相生，七殺剋日主；初運丙辰，火土護身。丁巳運桃花透干，冲動驛馬，格局不好，行運來的妙。戊午運合出木火土，氣順人清爽。己未運，風韻不息，官殺偶爾傷官制。庚申運，暗拱火山孝子。年上正偏財、正官坐驛馬，老爸勤快，家庭優渥。日月雙冲，七殺疊七殺，誰家男兒跌出局？日支將星、文昌，文采飛揚。時支午火大耗、桃花，門面自有祿水裝扮，五彩繽紛。

五、排十二生旺庫與神煞

(一)、十二生旺庫

　　地支有十二宮位，分別具有代表十天干的旺衰十二運，分別是<u>長生、沐浴、冠帶、臨官、帝旺、衰、病、死、墓、絕、胎、養</u>（需背誦）。長生猶人之初生。沐浴是洗澡表示自我檢點，代表成長中。冠帶表示已經成長，行冠帶之禮。臨官表示利見大人。帝旺表示飛龍在天。衰表示物極必反，亢龍有悔。病表示退化中。死代表氣數用盡。墓代表潛伏匿跡閉關自守。絕代表戒慎恐懼，準備反轉機運。胎表示受天地之氣。養表示養精蓄銳，躍躍一試。這些抽象的十二道程序，組合成一個周而復始的循環，正符合春夏秋冬，木火金水（土寄於火），元、亨、利、貞的循環周期。

(二)、十干祿絕：以日主天干為準

甲祿在寅，絕在申。乙祿在卯，絕在酉。
丙祿在巳，絕在亥。丁祿在午，絕在子。
戊祿在巳，絕在亥。己祿在午，絕在子。
庚祿在申，絕在寅。辛祿在酉，絕在卯。
壬祿在亥，絕在巳。癸祿在子，絕在午。（需背誦）

(三)、排神煞

　　神煞何其多，總計神煞之多，幾乎是一般八字表格所無法涵蓋的，為便於學者查表索引，如本章前述神煞對照表，以表填入常用神煞，可望文生義理解吉凶性質。合計分為年柱地支、月柱地支、日柱地支、日柱天干等，前面已經附表供查閱對照。以下練習例偏

重神煞說明，單純之神煞未必有特徵，必須以六親十神，五行生剋，複式神煞等作判斷。

練習例

坤造，農曆 70 年 11 月 6 日寅時。月支與日支子未六害，一路金水，未土阻水，甲寅傷官生財，財生官，又是一番生機。

傷官	日主	正印	偏印
甲寅	癸未	庚子	辛酉
戊 丙 甲	乙 丁 己	癸	辛
正官 正財 傷官	食神 偏財 七殺	比肩	偏印
沐浴	墓	臨官	病
亡神 大耗	華蓋 寡宿	桃花	

進階練習：

桃花透出癸日主，自己就是桃花，七殺坐寡宿，己土暗合傷官甲木，夫緣不穩，暗夫若有似無。華蓋坐日支，晚年大耗、亡神洩身，以財官自求多福。由年柱起金生水，水生木，日支未土必有波瀾。時柱傷官格，晚年還是嬌氣縱橫。

六、流年與太歲

　　算命之年即為流年。根據出生日的天干與流年天干的五行關係，可以斷當年吉凶。當生太歲，指四柱中的年柱。另一是每年輪流過來的遊行太歲，遊行太歲每年遊行十二宮，以定一年四時的吉凶禍福。命與運是一體兩面，相輔相成。俗云：命好不如運好，運好又不如流年好。而原局八字盤往往有依據五行關係的專有名詞，例如：天剋地冲(戊戌與壬辰)，天剋地刑(乙酉與辛酉)，地比天剋(丙子與庚子)，天比地冲(甲子與甲午)，干鄰支合(甲寅與乙亥)等。

運冲提綱

　　四柱中的月柱通稱提綱。大運干支是從月柱干支按順序編列，不論逆數或順數，至大運第六組的天干地支，兩者必定是天干相剋地支相冲。例如前例，乾造，第六個大運丙戌與月柱壬辰，天剋地冲。坤造，第六個大運乙巳與月柱辛亥，天剋地冲。

歲運併臨

　　流年與大運干支相同，主有變動之兆。

歲運對冲

　　流年與大運干支相冲剋。例如甲子流年遇到庚午大運。丙申流年遇到庚寅大運。

日年相併（日年併臨）

　　日柱干支與流年干支相同，例如：辛丑日逢辛丑年。

歲傷日干

　　流年天干剋日柱天干。例如日主己卯遇到流年乙酉。

日征太歲

四柱中的日柱干支與流年干支，天干相剋地支相冲。例如日柱丁卯，流年癸酉。

日運同途

日柱干支與大運干支完全相同。例如壬辰大運遇到壬辰日柱。

柱運歲三合局

四柱、大運、流年各有一地支組成三合局。例如四柱壬戌、癸丑、乙未、乙酉，大運己卯，流年有亥支，組合成亥卯未三合木局。行到辛巳大運，流年有酉、丑地支，形成巳酉丑三合金局。

柱運歲三會局

四柱、大運、流年各有一地支組成三會局。如四柱：丁酉、癸卯、丁丑、丁未，大運庚子，流年地支有亥，形成亥子丑三會水局。

柱運歲三刑

三刑有寅、巳、申，例如四柱辛酉、癸巳、壬子、辛丑，在丙申大運，流年地支有寅，形成寅、巳、申三刑。丑、戌、未三刑仿此。

根、苗、花、果

根即年柱、苗即月柱、花即日柱、果即時柱。

露、藏、透、身

露即天干位上之六神。藏即地支位內之六神。透即地支所藏之六神，在天干亦見露。身即日干。

用神

即衡量四柱八字中五行生剋、六神、與日干輕重,而鑑別出最易受影響日干之一字。大運扶用神則吉。剋用神即凶。

用神得力

用神之字所屬五行與月支為同一五行,且坐生、旺之地,不見刑冲空亡。

七、胎元、胎息、命宮

(一)、胎元

即受胎之月也。四柱、命宮外,再以胎元輔助判斷。以月柱干支為基準,即月干進一位,支進三位所組之干支即是。如庚午月生,月干進一位為辛,月支午進三位為酉,則辛酉為胎元,餘仿此推。胎元乃人以十月懷胎為正常胎期為準,作為命學佐輔之依據。如果四柱有缺五行,可以胎元斟酌之。

先天胎元對照表

月柱	胎元	月柱	胎元	月柱	胎元	月柱	胎元	月柱	胎元	月柱	胎元
甲子	乙卯	丙寅	丁巳	戊辰	己未	庚午	辛酉	壬申	癸亥	甲戌	乙丑
丙子	丁卯	戊寅	己巳	庚辰	辛未	壬午	癸酉	甲申	乙亥	丙戌	丁丑
戊子	己卯	庚寅	辛巳	壬辰	癸未	甲午	乙酉	丙申	丁亥	戊戌	己丑
庚子	辛卯	壬寅	癸巳	甲辰	乙未	丙午	丁酉	戊申	己亥	庚戌	辛丑
壬子	癸卯	甲寅	乙巳	丙辰	丁未	戊午	己酉	庚申	辛亥	壬戌	癸丑
乙丑	丙辰	丁卯	戊午	己巳	庚申	辛未	壬戌	癸酉	甲子	乙亥	丙寅
丁丑	戊辰	己卯	庚午	辛巳	壬申	癸未	甲戌	乙酉	丙子	丁亥	戊寅
己丑	庚辰	辛卯	壬午	癸巳	甲申	乙未	丙戌	丁酉	戊子	己亥	庚寅
辛丑	壬辰	癸卯	甲午	乙巳	丙申	丁未	戊戌	己酉	庚子	辛亥	壬寅
癸丑	甲辰	乙卯	丙午	丁巳	戊申	己未	庚戌	辛酉	壬子	癸亥	甲寅

(二)、胎息

又稱息元。以日柱干支為基準，即與日柱干支相合者之干支即為胎息。如甲子日生，取己丑，己丑即胎息，餘仿此。胎元之干支與胎息之干支，相生扶為吉；相冲剋者屬凶。

後天胎息對照表

日柱	胎息	日柱	胎息	日柱	胎息	日柱	胎息	日柱	胎息	日柱	胎息
甲子	己丑	甲戌	己卯	甲申	己巳	甲午	己未	甲辰	己酉	甲寅	己亥
乙丑	庚子	乙亥	庚寅	乙酉	庚辰	乙未	庚午	乙巳	庚申	乙卯	庚戌
丙寅	辛亥	丙子	辛丑	丙戌	辛卯	丙申	辛巳	丙午	辛未	丙辰	辛酉
丁卯	壬戌	丁丑	壬子	丁亥	壬寅	丁酉	壬辰	丁未	壬午	丁巳	壬申
戊辰	癸酉	戊寅	癸亥	戊子	癸丑	戊戌	癸卯	戊申	癸巳	戊午	癸未
己巳	甲申	己卯	甲戌	己丑	甲子	己亥	甲寅	己酉	甲辰	己未	甲午
庚午	乙未	庚辰	乙酉	庚寅	乙亥	庚子	乙丑	庚戌	乙卯	庚申	乙巳
辛未	丙午	辛巳	丙申	辛卯	丙戌	辛丑	丙子	辛亥	丙寅	辛酉	丙辰
壬申	丁巳	壬午	丁未	壬辰	丁酉	壬寅	丁亥	壬子	丁丑	壬戌	丁卯
癸酉	戊辰	癸未	戊午	癸巳	戊申	癸卯	戊戌	癸丑	戊子	癸亥	戊寅

（三）、命宮

命宮與四柱八字居同等地位，惟一般較重於宮支，宮支之取法以生時對照生月求之。

安命宮對照表

生時 生月	卯宮	寅宮	丑宮	子宮	亥宮	戌宮	酉宮	申宮	未宮	午宮	巳宮	辰宮
自正月雨水後 至二月春分前	亥	子	丑	寅	卯	辰	巳	午	未	申	酉	戌
自二月春分後 至三月穀雨前	戌	亥	子	丑	寅	卯	辰	巳	午	未	申	酉
自三月穀雨後 至四月小滿前	酉	戌	亥	子	丑	寅	卯	辰	巳	午	未	申
自四月小滿後 至五月夏至前	申	酉	戌	亥	子	丑	寅	卯	辰	巳	午	未
自五月夏至後 至六月大暑前	未	申	酉	戌	亥	子	丑	寅	卯	辰	巳	午
自六月大暑後 至七月處暑後	午	未	申	酉	戌	亥	子	丑	寅	卯	辰	巳

安命宮對照表

生時＼命宮 生月	卯宮	寅宮	丑宮	子宮	亥宮	戌宮	酉宮	申宮	未宮	午宮	巳宮	辰宮
自七月處暑後 至八月秋分前	巳	午	未	申	酉	戌	亥	子	丑	寅	卯	辰
自八月秋分後 至九月霜降前	辰	巳	午	未	申	酉	戌	亥	子	丑	寅	卯
自九月霜降後 至十月小雪前	卯	辰	巳	午	未	申	酉	戌	亥	子	丑	寅
自十月小雪前 至十一月冬至	寅	卯	辰	巳	午	未	申	酉	戌	亥	子	丑
自十一月冬至 至十二月大寒	丑	寅	卯	辰	巳	午	未	申	酉	戌	亥	子
自十二月冬至 後至正月雨水	子	丑	寅	卯	辰	巳	午	未	申	酉	戌	亥

命宮吉凶對照

子：天貴星。志氣不凡，富裕清吉。

丑：天厄星。先難後吉，離祖勞心，晚年吉。

寅：天權星。聰明大器，中年有權柄。

卯：天赦星。慷慨疏財，得權時須謙遜。

辰：天如星。事多翻覆，機謀多能。

巳：天文星。文章振發，女命有旺夫。

午：天福星。榮華吉命。

未：天驛星。一生勞碌，離祖始安。

申：天孤星。不宜早婚，女命妨夫。

酉：天秘星。性情剛直，時有是非。

戌：天藝星。心性平和，藝道有名。

亥：天壽星。心慈明悟，克己助人。

命宮宮干之取法，以宮支對照年干求支(五虎遁)。

宮干　　宮支　年干	寅	卯	辰	巳	午	未	申	酉	戌	亥	子	丑
甲己	丙	丁	戊	己	庚	辛	壬	癸	甲	乙	丙	丁
乙庚	戊	己	庚	辛	壬	癸	甲	乙	丙	丁	戊	己
丙辛	庚	辛	壬	癸	甲	乙	丙	丁	戊	己	庚	辛
丁壬	壬	癸	甲	乙	丙	丁	戊	己	庚	辛	壬	癸
戊癸	甲	乙	丙	丁	戊	己	庚	辛	壬	癸	甲	乙

練習例

坤造農曆 71 年 10 月 21 日巳時，胎息：丁卯；胎元：壬寅

傷官	日主	正印	比肩
乙巳	壬戌	辛亥	壬戌
庚　戊　丙	丁　辛　戊	甲　壬	丁　辛　戊
偏印　七殺　偏財	正財　正印　七殺	食神　比肩	正財　正印　七殺
絕	冠帶	臨官	冠帶
天乙　亡神　天德　大耗	華蓋	干祿　劫煞　孤辰	華蓋

80	70	60	50	40	30	20	10
癸卯	甲辰	乙巳	丙午	丁未	戊申	己酉	庚戌

八、本運

　　四柱八字除了有十年一個大運，以及流年吉凶以外，在立出基本盤後，沒有論及大運、流年之前，可先觀察八字四柱的本運吉凶，本運所主的年限，決定其吉凶悔咎於一生之重要關鍵。

1、年柱管一至十五歲。年干主一至七歲半，年支主七歲半至十五歲。

2、月柱管十六至三十歲。月干主十六至二十二歲半，月支主二十二半至三十歲，地支有「三合、六合」者另計。

3、日柱管三十一至四十五歲。日干主三十一至三十七歲半，日主主三十七歲半至四十五歲。

4、時柱管四十六歲至壽終。

　　依據本限之劃分，可以將四柱八字之中，所帶有基本之刑冲、祿絕、神煞、用神、格局等，任何一種特徵，皆在本限之中表示。不論吉凶，其刑冲、祿絕、神煞、空亡等，在四柱之中某柱，代表應驗之時效。

今舉例如下：坤造，雜氣財官，七殺格，偏財格，四柱全陽。

比肩			日主			偏財			七殺		
壬寅			壬戌			丙辰			戊午		
戊	丙	甲	丁	辛	戊	癸	乙	戊		己	丁
七殺	偏財	食神	正財	正印	七殺	劫財	傷官	七殺		正官	正財
病			冠帶			墓			胎		
文昌	月德	天德	華蓋	月德	天德	寡宿			將星		
戊申		己酉	庚戌		辛亥	壬子		癸丑	甲寅		乙卯

1、年柱天干七殺，管一歲至七歲半，年上七殺，早年一場凶。

2、官殺五見，七殺格涵蓋四柱，權勢中人，一生易犯小人。

3、地支寅、午、戌三合火，透月柱天干丙火，終生偏財格特性。

4、日月柱雙冲，由十六歲冲到四十五歲，家庭事業兩難。

5、三十歲後有天月德貴人，減輕財殺同根是非之刑。

6、調候用神甲、庚，十九歲大運甲寅意氣風發，至時柱地支再現甲約五十六歲。寅戌暗拱正官在約 38 至 54 歲，感情豐碩曲折。

7、乙卯大運，寅卯辰三會傷官木，桃花運透干。

8、甲寅大運，食神制殺生財，麗質難棄。

9、壬子大運，夾祿夾官，三會亥子水，比劫剋財。

九、論吉凶神煞

神煞在八字論命中是很重要的一環，然《星平會海》云：「古命書無記載合婚之理，乃唐太宗為西漢以來，遠方來婚俱絕命，呂才設此術以愚惑之，名曰滅蠻經，其法不可全信，姑錄俟知者察之」。實務上神煞之準確性大約在七成上下，大略分為吉凶星、小兒關煞、男女婚姻等。

神煞在年柱表示幼年現象，在月柱表示青年現象，在日柱表示中年現象，在時柱表示晚年現象。其次神煞的時效性會依據三合、六合的關係而延伸。神煞坐空亡，吉凶減半。其次坐祿坐絕，效果或成比例增減，須兼論刑冲合會與六親關係。神煞與日主五行生剋關係需並論，神煞必須配合人生各階段論之。例如桃花在幼年，論為可愛討喜。羊刃在晚年注意體弱多病現象，驛馬在月支好動，年限不同，涵義也有區別。

孤辰、寡宿在晚年，無甚妨礙。論神煞有諸多爭議。神煞之吉凶形態，並不是依據字義解釋，而在於神煞干支五行，與日主干支五行，生出、生入、剋出、剋入、比合等對待關係。其次，在於兩兩相對之關係，例如孤辰寡宿、亡神劫煞、桃花大耗等。神煞為論命之輔佐，忌以偏概全，務必參閱柱運歲，共同分析吉凶禍福，才不失真。

十、神煞舉例

神煞須考量四柱年限代表之意義，例如桃花在年柱，與風韻之事無關。孤辰、寡宿在晚年，不甚妨礙。坐旺、坐絕、刑冲合會表示神煞之象徵與力量是否明顯。神煞與六親結合自有寓意，例如年

柱偏財坐驛馬,父親奔波忙碌。正財坐旺又有天月德貴人,有能妻相助。坐空亡之六親,相助之情緣薄。

(一)、天德貴人、月德貴人

　　《三命通會》云,夫德者,利物濟人,掩凶作善。蓋日月照臨之宮,凡天曜地煞,盡可制伏,故可回凶作吉。先天之福,自然本有之福報,敦厚少凶險,在年柱表示早年有蔭助。女命最喜天德貴人與夫星同柱。有逢凶化吉,化險為夷之特性。在日干終身有福,在年柱是幼年,在時柱是晚年,怕沖剋不忌合。《三命通會》云:『子午卯酉中有甲庚丙壬,辰戌丑未中有乙辛丁癸,寅申巳亥中有乾坤艮巽,此十二位宮能回凶作善,乃曰天德也』。簡單說,就是陰陽相反五行相沖的關係,《星平會海》云:『正丁二坤(申)中,三壬四辛同,五乾(亥)六甲上,七癸八艮(寅)逢,九丙十居乙,子巽丑庚中。』

　　月德貴人與天德貴人性質相同,天德較月德有力。一生無險無慮。取法為:「寅午戌月在丙,申子辰月在壬,亥卯未月在甲,巳酉丑月在庚。」即月柱為寅、午或戌碰到日干是丙者為應此星,其他類推。命帶天月德二德者,逢凶化吉,不逢刑沖剋破者,吉上加吉。《三命通會》云:貴神在位,諸煞伏藏,二德扶持,眾凶解散。須要日上見,時上不犯剋沖刑破方吉。凡人得之,一生安逸。不犯刑,不逢盜,縱遇凶禍,自然消散。遇三奇、天乙貴同併,尤為吉慶或財官印綬食神變德,各隨所變,更加一倍之福。

練習例

正財	日主	七殺	偏財
甲午	辛巳	丁亥	乙卯
己　丁	庚　戊　丙	甲　壬	乙
偏印　七殺	劫財　正印　正官	正財　傷官	偏財
病	死	沐浴	絕
天乙　桃花　月德	孤辰	驛馬	天德

乾造，男命年支天德貴人，自坐偏財出身佳。月支驛馬好動，日主生驛馬，自己找活幹。自坐孤辰，男命無妨，女命孤辰坐正官，婚姻落寞。日月逢冲，婚緣有虧。時干正財帶月德貴人，正財坐桃花，有伴偕老；「德蓋七殺，安祥之士」，子息有回饋；地支隔位三奇貴人。

（二）、天乙貴人

　　天乙貴人是後天性質。有聰明智慧，出入近貴，逢凶化吉，易受長上貴人提攜，是後天的解難之神，女命不宜多帶天乙貴人，所謂『合多貴眾，裙歌扇舞』，但藝人、交際花、公關服務等不忌諱。取法為甲戊庚見丑未，乙己見子申，丙丁見亥酉，壬癸見巳卯，庚辛見寅午。有說為「甲戊並午（丑）羊（未），乙己鼠（子）猴（申）鄉；丙丁豬（亥）雞（酉）位，壬癸兔（卯）蛇（巳）藏；六辛逢虎（寅）馬（午），此為貴人方。」即日柱天干為甲或戊，在其他柱的地支中有丑或未者，為天乙貴人，其他類推。逢三合、六合福力倍增，財富豐厚，信用卓著。如合化喜用神：百事順遂，一生不犯科刑。逢刑冲剋破空亡者或坐衰病死絕弱運，福力減弱，一生多勞苦。坐旺運，福貴增厚，一生少病災。坐建祿，必善於文辭。與魁罡同柱，氣質軒昂，人中龍鳳。與劫煞同柱，機巧有謀，具威嚴。

練習例

正官	日主	正財	劫財
丁丑	庚子	乙未	辛酉
辛　癸　己	癸	乙　丁　己	辛
劫財　傷官　正印	傷官	正財　正官　正印	劫財
墓	死	冠帶	帝旺
天乙	將星	天乙　寡宿	桃花　羊刃

坤造，豪門婦，年上劫財出身清苦，日主合正財地支入庫，財不外流。庚不離丁，正官丁火格局就是調候，帶上天乙貴人。正官坐桃花，福祿堪誇。年上羊刃桃花，不帶合無妨。身強，戊戌運乙未年，三刑產貴子。

練習例

偏印	日主	七殺	食神
辛酉	癸丑	己卯	乙卯
辛	辛 癸 己	乙	乙
偏印	偏印 比肩 七殺	食神	食神
病	冠帶	長生	長生
將星	華蓋 寡宿	文昌 天乙	文昌 天乙
丁亥 丙戌	乙酉 甲申	癸未 壬午	辛巳 庚辰

坤造,性格忤逆,乙卯、己卯、癸丑、辛酉。缺財丙丁火,食神、七殺、偏印格鼎立,偏印化殺,食神制殺太過。年柱與日柱互換空亡,長親無緣。年時雙冲,貴人遠避。天乙貴人洩日主癸水,貴人自己買單。

111

(三)、驛馬

　　忙碌的現象，驛馬有遷動之意，「馬奔財鄉，發如猛虎」，「馬頭帶劍(驛馬天干見庚辛)，威震邊疆」或「貴人驛馬多升遷，常人驛馬多奔波」。例如年柱有驛馬，代表幼時住所異動。或四柱己未、甲戌、壬戌、乙巳，四柱中雖無驛馬「申」，但流年地支庚申，則該年驛馬牽動。其取法「寅午戌見申，巳酉丑見亥，申子辰見寅，亥卯未見巳」。即是三合局末支四庫之地退兩位，亦為四角長生之地。與財星同支且為喜用神，商賈，企業家。與空亡同柱，常遷居或更換職業、工作。逢冲，如野馬奔馳。逢合，馬遭羈絆，不得動彈。日主強，四柱見驛馬，利於交通界、物流業服務。日主弱，四柱見驛馬，奔波勞碌之命。歲運逢驛馬，有遷徙、調職、轉業、出國等之事。驛馬居死絕之地，且逢刑冲空亡等，有家難居，四處漂泊，經常勞苦。帶桃花，淫奔走動。《三命通會》云：「驛馬生旺，主人氣韻凝峻，通變趨時，平生多聲望，死絕則有頭無尾，或是或非，一生少成漂泊不定。與祿同鄉，則福力優游。與煞相冲併，或孤神、弔客、喪門併者，離鄉背井之人。」驛馬最喜「祿馬交馳」，例如寅午戌在申，而時干得庚。或「祿馬同鄉」，例如甲祿在寅，申子辰日驛馬在寅，甲子、甲申、甲辰等日出生，而時干為丙寅，祿位與驛馬同鄉。

練習例

劫財	日主	食神	正印
庚寅	**辛丑**	**癸亥**	**戊午**
戊 丙 甲	辛 癸 己	甲 壬	己 丁
正 正 正 印 官 財	比 食 偏 肩 神 印	正 傷 財 官	偏 七 印 殺
胎	養	沐浴	病
天 劫 乙 煞	華 大 蓋 耗	驛 大 馬 耗	天 桃 乙 花

坤造，一代佳人，亭亭玉立。年支桃花午亥暗合，春潮早來；月支大耗、驛馬，驛馬帶貴人終久落風塵，馬入妻宮必得能家之婦。命帶驛馬好動，驛馬剋我不得不動，我剋驛馬可動可不動，我生驛馬我去找的，驛馬生我人找來的。我剋對方請，剋我行必止，我生不能停，生我意外行，兼看天干。

113

（四）、羊刃

　　限於五陽干甲、丙、戊、庚、壬，地支有帝旺之位，性格剛毅，有爆發力。論斷應用中雖有喜有忌，但主屬災星，一般認為男命中羊刃多，妻宮有損，女帶羊刃刑夫剋子。即日柱天干為甲，在月柱中見卯者為羊刃。其他類推。羊刃要不冲不合，有制者則吉。羊刃遇刑冲，刀光之傷。會合，人巧多勞。四柱疊見，刑妻剋夫，傷子息。有三個以上，聾啞、瞎盲或殘傷。日坐羊刃，男剋妻，女剋夫。日主強旺，忌羊刃。日主衰弱，喜羊刃衛祿幫身。殺無刃不顯，刃無殺不威。命中帶羊刃，偏官兼旺，更有正印通關，是為「印殺相生」，羊刃助威，無不貴顯。男多羊刃，妻宮有損。女多羊刃，荒淫惡死。正財與羊刃同柱，破財之兆。劫財與羊刃同柱，性情剛烈。

　　正印與羊刃同柱，身太旺，雖有功名，但常陷疾病困厄。日主強，命局有羊刃，無偏官，歲運逢偏官旺，轉禍為福。或有印星，無偏官，歲運逢偏官旺，亦為福。命局殺刃兩全，復行劫煞、羊刃運，建功立業或捨身成仁取義。

　　羊刃與死絕弱運同柱，性情暴戾。與沐浴同柱，惡病。年羊刃，出身貧困，或以怨報德之性。月羊刃，性偏激乖張，或父母、手足不得力。時羊刃，晚年招災惹禍，損傷子息。日主弱，則不為凶。女日支傷官帶羊刃，必迎惡災。羊刃冲合歲運，福臨災至。財為忌星，支逢羊刃，干為財星，為刃頭財。支坐建祿，干為財星，為祿頭財。歲運逢羊刃或財星，因財起氣或妻妾是非或盜賊傷身。

練習例

正印	日主	比肩	比肩
丁巳	戊申	戊午	戊寅
庚 戊 丙	戊 壬 庚	己 丁	戊 丙 甲
食神 比肩 偏印	比肩 偏財 食神	劫財 正印	比肩 偏印 七殺
臨官	病	帝旺	長生
干祿 劫煞 孤辰	文昌	羊刃	驛馬

坤造，少小離鄉，遠渡重洋，三戊子隨出，離祖別家鄉。年柱與日柱互換空亡。戊午、戊申夾未，未是大耗，天乙貴人，花錢買貴人。驛馬剋身，不得不動；帶比肩，跑到哪花到哪。月支羊刃，月刃格，離鄉不破祖。戊申土猴孤鸞日，地支隔位三刑，莫問婚姻。

（五）、孤辰與寡宿

《燭神經》云：「凡人命犯孤宿，主形孤骨露，面無和氣，不利六親。生旺稍可，死絕尤甚，驛馬並，放蕩他鄉，空亡並，幼少無倚；喪弔並，父母相繼而亡，一生多逢重喪疊禍，骨肉伶仃，單寒不利，入貴格，贅婿婦家，入賤格，移流未免。」取法依《三命通會》：

1、年支逢東方一氣寅、卯、辰時，月、日、時支中出現巳者稱孤辰，出現丑者叫孤宿。
2、年支逢南方一氣巳、午、未時，月、日、時支中出現申者稱孤辰，出現辰者叫孤宿。
3、年支逢西方一氣申、酉、戌時，月、日、時支中出現亥者稱孤辰，出現未者叫孤宿。
4、年支逢北方一氣亥、子、丑時，月、日、時支中出現寅者稱孤辰，出現戌者叫寡宿。

寡宿、孤辰：幼而無父母曰孤，老而無夫曰寡。

月柱出現孤辰，因不合群之特性，婚姻緣遲。女命月柱官殺與孤辰同柱有獨居傾向。男怕孤，女怕寡，男人怕遲婚不怕離婚，女人不怕遲婚怕離婚。與驛馬併，流浪異鄉。與空亡併，幼小無依。與喪門吊客併，父母相繼而亡，多逢重喪。與華蓋日時相逢，主孤獨伶仃或為僧尼。日柱亡神劫煞同柱，三刑同支剋妻。時柱亡神劫煞同柱，三刑同支剋子。孤辰、寡宿全者無子。見華蓋，晚婚。帶兩重孤寡，主剋妻害子，少六親，不聚財。

練習例

正官	日主	食神	劫財
庚辰	乙丑	丁卯	甲辰
癸　乙　戊	辛　癸　己	乙	癸　乙　戊
偏印　比肩　正財	七殺　偏印　偏財	比肩	偏印　比肩　正財
冠帶	衰	臨官	冠帶
	華蓋　寡宿	干祿	月德

乙亥	甲戌	癸酉	壬申	辛未	庚午	己巳	戊辰

乾造，乙日主生在卯月，不見丙火癸水，格局不明，人生規劃不明確。寡宿、華蓋人孤僻；年柱甲辰，時柱庚辰，天剋地刑。庚年未月交壬申運，雙合月柱，庚寅年拱卯比劫旺，離婚。

117

練習例

劫財	日主	比肩	食神
戊辰	己亥	己亥	辛酉
癸 乙 戊	甲 壬	甲 壬	辛
偏財 七殺 劫財	正官 正財	正官 正財	食神
衰	胎	胎	長生
紅艷 大耗	孤辰	孤辰	文昌

乾造，雞販，年柱食神格，出生大家庭。比肩坐孤辰，自家兄弟不旺。天干比肩、劫財，妻財難為；時柱劫財通根，自坐大耗，偏財難為。地支自刑暗佈，亥亥自刑，亥月己土不見丙丁火，神煞不見加持。

(六)、亡神與劫煞

命書云:「亡神入命禍非輕,用盡機關心不寧,剋子刑妻無祖業,仕人猶恐有虛名。」取法為:「申子辰見亥,寅午戌見巳,巳酉丑見申,亥卯未見寅。」即日支為申、子或辰者,年支、月支或時支中有亥字就為應此星,雖為凶神,若為日主五行所剋反為我用。亡神,主城府深、心機重,喜怒隱藏。與喜用神同支,並與貴人同柱,老謀深算之人。與忌神同支並與七殺、羊刃同柱,刑妻傷子,官府獄訟。

劫煞雖為凶神,若為日主五行所剋反為我用。喜沖忌合。劫煞之支與他支合,酒色破家破財。與七殺同支,意外災禍。與天乙貴人同柱,巧於謀事,有威儀。與喜用神同支,才智過人,聰明敏捷。與七殺、羊刃同柱,忌神同支,災害迭生,橫禍雖免,官事訴訟。與建祿同柱,好酒之人。亡神、劫煞只要不對沖或者是會齊三刑,不甚妨礙。須兼看貴人與五行生剋。

練習例

正印	日主	劫財	劫財
辛丑	**壬子**	**癸亥**	**癸亥**
辛 癸 己	癸	甲 壬	甲 壬
正印 劫財 正官	劫財	食神 比肩	食神 比肩
衰	帝旺	臨官	臨官
	紅豔 羊刃 將星	干祿 亡神	干祿 亡神
辛未 庚午	己巳 戊辰	丁卯 丙寅	乙丑 甲子

坤造，潤下格，黑鼠孤鸞，名醫，會讀書，未婚，虔誠信徒。

120

練習例

比肩	日主	七殺	七殺
庚辰	庚午	丙申	丙戌
癸　乙　戊	己　丁	戊　壬　庚	丁　辛　戊
傷官　正財　偏印	正印　正官	偏印　食神　比肩	正官　劫財　偏印
養	沐浴	臨官	衰
	將星	干祿　驛馬	紅艷　華蓋

乾造，以庚午、庚辰夾巳，巳就是亡神與大耗併臨，且五行剋日主，加重論。驛馬、華蓋、紅艷則是比和或生助，無禍有喜。

121

（七）、文昌貴人

文昌入命聰明過人，主有文藝才華，未必有厚福，須兼論格局、空亡、用神、喜忌。取法有古歌云：「甲乙巳午報君知，丙戊申宮丁己雞（申），庚豬（亥）辛鼠（子）壬逢虎（寅），癸人見兔（卯）入雲梯。」即日柱天干為甲（乙）見其他柱中有巳或午者為應此星，其他類推。

（八）、學堂詞館

《三命通會》云：學堂者，如人讀書之在學堂。長生乃學堂之正位，例如金命見辛巳，金長生在巳，辛巳納音又屬金。詞館者，如今官翰林謂之詞館。取其學業精專，文章出類；如金命見壬申，金臨官在申，壬申納音又屬金。臨官乃詞館正位。兼有正官正印驛馬，得厚福。遇祿貴，奇德而氣清。值刑冲破害空亡，干支納音受剋，均福祿微薄，官職卑賤。《三命通會》：「須是大運在官位，又太歲帶正印，或正天乙，或本家祿，是及第之年。」訣語：「學堂如更朝驛馬，位極勳高壓天下。」

（九）、桃花

又名咸池。取法為：「寅午戌見卯，巳酉丑見午，申子辰見酉，亥卯未見子」，外桃花，子午卯酉日，生於子午卯酉時。殘花煞，申子辰日，生於夏季巳時。寅午戌日，生於冬季亥時。巳酉丑日，生於春季寅時。亥卯未日，生於秋季申時。裸刑桃花，甲子日庚午時。庚午日丙子時。滾浪桃花，丙子日辛卯時。辛卯日戊子時。現年月桃花，為內桃花，主夫妻恩愛。日時柱桃花，為外桃花，人人可得。與貴人同柱者，富貴之命。與七殺同柱又多合者，女命娼妓。與羊

122

刃同柱，忌神同支，再行忌神運，因酒色亡身。與驛馬同在四柱，主淫亂。桃花與正官同柱論吉。比肩劫財支坐桃花，女命不良。桃花三合、六合又透出天干，終生有感情困擾。

練習例

正官	日主	正官	比肩
乙卯	戊寅	乙卯	戊辰
乙	戊 丙 甲	乙	癸 乙 戊
正官	比肩 偏印 七殺	正官	正財 正官 比肩
沐浴	長生	沐浴	冠帶
桃花		桃花	紅艷

坤造，女命桃花兩見坐沐浴，剋我桃花，年支紅艷煞，紅艷見桃花，艷名遠颺，寅卯辰三會透干，官殺六見從殺，月柱官疊官。《四言獨步》：「官星桃花，福祿堪誇，殺星桃花，朝結暮巴。」大運甲寅後進入癸丑、壬子、辛亥等北方之地。《三命通會》：「從煞格，以煞神太重，身無所歸，不得已從之，要行煞旺及財鄉，四柱無一點比肩印綬。」

（十）、紅艷

紅艷煞是指專情，而專情自有不良之後遺症，與桃花的外緣助力性質不同，不宜與大耗、劫煞同柱。感情之事容易有自陷苦惱、自作多情，而空留遺憾。桃花、紅艷不宜同柱。男性不甚忌諱。

練習例

劫財	日主	傷官	七殺
戊辰	己丑	庚辰	乙亥
癸　乙　戊	辛　癸　己	癸　乙　戊	甲　壬
偏財　七殺　劫財	食神　偏財　比肩	偏財　七殺　劫財	正官　正財
衰	墓	衰	胎
紅艷　大耗	華蓋	紅艷　大耗	驛馬

坤造，年干與月干乙庚合，不利格局特性之顯達。紅艷與大耗同柱，分據月干與時干，一生感情負擔很重。

（十一）、華蓋

　　刻苦好學，多才多藝，性格孤僻。上自藝術家、哲學家，下至街頭藝人、野台戲者等。取法為：「寅午戌見戌，巳酉丑見丑，申子辰見辰，亥卯未見未」。華蓋，藝術、宗教、孤獨之星。主聰敏，具才藝，性孤獨，忌刑冲破害空亡，須兼論命格高低。華蓋與印星同支（印為喜用神），翰苑之才。逢空亡或刑冲破害者，看破名利為僧尼或過房入贅或挾一技走江湖。恬淡寡欲，一生不利財物，與夾貴併，清貴特達。華蓋坐墓運現日柱，剋妻。現時柱傷子。華蓋逢正印坐旺運，官祿高、權位重。《三命通會》云：「華蓋重重喜，休逢破與冲，性雖頗聰慧，挾術走西東，若還臨旺相，定是坐三公。」

（十二）、天赦

　　命中若逢天赦，一生處世無憂。其取法為「春戊寅，夏甲午，秋戊申，冬甲子。」即春月出生在戊寅日者為應此星，其他類推。

（十三）、大耗

　　劫煞指意外之損耗，單獨一個大耗，為害不明顯。如果兩組並列則不吉祥。大耗與桃花同柱，因女色而破財。大耗與驛馬同柱，越動越不理想。大耗、空亡、正印同柱，往往有疏失之損害。

練習例

七殺	日主	正官	正官
丁 酉	辛 亥	丙 申	丙 辰
辛	甲　壬	戊　壬　庚	癸　乙　戊
比肩	正財　傷官	正印　傷官　劫財	食神　偏財　正印
臨官	沐浴	帝旺	墓
紅艷　干祿　大耗	大耗	劫煞	
甲辰　癸卯	壬寅　辛丑	庚子　己亥	戊戌　丁酉

乾造，丙辰、丙申、辛亥、丁酉，吸毒，刑妻剋子，進出牢籠，人生一片灰暗。年月地支申辰拱子，文昌桃花。大耗劫煞傷身，官殺太重不成格。

（十四）、天羅地網

戌亥為天羅，辰巳為地網。主牢役病傷之災。《三命通會》云，龍蛇混雜，常防婦女憂危。豬犬侵凌，每慮丈夫厄難。男忌天羅，女忌地網。中間又分火命人有天羅，水土命人有地網，餘金木二命無之，人命帶此，多主蹇滯，更加惡煞相併，五行無氣，必主惡死。

（十五）、十惡大敗

以年柱結合日柱反應出來的一種災星。《三命通會》云：「十惡者犯十惡重罪，在所不赦，大敗者譬兵法中與敵交戰，大敗無一生還，喻極凶也。」取法為：庚戌年見甲辰日，辛亥年見乙巳日，壬寅年見丙申日，甲戌年見庚辰日，甲辰年見戊戌日，乙亥年見辛巳日，乙未年見己丑日，丙寅年見壬申日，丁巳年見癸亥日。即年日天干地支相沖，主本不合。

（十六）、魁罡

指四柱中有庚辰、庚戌、壬辰、戊戌。包括天罡地罡二種，日柱為戊戌、庚戌者稱天罡；庚辰和壬辰者稱地罡。此星是天沖地擊之煞，屬中性，在論斷應用中有吉有凶。一般認為命中有魁罡者人性聰明，文采振發，臨事果斷，秉權好殺，若見財官，禍患立至，日柱魁罡若遇刑沖，定為貧寒。又女性應以陰柔為美，故忌魁罡。《三命通會》云，辰是水庫屬天罡，戌是火庫屬地魁，辰戌相見，為天沖地擊，身值天罡地魁，衰則澈骨貧寒，強則絕倫貴顯。

練習例

正官	日主	偏印	比肩
己酉	壬辰	庚戌	壬戌
辛	癸　乙　戊	丁　辛　戊	丁　辛　戊
正印	劫財　傷官　七殺	正財　正印　七殺	正財　正印　七殺
沐浴	墓	冠帶	冠帶
桃花	華蓋		

乾造，辰戌冲，辰酉合。好男不當兵，壬戌、庚戌、壬辰、己酉，日柱與月柱魁罡，但地支雙冲。壬水生在戌月，無甲木疏土與丙火輝映；時柱官殺帶印，自己努力而成；劫財入庫，兄弟無助。

（十七）、將星

三合中位，如將制中軍，故以三合中位稱「將星」。掌權司印，文武相宜。與官殺同柱掌官政權。與財星同柱掌財政權。與羊刃同柱掌生殺權，有領導者氣度。夾貴墓庫，純粹而不雜者，出將入相之格。以日柱為準申子辰見子，寅午戌見午，亥卯未見卯，巳酉丑見酉，換言之，將星僅出現在子、午、卯、酉，四旺(敗)之地。

（十八）、六秀日

日柱丙午、丁未、戊子、戊午、己丑、己未等日。相貌俊秀，技藝卓絕，聰明才華。

（十九）、三奇貴

天上三奇甲戊庚，地下三奇壬癸辛，人中三奇乙丙丁，為襟懷卓越、博學多能，大富大貴非凡之人。三奇貴人，博學多才，人中龍鳳，帶天乙貴人科甲名揚。帶天月二德者，凶災不犯，三合入局者，國家柱石，帶官符劫煞者，器識宏遠。空亡生旺者，飄絕隱逸之士。沖破天羅地網者，為無用。論三奇，太歲不帶，而日月時帶者，孤獨。

練習例

傷官	日主	傷官	食神
丙戌	乙卯	丙午	丁卯
丁 辛 戊	乙	己 丁	乙
食神 七殺 正財	比肩	偏財 食神	比肩
墓	臨官	長生	臨官
月德 大耗	干祿 將星	紅艷 文昌 月德	將星
戊戌 己亥	庚子 辛丑	壬寅 癸卯	甲辰 乙巳

乾造，傷官格，木火傷官，四柱無正官，傷官傷盡。卯戌合火，從兒格。辛丑運合丙，三奇格。經云：「木火見官官有旺」，又以《滴天髓闡微》：「凡從兒格，行運不背逢財者，未有不富貴者也；且秀氣流行，人必聰明出類。」丑運有功。

（二十）、孤鸞日

甲寅、壬寅、乙巳、丁巳、丙午、戊午、戊申、辛亥、壬子，婚姻遲。甲戌、乙亥夫星坐空亡，且忌。

練習例

偏印	日主	偏財	正財
庚戌	**壬寅**	**丙午**	**丁巳**
丁 辛 戊	戊 丙 甲	己 丁	庚 戊 丙
正財 正印 七殺	七殺 偏財 食神	正官 正財	偏印 七殺 偏財
冠帶	病	胎	絕
華蓋 大耗	文昌	將星 月德	天乙 亡神

坤造，年柱丁巳，月柱丙午，日柱壬寅，俱為孤鸞，日主無根，地支寅午戌三合火局，透出天干，從財格。

131

（二十一）、福德秀氣

　　己丑日，四柱巳酉丑全者，遇官鄉大吉。天干有三個乙字，四支巳酉丑全者，主富貴。忌刑冲破害與火鄉。

（二十二）、十干祿(進階解讀)

生成祿	甲乙人得甲寅、乙卯之類。
名位祿	甲人見丙寅之類。
真祿	甲人見丙或巳，乙人見巳或午之類，皆為貴格。
進退真祿	戊辰見丁巳，戊午見丁巳。丙辰見癸巳，丙午見癸巳。癸亥見甲子，癸丑見甲子。
食神帶祿	如壬食甲而得甲寅，癸食乙而得乙卯，戊食庚而得庚申。
食神合祿	甲食丙得丙申、丙寅，乙食丁得丁未、丁卯，庚食壬得壬辰、壬子。
祿頭財	甲人見戊寅，乙人見己卯之類，主人富有聲望。
祿頭鬼	甲人見庚寅，乙人見辛卯，主口舌刑責。
旬中祿	甲申見庚寅，戊午見丁巳之類，主清華要職。
天祿貴神	如丁人祿在午，遁至午上得丙字，而丙貴在酉亥，得辛酉辛亥，則辛貴復見於午之類，人格極品。
干支合祿	如甲祿寅，得甲寅己亥，乙祿卯，得乙卯庚戌之類，主官職崇重。
互換貴祿	庚寅見甲申日時之類。

（二十三）、論正印(進階解讀)

《三命通會》：「正印者，乃五行之正庫。金命見乙丑，木癸未，火甲戌，水土壬辰、丙辰。」

貴人夾印	如丙丁火命，以甲戌為正印。卻得酉亥夾之，酉亥乃丙丁貴人。壬癸水命以壬辰為正印，卻得卯巳夾之，卯巳乃壬癸貴人。
文章印	如戊寅見癸未，辛巳見甲戌，庚申見乙丑，癸亥見丙辰，乃納音剋身，干神有制，支神合之類。
鳳凰御印	年時見印，例如：癸未、甲寅、戊午、丙辰，尚書命格。
臨空印	乃印落空亡，支無六合見官貴，至賤而無成。
自刑印	庚戌人帶乙丑，金人見金印固好，丑戌相刑，以金刑金，此類不如無，雖有少福，亦終賤。

諸印要逢墓庫，若生旺扶助，互換祿馬貴人，並相合者，至貴之命。最忌刑冲破害，三合六合上見鬼。

（二十四）、論羊刃(進階解讀)

《三命通會》：「官印相助福相資，是羊刃帶祿；更有官印相資，尤作吉論。如專羊刃，主眼露性急，凶暴害物，親近惡黨，生旺稍可，死絕尤甚。」羊刃少得安逸，重犯主殘疾，官祿失退，晚年敗散。

刃頭財	如甲人見己卯之類，常人以屠沽刀鋸為事業或陰盜損命。
刃頭鬼	如甲人見辛卯之類，謂之持刃煞，主人不令終，雖入貴格，亦不可測，甲乙人尤甚。
朝元羊刃	如卯年日時有甲字之類，主凶；若日干在時上作刃，主痕疾，不然即子息帶災，亦主子少；時干就日支作刃，主妻惡死，軍徙、痕疾。
連珠刃	如庚戌、辛酉；戊午、己未；丙午、丁未；甲辰、乙卯；壬子、癸丑。

（二十五）、論空亡

空亡，望文生義，即空無虛幻，空轉之意。喜用神或吉神逢之，效用打折；反之，忌神凶煞，為禍減半。空亡之取法，例如：取八字甲戌、丁卯、壬子、壬寅。年柱甲戌旬中空亡為申、酉，四柱不見空亡。日柱壬子屬於甲辰旬，甲辰旬中空亡是寅卯，所以時柱壬寅、月柱丁卯是坐空亡。

忌神凶煞不忌空亡，吉神或喜用神則忌空亡。木空則折，火空則發，土空則陷，金空則響，水空則流，依逢空亡之五行而論。四柱忌諱互換空亡，即年月、年日，日月、日時、月時等，均擁有對方空亡。例如年柱甲子，日柱壬戌。年柱甲子旬中戌、亥坐空亡，所以日柱壬戌坐空亡。而日柱壬戌的空亡為子丑，年柱甲寅旬中空

亡也是子丑，年柱甲子坐空亡，餘此類推。

　　看空亡之法不外以四柱時效性分析。年柱代表祖業，日柱代表自身，兩者互換空亡，代表一生落空。日柱與時柱互換空亡，自身與子息位落空，損子息。年月時三柱均逢空亡，謂三空致發，旺衰易位反富貴。四大空亡，主聰明。空亡逢三合、六合、三會、冲等均可以解空亡。逢天乙貴人、天德貴人、月德貴人、龍德等可以解空亡，但福力相對減少。

　　年柱空亡，一生多勞苦，須憑己力奮鬥，祖上無蔭。且一到十六歲之少年運困逆多阻。月柱空亡，手足情薄無助，十六至三十歲之青年運勢宜逆來順受。日柱空亡，夫妻緣薄，婚姻較難圓滿。三十一至四十八歲之中年運，事業、感情、家庭生活易陷困境。時柱空亡，多乏子孫，子息少，子女福較難享，子女不在身邊等，晚運四十六歲後，易陷孤困之境。

十一、十神逢空亡之意義

1、比肩逢空亡，比肩表示兄弟，逢空亡手足少或不和睦無助力，男則比劫剋財，所以妻或妻財不利，女則夫緣較薄。

2、劫財逢空亡，手足無助，財難聚，劫財空亡，較不易控制浪擲金錢之個性。

3、食神逢空亡，減福氣，有會合或冲可解空，作事力不從心之感。

4、傷官逢空亡，子息緣薄，婚變再婚機率高，自怨自艾懷才不遇，入庫難生財。

5、偏財逢空亡，父緣薄、無助益，離散，妾緣無，橫財難求，偏財坐絕更驗。

6、正財逢空亡，財貨難聚，婚姻遲，逢冲更驗，不忌入庫。

7、七殺逢空亡，難有長輩提攜，自己無權威風範，男命子息虧，女夫緣不定。

8、正官逢空亡，官祿減少，不宜公職，男缺子息成就，女忌夫星坐空亡，夫緣薄。

9、偏印逢空亡，不宜文藝教育，學業或學術難有成，繼母不利，不忌偏財剋制。

10、正印逢空亡，權位、學業、學術難成，母不利。

大敗空亡

《三命通會》：「帶互換空亡者災深，假令甲子年壬戌日，甲子之正空亡在壬戌，其壬戌乃甲寅旬，甲寅旬中空復在子；主一生財物耗散，大破家宅。」如柱有惡神惡煞，禍聚之地，全要空亡解之，有空亡不宜見合，合則不能空。若祿馬財官，福聚之氣，全怕空亡散之，有空亡卻喜見合，合則不能空；若無沖無合無刑，謂之真空亡。見祿臨空虛有名。《三命通會》：「人命空亡本不好，若遇沖刑反為虛煞；土人遇之，飛聲走譽。如甲申、丁丑、乙亥、甲申行壬午運作當路。乙未、乙酉、乙丑、丁亥，行辛巳運，作監司，大振聲望。」

甲子與壬戌。乙丑與癸亥。甲戌與壬申。乙亥與癸酉。甲申與壬午。乙酉與癸未。甲午與壬辰。乙未與癸巳。甲寅與壬子。乙卯與癸丑。

整理空亡的見解如下：

1、年柱日柱互換空亡，終生辛勞寡親少友。

2、月柱日柱互換空亡，主中年孤單乏力，錢、權落空。

3、日柱時柱互換空亡，中晚年難有成就，越混越回頭。

4、月柱時柱互換空亡，一生根基，晚年折半，見好就收。

5、年月時三柱見空亡，反作富貴命格。

6、空亡見三會合、六合天月德天乙可解空亡。

7、年柱空亡十六歲以前不吉。

8、月柱空亡青年不順。

9、日柱空亡甲戌、乙亥等不利家庭。

10、時柱空亡少子女緣。

練習例

正財	日主	偏印	偏財
己巳	甲子	壬戌	戊辰
庚 戊 丙	癸	丁 辛 戊	癸 乙 戊
七 偏 食 殺 財 神	正 印	傷 正 偏 官 官 財	正 劫 偏 印 財 財

坤造，年月雙沖，月日互換空亡，正偏財五見，財多身弱要走比劫大運。甲不離庚，土多金埋。

《三命通會》例

劫 財	日 主	食 神	劫 財
甲 申	乙 亥	丁 丑	甲 申
戊　壬　庚	甲　壬	辛　癸　己	戊　壬　庚
正　正　正 財　印　官	劫　正 財　印	七　偏　偏 殺　印　財	正　正　正 財　印　官

以年柱甲申起空亡在午未，壬午大運，午就是進入空亡，壬午大運、
甲申年柱夾甲木之天乙貴人，得官職。

138

十二、刑冲合會基礎演練

學八字就像解方程式，背公式雖然必要，練習更重要。練八字就是由八字辨識開始，不必等到十神、生旺庫、神煞、大運排定才開始。舉例如下：

練習例

偏財	日主	食神	劫財
丁巳	癸亥	乙巳	壬寅
庚 戊 丙	甲 壬	庚 戊 丙	戊 丙 甲
正印 正官 正財	傷官 劫財	正印 正官 正財	正官 正財 傷官

寅巳刑，巳亥相冲，月柱乙木生巳火，時柱丁火助旺。年日干鄰支合，癸水剋丁火，日時雙冲。年月互換空亡，庚子運甲午年不祿。

139

練習例

比肩	日主	比肩	正財
辛卯	辛丑	辛酉	甲寅
乙	辛 癸 己	辛	戊 丙 甲
偏財	比肩 食神 偏印	比肩	正印 正官 正財

三辛合丙，三辛壽數長。辛丑、辛卯夾寅暗財，天乙貴人與天德貴人兩見。月時天比地冲；比肩四見，正偏財四見。金木兩行成象。辛酉透出就是爭夫。

練習例

正印	日主	劫財	劫財
辛丑	壬子	癸亥	癸亥
辛 癸 己	癸	甲 壬	甲 壬
正印 劫財 正官	劫財	食神 比肩	食神 比肩

地支亥子丑三會水透天干，亥亥自刑。原局壬癸水旺，潤下格。日刃格。黑鼠孤鸞日。正印入庫有祖蔭。

140

練習例

食神	日主	七殺	比肩
庚申	戊午	甲寅	戊申
戊 壬 庚	己 丁	戊 丙 甲	戊 壬 庚
比肩 偏財 食神	劫財 正印	比肩 偏印 七殺	比肩 偏財 食神

四柱全陽，日刃格，年月雙冲，月時雙冲，寅、午半三合，甲、戊、庚三奇貴人。四柱換祿。

練習例

食神	日主	七殺	食神
庚申	戊辰	甲申	庚戌
戊 壬 庚	癸 乙 戊	戊 壬 庚	丁 辛 戊
比肩 偏財 食神	正財 正官 比肩	比肩 偏財 食神	正印 傷官 比肩

四柱全陽，甲、戊、庚三奇貴人，年日地支辰、戌冲。地支比肩四見。食神傷官五見。比肩地支四見暗暗破財。女性食傷太重，子息緣薄。

練習例

比肩	日主	七殺	七殺
丙申	丙申	壬寅	壬辰
戊 壬 庚	戊 壬 庚	戊 丙 甲	癸 乙 戊
食神 七殺 偏財	食神 七殺 偏財	食神 比肩 偏印	正官 正印 食神

兩干不雜。月柱壬寅，日柱丙申，日月雙冲，互換長生。壬辰、壬寅夾卯，三合木印局。七殺正官五見，七殺格；殺印相生。月德貴人兩見，卯申暗合。

練習例

偏印	日主	傷官	偏財
戊子	庚辰	癸酉	甲辰
癸	癸 乙 戊	辛	癸 乙 戊
傷官	傷官 正財 偏印	劫財	傷官 正財 偏印
乙丑　丙寅	丁卯　戊辰	己巳　庚午	辛未　壬申

坤造，羊刃格，甲辰、庚辰，天剋地刑。辰酉爭合桃花。子、辰半三合。日柱魁罡。逆生土生金，金生水，水生木。傷官四見，傷官格。

142

練習例

偏印	日主	傷官	正財
庚戌	壬辰	乙巳	丁酉
丁　辛　戊	癸　乙　戊	庚　戊　丙	辛
正財　正印　七殺	劫財　傷官　七殺	偏印　七殺　偏財	正印
丁酉	戊戌	己亥	庚子	辛丑	壬寅	癸卯	甲辰

逆生金生水，水生木，木生火。壬辰、庚戌雙魁罡，辰戌沖破格。
年日雙合，巳、酉半三合。壬騎龍背。雜氣財。正財格，傷官格，
偏印格，三格鼎立。

143

十三、刑冲合會、生旺庫、神煞、大運演練

練習例：四柱全陽，一申冲三寅。

食神	日主	比肩	偏財
丙寅	甲寅	甲寅	戊申
戊　丙　甲	戊　丙　甲	戊　丙　甲	戊　壬　庚
偏財　食神　比肩	偏財　食神　比肩	偏財　食神　比肩	偏財　偏印　七殺
臨官	臨官	臨官	絕
干祿　月德	干祿	干祿	驛馬
壬戌　辛酉	庚申　己未	戊午　丁巳	丙辰　乙卯

乾造，四柱全陽，年月雙冲，年日雙冲，和家裡搞不來。年時天比地冲，日月伏吟，地支三見寅，一申冲三寅，性孤寡。臨官三見，比肩四見，論身強。驛馬在年支坐偏財、七殺，定有得意家風。偏財五見，偏財格；食神四見，食神轉傷官格。甲不離庚，用神在申金。

144

練習例：年月雙冲，月時雙冲，三奇貴人。

食神	日主	七殺	比肩
庚申	戊午	甲寅	戊申
戊　壬　庚	己　丁	戊　丙　甲	戊　壬　庚
比肩　偏財　食神	劫財　正印	比肩　偏印　七殺	比肩　偏財　食神
病	帝旺	長生	病
文昌　驛馬	羊刃　將星		文昌　驛馬

丙午	丁未	戊申	己酉	庚戌	辛亥	壬子	癸丑

坤造，四柱全陽，年月雙冲，月時雙冲。寅、午半三合。比肩劫財五見，日刃等同羊刃格，身強；年柱比肩通根，帶驛馬，出身顛簸。月柱七殺，天透地藏，七殺格，夫緣不穩。食神三見帶偏財，比劫兄弟為難多。戊午、庚申同旬，夾天乙貴人，正官入庫。先殺後食神，先破後成。

145

練習例：炎上格，火土傷官，火炎土燥。

正印	日主	食神	正官
乙 未	丙 午	戊 午	癸 巳
乙　丁　己	己　丁	己　丁	庚　戊　丙
正　劫　傷 印　財　官	傷　劫 官　財	傷　劫 官　財	偏　食　比 財　神　肩
衰	帝旺	帝旺	臨官
	羊　將　月 刃　星　德	羊　將 刃　星	干　亡 祿　神
庚 戌	辛 亥	壬 子	癸 丑	甲 寅	乙 卯	丙 辰	丁 巳

乾造，年月干合支半會，午午自刑，午未六合。丙火地支巳、午、未三會火局，戊癸合火，炎上格，火炎土燥。天干正官、食神、正印，門面清新；年時互換空亡。火土傷官，忌見官星；若有木制成貴，忌水金鄉怕冲，無寅無亥不成名。

146

練習例：比劫與財星夾雜，午未合出時上羊刃，比劫透干。

比肩	日主	劫財	正財
丙申	丙午	丁酉	辛亥
戊　壬　庚	己　丁	辛	甲　壬
食神　七殺　偏財	傷官　劫財	正財	偏印　七殺
病	帝旺	死	絕
文昌　驛馬	羊刃　將星　大耗	天乙	天乙　劫煞
乙巳　甲辰	癸卯　壬寅	辛丑　庚子	己亥　戊戌

坤造，年柱日柱丙辛合，地支午亥暗合。丙午、丙申夾未，乙木正印入未庫，母緣佳。丙午孤鸞日。丙申蓋頭。比肩劫財三見，日刃格，偏強。年干正財通根月支，正偏財三見，正財格。火金兩行成象，以戊己土通關。庚子運雙冲日柱。辛丑運與年柱拱子，丙辛合水。壬寅運雙冲丙。

147

練習例：辛丑、辛卯夾寅，其用大矣；偏財兩透，艷福不淺。

偏印	日主	偏財	偏財
乙巳	丁未	辛卯	辛丑
庚 戊 丙	乙 丁 己	乙	辛 癸 己
正財 傷官 劫財	偏印 比肩 食神	偏印	偏財 七殺 食神
帝旺	冠帶	病	墓
驛馬	紅艷 華蓋	將星	
癸未　甲申	乙酉　丙戌	丁亥　戊子	己丑　庚寅

乾造，丁日主不離甲，甲不離庚，庚不離丁。正偏財四見，偏財格。偏印月支透出時干，偏印格；好在兩個格局天干隔位。四柱全陰，辛丑、辛卯夾寅，寅刑巳，年柱與日柱雙冲。男命正財坐驛馬，老婆勤快。

練習例：坤造，乙木酉月得癸水巳火，無礙於年日雙沖。

比肩	日主	偏印	偏財
乙 酉	乙 巳	癸 酉	己 亥
辛	庚　戊　丙	辛	甲　壬
七殺	正官　正財　傷官	七殺	劫財　正印
絕	沐浴	絕	死
將星		將星	驛馬

辛巳	庚辰	己卯	戊寅	丁丑	丙子	乙亥	甲戌

四柱全陰，年柱己亥與日柱乙巳雙沖。酉酉隔位自刑，巳酉半三合。將星坐七殺有主見，沖刑勸不聽。正財由日支透出年干偏財，勉稱「財格」。正印由年支透出月干偏印，勉稱「印綬格」。七殺坐月令提綱，七殺格。

練習例：日祿歸時，甲不離庚，庚不離丁，三格行必有我師。

食神	日主	七殺	偏財
丙寅	甲子	庚申	戊午
戊　丙　甲	癸	戊　壬　庚	己　丁
偏財　食神　比肩	正印	偏財　偏印　七殺	正財　傷官
臨官	沐浴	絕	死
干祿　驛馬	將星	孤辰	紅艷
戊辰　丁卯	丙寅　乙丑	甲子　癸亥	壬戌　辛酉

乾造，四柱全陽，直來直往。年日雙冲。月時雙冲，申子半三合，寅午半三合。偏財格與七殺格，月支同根透出。晚年食神格，偏財坐驛馬，東山再起，蟑螂打不死。四柱地支有祿，自己創造機會。財生殺，男人容易因財惹是非。

練習例：木火傷官，不忌官；藤蘿繫甲，可春可秋，忌火地。

傷官	日主	正財	正官
丙戌	乙卯	戊寅	庚戌
丁 辛 戊	乙	戊 丙 甲	丁 辛 戊
食神 七殺 正財	比肩	正財 傷官 劫財	食神 七殺 正財
墓	臨官	帝旺	墓
月德	干祿 將星 大耗	亡神	
丙戌　乙酉	甲申　癸未	壬午　辛巳	庚辰　己卯

乾造，乙木地支有帝旺、臨官，論身強。年日乙庚合，卯戌暗合。乙卯自坐祿位，月支帝旺，身強。正財四見，偏財格；食傷四見，傷官格。四柱缺水，大運不走水地，乙木生機不現。大耗、將星，花錢當老大。

151

練習例：劫財年干通時支，火土傷官土金傷官，忌見官星。

正官	日主	食神	劫財
壬寅	**丁未**	**己亥**	**丙申**
戊　丙　甲	乙　丁　己	甲　壬	戊　壬　庚
傷官　劫財　正印	偏印　比肩　食神	正印　正官	傷官　正官　正財
死	冠帶	胎	沐浴
亡神	紅艷　華蓋　寡宿	天乙　孤辰	劫煞
辛卯　｜　壬辰	癸巳　｜　甲午	乙未　｜　丙申	丁酉　｜　戊戌

坤造，年支正官透出時干，正官三見，正官格坐旺。月干食神通根日支，食傷四見，傷官格。丁壬合，寅亥合，年柱與時柱雙冲，互換長生。火土傷官忌見官，食傷重不利婚姻。劫財重，到死不放手，偏財為父難長留。

152

練習例：比劫大運沉迷簽賭，耗盡家財。

食神	日主	正官	正印
丁亥	乙未	庚戌	壬子
甲　壬	乙　丁　己	丁　辛　戊	癸
劫　正 財　印	比　食　偏 肩　神　財	食　七　正 神　殺　財	偏 印
死	養	墓	病
	華　大 蓋　耗	寡 宿	天　桃 乙　花

戊午	丁巳	丙辰	乙卯	甲寅	癸丑	壬子	辛亥

乾造，機械工程師，簽賭耗盡家財。乙木生在戌月，得年柱癸水以家運度日，尚稱平安。癸丑運三刑，亥子丑三合水局，鬼迷心竅。甲寅運比劫幫身，沉迷簽賭。乙卯運，亥卯未三合比劫，孤注一擲。大耗併華蓋，破財。正印格，水泛木漂。食神格丁壬合木，格局難顯。

153

練習例：職業小三，四柱全陽，暗拱桃花，三六合花名遠颺。

偏財	日主	比肩	偏印
壬戌	戊申	戊戌	丙辰
丁 辛 戊	戊 壬 庚	丁 辛 戊	癸 乙 戊
正印 傷官 比肩	比肩 偏財 食神	正印 傷官 比肩	正財 正官 比肩
墓	病	墓	冠帶
			紅艷 華蓋 月德 天德
庚寅 辛卯	壬辰 癸巳	甲午 乙未	丙申 丁酉

坤造，四柱全陽，偏財通根日支，偏財格。年柱與時柱雙冲，雜氣財官，不冲不發。日柱戊申，孤鸞日。戊申、戊戌夾酉桃花，辰酉合，桃花無遠弗屆，又論土金傷官，官去反成官，故不宜見正官。

練習例：合多不成才，財多不宜比劫運。

正財	日主	劫財	比肩
己巳	甲午	乙亥	甲午
庚 戊 丙	己 丁	甲 壬	己 丁
七 偏 食 殺 財 神	正 傷 財 官	比 偏 肩 印	正 傷 財 官
病	死	長生	死
文 亡 昌 神	紅 將 月 艷 星 德	劫 天 大 煞 德 耗	紅 將 月 艷 星 德
癸未	壬午	辛巳	庚辰	己卯	戊寅	丁丑	丙子

乾造，年月干鄰，地支午亥暗合；日月干鄰，地支午亥暗合，合多
人親切，成不了大事。月時雙冲，根基一定空。午午自刑。日時干
合地支半三會。甲木無庚，比劫三見，前半生難有所成。神煞混雜，
表面平靜，暗地思緒多。

余氏調候用神表

日干 / 月支	甲	乙	丙	丁	戊	己	庚	辛	壬	癸
寅	丙癸	丙癸	壬庚	甲庚	丙甲癸	丙庚甲	戊甲丙壬丁	己壬庚	庚丙戊	辛丙
卯	庚丙戊丁己	丙癸	壬己	庚甲	丙甲癸	甲癸丙	丁甲丙庚	壬甲	戊辛庚	庚辛
辰	庚丁壬	癸丙戊	壬甲	甲庚	甲丙癸	丙癸甲	甲丁壬癸	壬甲	甲庚	丙辛甲
巳	癸丁庚	癸	壬庚癸	甲庚	甲丙癸	癸丙	壬戊丙丁	壬甲癸	壬辛庚癸	辛
午	癸丁庚	癸丙	壬庚	壬庚癸	壬甲丙	癸丙	壬癸	壬己癸	癸庚辛	庚壬癸
未	癸丁庚	癸丙	壬庚	甲壬庚	癸丙甲	癸丙	丁甲	壬庚甲	辛甲	庚辛壬癸
申	庚丁壬	丙癸己	壬戊	甲庚丙戊	丙癸甲	丙癸甲	丁甲	壬甲戊	戊丁	丁
酉	庚丁丙	癸丙丁	壬癸	甲庚丙戊	丙癸	丙癸	丁甲丙	壬甲	甲庚	辛丙
戌	庚甲壬丁癸	癸辛	甲壬	甲庚戊	甲丙癸	甲丙癸	壬	壬甲	甲丙	辛甲壬癸
亥	庚丁戊丙	丙戊	甲戊庚壬	甲庚	甲丙	丙甲戊	丁丙	壬丙	戊丙庚	庚辛戊丁
子	丁庚丙	丙	壬戊己	甲庚	丙甲	丙甲戊	丁甲丙	丙戊壬甲	戊丙	丙辛
丑	丁庚丙	丙	壬甲	甲庚	丙甲	丙甲戊	丙丁甲	丙壬戊己	丙丁甲	丙丁

以日主單項而言，<u>甲不離庚</u>、<u>庚不離丁</u>、<u>丁不離甲</u>、<u>戊不離甲</u>、<u>己不離丙</u>、<u>丙不離壬</u>、<u>壬不離戊</u>、<u>辛不離壬</u>。原則上陽日主要有剋制，陰日主要有生助。月令旺相，要有反剋。兩干鄰位相剋，隔干次之，年時相剋則近於無力。話雖如此，然而八字學並非如此單純，以十天干而言，尚有十二地支種種搭配，就有一百二十組的說法。敘述在下一章。

157

第叁章、普通格、強弱與用神例

　　當八字排定後，依序完成十神、十二生旺、神煞、大運等，即可開始推算此人命格。依據格局之旺衰刑冲，大致即可知道當事人之個性、喜忌、六親、格調高低等。取格局有天透地藏、三合三會、特別格等方式，並無互相排擠的情況，因此常有數種格局互相鼎立，而各有特性。依據十神名稱，以普通格論，應扣除比肩、劫財不能成格外，其餘有正印格、偏印格、正財格、偏財格、食神格、傷官格、正官格、七殺格等共計八種格局。特別格不在本章敘述，另闢專章。

正印、偏印

　　生我者為正印、偏印。正印是陽生陰、陰生陽。偏印是陽生陽、陰生陰。例如：甲日主，癸水是正印，壬水是偏印。

正財、偏財

　　我剋者為正財、偏財。正財是陰剋陽、陽剋陰。偏財是陽剋陽、陰剋陰。例如：乙日主，戊土是正財，己土是偏財。

食神、傷官

　　我生者為食神、傷官。食神是陽生陽、陰生陰。傷官是陽生陰、陰生陽。例如：丙日主，戊土是食神，己土是傷官。

正官、七殺

　　剋我者為正官、七殺。正官是陽剋陰、陰剋陽。七殺是陽剋陽、陰剋陰。例如：丁日主，壬水是正官，癸水是七殺。

比肩、劫財

同我者為比肩、劫財。比肩是陽同陽、陰同陰。劫財是陽同陰、陰同陽。例如：戊日主，戊土是比肩，己土是劫財。

一、論六親與十神

所謂六親，指父、母、兄弟、朋友、妻、子女等。以日主天干之五行，代入此八字的當事人自己。因此，甲日主逢年柱天干丙為食神，逢月柱天干丁為傷官，逢時柱天干庚則為七殺，逢己則為正財。

1、正印、偏印

生我為印，所以正印為生母，偏印為後母，或者是義母、養母。

2、正財、偏財

母親聽從父親，所以印被財剋，能剋印者唯財爾。所以父親以偏財論之，男女同論。又正財為我所剋，即論配偶。所以偏財亦論為側室或情婦、妾、小三等。

3、食神、傷官

我生為食神、傷官。食神、傷官女命是指子女。（男命不以食神、傷官作子女）

4、正官、七殺

在女命而言，正官、七殺是指丈夫。又稱夫星。在男命而言，正官、七殺是指子女（子息）。又男性的子女是妻身所生。妻在十神之中是正財，因而採用財生官殺的原理，所以男命以「正官、七殺」為子女之十神。

5、比肩、劫財

比肩、劫財與當事人日主天干（我），乃是同一類平等層次。故此比肩、劫財在六親之中，是指兄弟、姊妹、朋友、同事等。

進階說明(十神生剋制化)

所謂十神，指比肩、劫財、食神、傷官、正財、偏財、正官、七殺、正印、偏印。而十神生剋則是進一步必須理解與背誦的。

同我為比劫。同性為比肩，異性為劫財。
我生為食傷。同性為食神，異性為傷官。
我剋為正偏財。同性為偏財，異性為正財。
剋我為官殺。同性為七殺，異性為正官。
生我為正偏印。同性為偏印，異性為正印。（以上需背誦）

《星平會海》云：偏印庶母及祖父也。偏財是父，乃母之夫星也，亦為偏妻。正財為正妻也，偏財為妾為父是也。比肩為兄弟姊妹也。七殺是男，正官是女。食神是男孫，傷官是女孫及祖母也。婦人命取六親與男命不同，(女命)取正官為夫星，七殺為偏夫，食神是男，傷官是女。經曰：男取剋干為嗣，女取干生為子。時為子息及奴婢也。年為祖上，月為父母伯叔兄弟門戶，日為妻妾己身。且如六親受剋如何？印綬見財剋母及祖母也。見比劫羊刃剋妻妾及父也。官殺多者難為兄弟。傷官食神多難為子息。梟印傷孫剋祖母也。譬如正印作合母不正。財作合妻不正。官作合女不正。偏財作合妾不正。比肩作合，姊妹不正。傷官作合，祖母不正。食神作合，孫女不正。

161

男命六親取用圖

	甲	乙	丙	丁	戊	己	庚	辛	壬	癸
甲	兄姐	兄姐	偏母	正母	男	男	妾父	正妻	男孫	男孫
乙	弟妹	弟妹	正母	偏母	女	女	正妻	父	女孫	女孫
丙	壽星婿孫	婦孫妻孫	兄姐	兄姐	偏母	正母	男	男	妾父	妻
丁	孫女外母	孫女婿	弟妹	弟妹	正母	偏母	女	女	妻	妾父
戊	父伯妾	姑正妻	男孫	男孫	兄姐	兄姐	偏母	正母	子	子
己	正妻姑媽	妾父伯	女孫	女孫	弟妹	弟妹	正母	偏母	女	女
庚	男孫侄	男	妾伯父	正妻	男孫	男孫	兄姐	兄姐	偏母	正母
辛	女侄女	女	正妻	妾父	女孫	女孫	弟妹	弟妹	正母	偏母
壬	偏母男父	母妻妾父	男	男	妾夫	正妻	男孫	男孫	兄姐	兄姐
癸	母	作父偏母	女	女	正妻	偏妾	女孫	女孫	弟妹	弟妹

女命六親取用圖

	甲	乙	丙	丁	戊	己	庚	辛	壬	癸
甲	公	妯娌兄姐	偏母	正母	夫兄偏夫	夫	父	姑	男	女
乙	妯娌弟妹	公弟	正母	偏母	夫	夫	姑	父	女	男
丙	男	男	兄姐公	妯娌弟妹	母姨偏母	正母	偏夫夫兄	夫	父	姑
丁	女	女	妯娌弟妹	公弟妹	正母	偏母	夫	夫弟	姑	父
戊	父	姑	男	男	公兄姐	妯娌兄姐	偏母	正母	夫兄	夫
己	姑	父	女	女	妯娌弟妹	公弟妹	兄姐正母	偏母	夫	夫弟
庚	夫兄	夫	父	姑	男	男	公妯娌	妯娌兄姐	偏母	正母
辛	正夫	夫弟	姑	父	女	女	弟妹	弟妹	正母	偏母
壬	偏母	正母	偏夫	夫	父	姑	男	男	公兄姐	妯娌弟
癸	正母	偏母	夫	偏夫	姑	父	女	女	妯娌弟妹	公弟妹

二、辨識取格局

　　當一個八字依據萬年曆排出後，其順序依次為支藏天干、列出十神、十二生旺庫、神煞、大運等。吾人論命首先取格局，闡述他人之格局、個性、六親等特徵，最後談大運流年刑冲合會。本節僅論述普通格之辨識。《三命通會》取月令地支與日主關係為格局，例如甲木生在酉月，無關乎天透地藏就是正官格。現行一般取格局大約分有天透地藏、三合三會等；不外乎取五行量與質的優越性。

　　八字格局可分正格和變格兩大類。正格有正官、七殺、正財、偏財、正印、偏印、食神、傷官八種，有的命書將財印兩格的正偏合併而為六種。變格，不入正格的均入變格，種類繁多。其中比肩、劫財不為格；另一為變格，即特殊格局，又叫外格。名目繁多，主要區分為從旺格、從勢格、化氣格、祿刃格、雜奇格等。格局一般從五個方面去看：

1、<u>月支中所藏的天干本氣，透出年、月、時天干者，就以這個本氣的干與日干的關係定格局</u>。例如甲木生在辛酉月為正官格，庚金生在戊申月為印綬格。

2、子、卯、酉月支只含一個本氣天干，該本氣沒在年、月、天干透出，則以月支與日干的關係決定格局。(質量)

3、月支中本氣的天干沒有在年、月、時干上透出，但所藏的其它干有透出者，就以透出者與日干的關係定格局。(數量)

4、月支中所藏的干沒有一個透出的，可取其中最有力的一個月支的干與日干的關係定格局。

5、月支所藏干和日柱之間的關係屬於比、劫、祿、刃者定為變格。

三、論拱、夾

拱、夾是指兩柱天干相同，地支相隔一字，或者拱三合中之一字，稱之為拱、夾。例如年柱丙辰，月柱丙申，日主庚金，拱出地支子，形成申、子、辰三合水局，稱傷官格。時柱庚辰，日柱庚寅，地支寅、卯、辰三會木局，稱財格。

練習例：丙辰、丙申、庚寅、庚辰。

比肩	日主	偏印	偏印
庚辰 ⓪卯	庚寅	丙申 ⓪子	丙辰
癸　乙　戊	戊　丙　甲	戊　壬　庚	癸　乙　戊
傷官　正財　偏印	偏印　七殺　偏財	偏印　食神　比肩	傷官　正財　偏印

申子辰三合水，因此丙辰、丙申拱出「子」水，地支具有傷官性質。庚寅、庚辰夾「卯」，地支具有財星的性質。

夾隔位例

拱隔位即是夾，拱與夾的差別，只是三合與隔位的差別而已。不過拱隔位，有時候可以拱出三會的地支。如果是拱夾出三會的地支，也是與拱三合一樣，是可以視為取格之用。例如年柱丙戌，月柱丙申，日干壬水，隔位夾出地支酉，形成申、酉、戌三會金局，稱偏印格。時柱與日柱壬子夾「丑」，丑在原局中，併同大運流年可

能有「巳酉丑」、「亥子丑」、「丑戌未」等諸般可能性。

比肩	日主	七殺	七殺
壬寅 ⓵丑	壬子	丙申 ⓵酉	丙戌
戊　丙　甲	癸	戊　壬　庚	丁　辛　戊
七　偏　食 殺　財　神	劫 財	七　比　偏 殺　肩　印	正　正　七 財　印　殺

　　拱夾所生的地支，可產生下列的論斷。拱夾所產生的地支，與原本四柱之中，所有查得之十神、神煞，俱皆可以引用至所拱、夾的地支之中。所以上例酉地支就是桃花，也是正印。拱夾所生之現象經常是突如其來，意料之外的。所「拱夾」產生的地支，是可以與大運、流年之地支，構成刑、冲、合、會的關聯。<u>拱夾的這一個地支，不論其所帶的十神、神煞、生旺庫等，雖不明顯，但卻實有其性質</u>。諸如：拱貴人，則是有意料不到之人相助。拱暗夫則是情路多彩多姿。拱印星有暗中之權勢或得母輩優勢等。

（一）、天透地藏

　　取普通格局的方法就是在正印、偏印、正官、七殺、傷官、食神、正財、偏財等八神之中決定八字盤屬於何種普通格。<u>取『格』者，就是『天透地藏』</u>，例如天干有正官，地支所藏的天干也有正官，就是正官格。其餘仿此。若天透地藏有同時出現的情況，以月柱為優先。若月柱上無格局可取，就以任何一柱或者干在年柱，支在時

柱等交叉的天透地藏模式皆可。舉例如下：

例1、坤造，正印格。

劫財	日主	正印	比肩
丁酉	丙子	乙未	丙辰
辛	癸	乙 丁 己	癸 乙 戊
正財	正官	正印 劫財 傷官	正官 正印 食神

月干乙木正印，月支有乙木正印，年支也有正印，正印天透地藏就是正印格。比肩、劫財不論格局。

例2、乾造，七殺格為主，食神格與偏財格為輔。

偏財	日主	七殺	食神
甲申	庚寅	丙午	壬子
戊 壬 庚	戊 丙 甲	己 丁	癸
偏印 食神 比肩	偏印 七殺 偏財	正印 正官	傷官

年干食神通根時支食神，月干七殺通根日支，時干偏財通根日支，三格併立。取格的原則以月柱優先，所以七殺格為主，食神格與偏財格為輔。房仲業，四柱換祿，八字全冲。

167

例3、乾造，七殺格，正財格。

正官	日主	正財	七殺
壬子	丁丑	庚申	癸亥
癸	辛 癸 己	戊 壬 庚	甲 壬
七殺	偏財 七殺 食神	傷官 正官 正財	正印 正官

1、年柱天干癸水通根時支癸水，剋日主丁火，為七殺，時柱地支藏
　癸水，七殺格成立。月柱庚金天透地藏，丁火剋庚金，陰剋陽，
　稱正財，正財格成立。

2、時柱天干壬水，剋日主丁火，稱正官，年柱地支亦有壬水正官，
　正官格成立，但官殺混雜，僅取七殺格。

例4、乾造，七殺格帶正印格

正印	日主	正官	傷官
庚申	癸巳	戊辰	甲午
戊 壬 庚	庚 戊 丙	癸 乙 戊	己 丁
正官 劫財 正印	正印 正官 正財	比肩 食神 正官	七殺 偏財

年干傷官，地支無根即無格。月柱正官天透地藏，但正官七殺五見，
算七殺格。時干透出正印，日支時支藏正印，論正印格。主格七殺
格以正印格化殺。四柱無刑冲，比肩入庫，幫兄弟，兄弟不幫。影
視藝人，甲戌大運甲午年丙寅月，財剋印，時柱代表子息出事。

例 5、坤造，偏印格，傷官格。

傷官	日主	正印	劫財
壬辰	辛亥	戊寅	庚午
癸 乙 戊	甲 壬	戊 丙 甲	己 丁
食神 偏財 正印	正財 傷官	正印 正官 正財	偏印 七殺

月柱天干正印天透地藏，即取正印格，加入年支偏印，時支正印原局轉偏印格。時柱天干壬水為辛金所生，陰生陽，取為傷官格。辛亥日孤鸞。

例 6、乾造，七殺格，偏印格。

偏印	日主	七殺	偏印
丁卯	己丑	乙巳	丁巳
乙	辛 癸 己	庚 戊 丙	庚 戊 丙
七殺	食神 偏財 比肩	傷官 劫財 正印	傷官 劫財 正印

月柱天干乙木剋己土，陰剋陰，稱七殺，時柱地支卯木亦為七殺，七殺格成立。年柱與時柱天干均為偏印，年柱與月柱地支，正印兩現，正偏印四見，天透地藏，亦稱偏印格。合稱殺印相生，印重殺輕。

例 7、坤造，偏財格，喜食神傷官。

比肩	日主	傷官	正財
乙酉	乙丑	丙辰	戊申
辛	辛 癸 己	癸 乙 戊	戊 壬 庚
七殺	七殺 偏印 偏財	偏印 比肩 正財	正財 正印 正官

1、年柱天干戊土為乙木所剋，陰剋陽，稱正財，年柱與月柱地支正財兩見，另日柱地支己土偏財，正偏財天透地藏合計四見，稱偏財格。

2、月柱天干丙火為日主乙木所生，陰生陽，稱傷官，不通根。辰酉暗合夫星，晚年有位長年認識的男伴。

例 8、乾造，無普通格，透殺論殺。丙午日，日刃格。

劫財	日主	正印	七殺
丁酉	丙午	乙巳	壬子
辛	己 丁	庚 戊 丙	癸
正財	傷官 劫財	偏財 食神 比肩	正官

年柱天干七殺，然地支不現。月柱天干正印，地支亦不現，均無法取格。惟丙火臨官在巳，羊刃在午，特別格取日刃格、建祿格。稱祿刃交集。乙丙丁三奇貴人，水生木，木生火，時柱正財蓋頭剩一半。

170

例9、坤造，練習例，食神格，偏財格。

偏財	日主	食神	劫財
庚寅	丙子	戊申	丁酉
戊 丙 甲	癸	戊 壬 庚	辛
食神 比肩 偏印	正官	食神 七殺 偏財	正財

月柱天干戊土為丙火所生，陽生陽，稱食神，地支有戊土亦為食神，食神格成立。時柱天干庚金為丙火所剋，陽剋陽，稱偏財，月柱地支庚金亦為偏財，偏財格成立。食神生財格局清純，四柱無刑沖。

例10、乾造，練習例，偏印格，近似七殺格。

正印	日主	劫財	偏印
辛丑	壬寅	癸未	庚申
辛 癸 己	戊 丙 甲	乙 丁 己	戊 壬 庚
正印 劫財 正官	七殺 偏財 食神	傷官 正財 正官	七殺 比肩 偏印

1、年柱天干庚金生日主壬水，陽生陽生我為印，稱偏印。時柱天干辛金，陰生陽，稱正印。年柱與時柱地支正印、偏印兩現，因此正偏印合計四見，稱偏印格。

2、戊、己土為壬水之七殺與正官。四柱地支官殺四見近似七殺格。寅申沖，丑未沖。

171

例11、坤造，正財格，正官格，庚不離丁。

正官	日主	正財	劫財
丁丑	庚子	乙未	辛酉
辛 癸 己	癸	乙 丁 己	辛
劫財 傷官 正印	傷官	正財 正官 正印	劫財

1、年柱天干劫財，年柱與時柱地支二見，比肩劫財不取格。月柱天干乙木為日主庚金所剋，陽剋陰，稱正財，通根月柱地支，正財格成立。

2、時柱天干丁火剋日主庚金，陰剋陽，稱正官。月柱地支有丁火，天透地藏，正官格成立。財生官殺格局清純，不見七殺來混雜。劫財根深不利老父。

例12、乾造，七殺格，偏印格，殺重印輕。

偏印	日主	七殺	比肩
庚戌	壬午	戊申	壬寅
丁 辛 戊	己 丁	戊 壬 庚	戊 丙 甲
正財 正印 七殺	正官 正財	七殺 比肩 偏印	七殺 偏財 食神

1、地支三合寅、午、戌三合火，雖不透干但其勢甚強，取為財格。

2、月柱天干七殺，年支月支日支時支，合計官殺四見，月干透七殺，與天干混成官殺混雜之七殺格。四柱全陽，年月雙冲。

例 13、坤造，練習例，七殺格，正財格，官殺混雜。

正財	日主	七殺	正官
辛 **卯**	**丙** **申**	**壬** **戌**	**癸** **卯**
乙	戊 壬 庚	丁 辛 戊	乙
正印	食神 七殺 偏財	劫財 正財 食神	正印

1、月柱地支正財透時支天干，正財格。日柱地支壬水七殺透月干，七殺格。

2、日時雙合，夫妻不離必有難言之隱。年上正官出身世家。時柱財剋印，母緣有虧。

例 14、乾造，偏印格，時柱正官格，晚年依子維生。

正官	日主	比肩	偏印
乙 **卯**	**戊** **寅**	**戊** **戌**	**丙** **戌**
乙	戊 丙 甲	丁 辛 戊	丁 辛 戊
正官	比肩 偏印 七殺	正印 傷官 比肩	正印 傷官 比肩

日支偏印透年干，偏印格。時柱正官疊正官，晚年正官格。戊戌、戊寅拱午，寅午戌三合火，等於超級羊刃格，透出年柱天干即是偏印格。四柱缺財。

例15、年柱食神格，比劫剋財，晚年偏財入庫。

劫財	日主	比肩	食神
戊辰	己亥	己亥	辛酉
癸　乙　戊	甲　壬	甲　壬	辛
偏　七　劫 財　殺　財	正　正 官　財	正　正 官　財	食神

年干食神通根年支，食神格；幼時有福氣，體厚，生於大家庭。比肩劫財不論格局，日月兩柱伏吟，亥亥自刑，生活平淡無奇，妻財伏於比肩之下，婚緣不穩。己土生在亥月，四柱無火，中年行運火土之地自己好，財印征戰，比劫剋財，攤販維生，二婚。

例16、乾造，正印格，特別格魁罡疊位，三庚是才郎，萬里置田莊。

正印	日主	比肩	比肩
己卯	庚戌	庚辰	庚午
乙	丁　辛　戊	癸　乙　戊	己　丁
正財	正　劫　偏 官　財　印	傷　正　偏 官　財　印	正　正 印　官

時干己土正印，通根年支己土正印，天干庚金三見「三庚是才郎，萬里置田莊」，庚午、庚辰夾巳，日月地支雙冲，中年之前比肩剋財，難成家業。雙魁罡兩位，辰戌對冲，命理大師。

例 17、乾造，食神格為主，正官格為輔。

正官	日主	正財	食神
丙申	辛巳	甲子	癸丑
戊　壬　庚	庚　戊　丙	癸	辛　癸　己
正印　傷官　劫財	劫財　正印　正官	食神	比肩　食神　偏印

年干癸水食神通月支食神，優先取食神格。時干正官通根到日支，以正官格為輔。八字多合有親和力。天干食神、正財、正官，門面清爽。建材代理商。

例 18、坤造，偏財格為主，食神格為輔。

偏財	日主	食神	劫財
庚寅	丙子	戊申	丁酉
戊　丙　甲	癸	戊　壬　庚	辛
食神　比肩　偏印	正官	食神　七殺　偏財	正財

月干食神通根月支食神，優先取偏財格。時干偏財通根月支偏財，偏財格成立。丙火要壬水七殺為調候用神，大運己酉、庚戌、辛亥、壬子、癸丑金水之地，事業順利。甲寅大運冲提綱(月柱)，洩壬癸水，偏財坐絕，卜其不利；建築商。

175

例 19、坤造，財格，七殺格，正印格相混，暗合桃花。

比肩	日主	偏財	正印
戊	戊	壬	丁
午	辰	寅	未
己 丁	癸 乙 戊	戊 丙 甲	乙 丁 己
劫 正 財 印	正 正 比 財 官 肩	比 偏 七 肩 印 殺	正 正 劫 官 印 財

年干正印通根年支，戊辰、戊午夾巳，巳午未隔位三會，透年干，
合偏財，口沫橫飛見錢轉舵。十五歲前正印格。月干偏財，但在日
支僅有正財，勉強湊成財格；丁壬合化木，格局三翻四覆，七殺始
作俑者，循財辦事。比肩劫財五見，錢財似流水。女人財生殺，拿
錢養男人。男人財生殺，因女人錢財惹是非。丁未大運伏吟年柱，
乙未年，巳午未疊見，反剋財星跳票。廣告代理商。

例 20、乾造，七殺格帶財格，自坐祿，格強身弱。

正財	日主	七殺	正財
甲	辛	丁	甲
午	酉	卯	午
己 丁	辛	乙	己 丁
偏 七 印 殺	比 肩	偏 財	偏 七 印 殺

月干丁火七殺，通根年支與時支，七殺格為主。月支偏財透出年干
與時干正財，財格成立。日月雙沖，前半生五金商，後半生土地掮
客。頭尾正財雙妻命。癸酉大運己亥年，雙合年柱時柱，庚子年雙
沖年柱時柱甲午，桃花激盪；辛丑年先有後婚，產子。

例21、坤造，七殺格為主，偏印格為輔。

偏印	日主	比肩	正官
甲午	丙子	丙辰	癸亥
己　丁	癸	癸　乙　戊	甲　壬
傷官 劫財	正官	正官 正印 食神	偏印 七殺

月支正官，帶年干、年支、日支官殺四見，七殺格成立。時干偏印通根年支，偏印格為輔。八字缺財。庚申大運庚子年柱運歲三合七殺，以財生殺，無官非必有男人，辛丑年雙合日柱，登記結婚生子，外配美甲師。

例22、乾造，傷官格帶財，時上偏財，忌比劫運。

偏財	日主	劫財	傷官
庚寅	丙寅	丁丑	己卯
戊　丙　甲	戊　丙　甲	辛　癸　己	乙
食神 比肩 偏印	食神 比肩 偏印	正財 正官 傷官	正印

月支傷官透出年干，食神兩見於日支與時支，傷官格成立。地支寅卯正偏印三見，帶比肩劫財三見，論日主身強。食神戊土為燥土，生庚辛財不如傷官丑中己土。

177

例 23、乾造，傷官格帶財，正印格，土多水弱。

正印	日主	傷官	偏財
辛 丑	壬 辰	乙 未	丙 戌
辛　癸　己	癸　乙　戊	乙　丁　己	丁　辛　戊
正印　劫財　正官	劫財　傷官　七殺	傷官　正財　正官	正財　正印　七殺
衰	墓	養	冠帶
	華蓋	寡宿	
癸卯　壬寅	辛丑　庚子	己亥　戊戌	丁酉　丙申

正偏財三見，勉稱財格。傷官在月干通根月支與日支，傷官格。正印在年支與時支，透出時干，正印格。壬水生在未月，壬水衰弱，宜用比肩、劫財、正印、偏印幫助日主。地支辰戌丑未齊全，年日雙冲，月時雙冲。

178

例 24、坤造，羊刃透干羊刃格，偏財格無效，早期出身好。

正印	日主	劫財	偏財
癸酉	甲戌	乙卯	戊午
辛	丁　辛　戊	乙	己　丁
正官	傷官　正官　偏財	劫財	正財　傷官
胎	養	帝旺	死
	華蓋　月德	羊刃　桃花	紅艷　將星

丁未	戊申	己酉	庚戌	辛亥	壬子	癸丑	甲寅

1、月柱劫財天透地藏，比肩、劫財不能作為普通格局。年柱天干戊土為甲木所剋，陽剋陽，稱為偏財。日柱地支藏戊、辛、丁，亦有戊偏財，所以普通格為偏財格。

2、月柱地支卯木羊刃，羊刃格；劫財透干，羊刃格更凶，財格無效，桃花羊刃更慘。

例25、坤造，時上羊刃。七殺生印，水生木，木生火，火生土。

比肩	日主	偏印	七殺
戊午	戊子	丙子	甲子
己　丁	癸	癸	癸
劫　正 財　印	正 財	正 財	正 財
帝旺	胎	胎	胎
羊刃	將星	將星	將星

戊辰	己巳	庚午	辛未	壬申	癸酉	甲戌	乙亥

四柱全陽，三子婚事重，日時互換空亡，五行順生。戊土生在子月，有甲木疏戊土，丙火暖身，用神得宜。五行缺金，一財得所，婚姻有難言之隱。

(二)、合會取局

另一種取格方式，即是四柱天干地支不論有無天透地藏的八神，而地支有三合申子辰合水，寅午戌合火，巳酉丑合金，亥卯未合木之類；或三會申酉戌，亥子丑之類。另有夾、拱形成三合、三會局。

如下練習例，乾造，壬辰、壬寅拱卯，三合木局傷官格，七殺五見，七殺格。大運辛未，流年丁亥，亥、卯、未三合木局，食傷三合透食傷，人財兩得。日月兩柱天剋地刑，家庭事業必有遺憾。缺金，壬水無源，傷官無制。

比肩	日主	七殺	食神
壬寅 ⟨卯⟩	壬辰	戊辰	甲寅
戊　丙　甲	癸　乙　戊	癸　乙　戊	戊　丙　甲
七殺　偏財　食神	劫財　傷官　七殺	劫財　傷官　七殺	七殺　偏財　食神
病	墓	墓	病
文昌　驛馬　月德　天德	華蓋　月德　天德	華蓋	文昌　驛馬
丙子　乙亥	甲戌　癸酉	壬申　辛未	庚午　己巳

半三合與半三會則力量還不足以成局，故不論。又取格後經常有兩三種格局共同出現，兼帶有特別格，只能多練習了。舉例如下。

181

例1、乾造，七殺格為主，偏印格為輔。

正官	日主	偏印	七殺
乙卯	戊辰	丙寅	甲子
乙	癸 乙 戊	戊 丙 甲	癸
正官	正財 正官 比肩	比肩 偏印 七殺	正財

月支日支時支寅卯辰三會東方木，就可以論為七殺格。月柱偏印天透地藏，以偏印格為輔。己巳大運後脫離東方之地，假從又不成真，真從也無庚辛。中年後偏印化殺，食傷坐絕，平庸度日。癸水入辰庫無食傷生財，三會後癸水化為木。殺重印輕。一堆木缺庚金，甲無庚。

例2、坤造，傷官格為主，地支三會亥子丑。

偏印	日主	正財	食神
己亥	辛丑	甲子	癸丑
甲 壬	辛 癸 己	癸	辛 癸 己
正財 傷官	比肩 食神 偏印	食神	比肩 食神 偏印

食傷五見，傷官格。正財月干通根時支，正財格。地支亥子丑三會水，即成立傷官格，透出癸水。五行缺官殺，偏印由時干通根年支與日支，偏印格。

例3、乾造，傷官格帶偏財格

比肩	日主	偏財	食神
己巳	己酉	癸巳	辛丑
庚 戊 丙	辛	庚 戊 丙	辛 癸 己
傷官 劫財 正印	食神	傷官 劫財 正印	食神 偏財 比肩

地支巳酉丑成三合金構成傷官格，食神傷官五見，五行氣偏一方，月干偏財透出通根年支也論偏財格。五行缺官殺，比肩劫財四見，比劫剋財，財聚財散。

例4、坤造，透官論官，偏財格；格強身弱。

正財	日主	正官	劫財
癸丑	戊子	乙亥	己酉
辛 癸 己	癸	甲 壬	辛
傷官 正財 劫財	正財	七殺 偏財	傷官

1、年柱天干劫財到時支。月柱天干正官，地支七殺，兩不相讓。

2、日支正財透時干正財，月支偏財，時支正財，合計正偏財四見，
　　偏財格。地支亥子丑三會水透癸水，亦屬財格。

3、日時雙合，一夫一妻難到底。

183

例5、坤造，食神格變傷官格，正官格變七殺格。

比肩	日主	食神	正官
癸亥	癸未	乙丑	戊申
甲　壬	乙　丁　己	辛　癸　己	戊　壬　庚
傷官　劫財	食神　偏財　七殺	偏印　比肩　七殺	正官　劫財　正印
帝旺	墓	冠帶	死
孤辰	華蓋　寡宿	大耗	紅豔　劫煞
丁巳　戊午	己未　庚申	辛酉　壬戌	癸亥　甲子

1、年上正官與年支正官成正官格，七殺在日月地支兩見，轉成七殺格。比劫四見不論格。

2、月干食神通根日支食神，天透地藏，取食神格。但癸未、癸亥拱卯，三合木局透月干乙木，變成傷官格。

　　取格局時經常會有數種普通格帶特別格，一併出現；只能學者自己多加練習，這是刑冲合會、生旺庫之後的必要功夫。

四、日主強弱

日干衰旺強弱是看命的首要條件之一。如丙日主生於酉月，日主並不得令，依余氏調候用神仍以壬、癸為用，非以扶助為緊要。換言之，日主強弱重要性，非必然在用神之前。但用神浩瀚，強弱遂先成優先存在。八字講中庸哲學，以中和為本根，日主太強或太弱都不成佳局。

（一）、日主

亦稱日干、命主、身主、日元、日神等，指人出生日的天干。命理學家根據日干與四柱、天時、地理、十二生旺庫等陰陽五行的生剋關係，推定論命之吉凶宜忌。身強可以託財官，身強不宜再行旺運。身弱宜行比印、祿旺大運。

（二）、得令

「令」指月令。得令亦稱「當令」。判斷日主五行旺、相、休、囚程度的一種。在八字中，代表自身的日干的五行，生在其旺之月為得令為旺，例如，甲、乙木生於寅卯月。丙、丁火生於巳午月。戊己土生於巳、午月，或辰、戌、丑、未月。庚，辛金生於申、酉月。壬、癸水生於亥、子月。換言之，月支就處於臨官、帝旺之地位。

| 甲子 | 甲子 | 癸卯 | 壬子 |

甲生卯月，羊刃格，身強。

舉例

| 甲寅 | 癸巳 | 丙子 | 甲寅 |

癸水生子月，地支坐臨官，建祿格。

（三）、得地

亦稱得氣，是判斷日干五行強弱的一種。代表自身的日主與四柱地支對照，如果在長生、冠帶、臨官（祿）、帝旺、墓庫等，就是得地（氣），日主可能趨向強旺。得令與得地的區別是，得令指月支，所以僅指對照月支。而得地則包含年支、日支、時支等。

年柱管一至十五歲，此種身強，失之過早。

月柱管十六至三十歲，正是成家立業之時，少年得志，恰到時機。

日柱管三十歲後至四十五歲，也算人生創業時機，為時不晚。

時柱管四十六歲以後運勢，例如日祿歸時，時上羊刃等。

舉例

| 丙午 | 丁巳 | 庚申 | 戊午 |

丁火生在申月，自坐帝旺，日祿歸時。

舉例

乙未	丙午	丙子	甲寅

丙火生於子月，火絕之地。自坐帝旺，孤鸞日。

（四）、得黨

　　四柱天干的年、月、時干與日主的五行相同。也就是日干得到比肩、劫財相助，若得生我之五行，亦可算得黨。身弱得印綬來生，可化七殺助日主。比肩、劫財雖然扶助日主，但也有剋財的後遺症。

舉例

日主辛金得月干比肩與年干劫財生扶。辛祿在酉，時支帝旺。

舉例

日主甲木天干得乙木扶助，地支劫財三見，比劫生食傷，食傷生財。

（五）、自坐羊刃，羣劫爭財

乾造，自坐羊刃，丙午丙申夾未，比劫剋財，。

比肩	日主	劫財	正財
丙申	丙午	丁酉	辛酉
戊　壬　庚	己　丁	辛	辛
食神 七殺 偏財	傷官 劫財	正財	正財

年柱正財，出身有幾個錢的家庭。年月天剋地刑，自找麻煩，EQ低，自坐羊刃剛愎自用。五行缺木，粗魯無禮。丙午、丙申夾未，午未合火，甲午大運癸巳年三合比劫，女人劈腿而去。

（六）、祿刃交集

練習例，乾造，祿刃交集，四柱無水。

比肩	日主	正官	正印
戊午	戊寅	乙巳	丁巳
己　丁	戊　丙　甲	庚　戊　丙	庚　戊　丙
劫財　正印	比肩　偏印　七殺	食神　比肩　偏印	食神　比肩　偏印
帝旺	長生	臨官	臨官
羊刃　將星		干祿　亡神	干祿　亡神
丁酉　戊戌	己亥　庚子	辛丑　壬寅	癸卯　甲辰

戊日主有巳火臨官兩見，時上羊刃，稱祿刃交集。比肩劫財五見，正偏印五見，身強到極點，四柱無水。吸毒，剋子妻離。

（七）、失勢

日干的五行在四柱中受剋或洩多。如日干為甲、乙木，四柱中沒有壬、癸水生我，和甲、乙木助我，而是庚、辛金制我和丙、丁火洩我，就稱失勢，為弱。

（八）、失地

判斷日干五行強弱，代表自身的日干與四柱地支對照，根據十二生旺庫，如果是在衰、病、死、絕的就稱之為失地，身弱。

（九）、失令

判斷日干五行強弱的一種。代表自身日干的五行在其休、死的月令中為弱為失令。木在夏休，四季囚，秋死。火在四季休，秋囚，冬死。土生在秋休，冬囚，春死。金在冬休，春囚，夏死。

舉例

壬辰	丙子	癸亥	癸丑

丙火生在亥月坐絕，地支亥子丑三會水，日主無根從七殺格。

舉例

庚寅	丙申	庚子	辛亥

丙火生在子月坐絕，申子半三合水，亥子半三會水，日時雙冲。

日主強弱是判斷命格、大運、流年的法碼，屬於原則性觀念，所謂「五行適宜方為吉，用之不當終然凶」、「日主衰旺先取用，用神調和能扶身；旺者宜剋衰宜生，太旺洩秀剋減分」、「身強煞重喜制伏，身衰剋洩喜幫身」。凡是旺衰太過均不足取。大抵日主在四柱之地支，只要有比肩、劫財就是有根，就不至於身太弱。日主之旺衰強弱，除依時、勢、地支旺衰判斷推論外，尚須顧及天干之合剋、地支之會、合、刑、冲、空亡等之變化及對日主產生之影響作用力。

（十）、日主無根

假從財格

偏財	日主	正財	食神
乙未	辛卯	甲寅	癸未
乙 丁 己	乙	戊 丙 甲	乙 丁 己
偏財 七殺 偏印	偏財	正印 正官 正財	偏財 七殺 偏印

辛日主在地支無根，食神在年干無根，月干正財通月支正財，雖為正財格，但正偏財齊透六見，以偏財格論。偏財得食神生本應論棄命從財格，但有未土兩見偏印生身，故難論真從財格。

191

（十一）、剋洩交加

食傷旺，官殺強，又剋又洩，格局強身弱。

七殺	日主	傷官	傷官
丙戌	庚寅	癸亥	癸巳
丁　辛　戊	戊　丙　甲	甲　壬	庚　戊　丙
正官　劫財　偏印	偏印　七殺　偏財	偏財　食神	比肩　偏印　七殺

傷官食神三見洩日主，官殺四見剋日主，天干無黨失勢，地支失令。
長生受剋，不見臨官、帝旺、墓庫。

余氏調候用神表

日干 / 月支	甲	乙	丙	丁	戊	己	庚	辛	壬	癸
寅	丙癸	丙癸	壬庚	甲庚	丙甲癸	丙庚甲	戊甲丙壬丁	己壬庚	庚丙戊	辛丙
卯	庚丙戊丁己	丙癸	壬己	庚甲	丙甲癸	甲癸丙	丁甲丙庚	壬甲	戊辛庚	庚辛
辰	庚丁壬	癸丙戊	壬甲	甲庚	甲丙癸	丙癸甲	甲丁壬癸	壬甲	甲庚	丙辛甲
巳	癸丁庚	癸	壬庚癸	甲庚	甲丙癸	癸丙	壬戊丙丁	壬甲癸	壬辛庚癸	辛
午	癸丁庚	癸丙	壬庚	壬庚癸	壬甲丙	癸丙	壬癸	壬己癸	癸庚辛	庚壬癸
未	癸丁庚	癸丙	壬庚	甲壬庚	癸丙甲	癸丙	丁甲	壬庚甲	辛甲	庚辛壬癸
申	庚丁壬	丙癸己	壬戊	甲庚丙戊	丙癸甲	丙癸	丁甲	壬甲戊	戊丁	丁
酉	庚丁丙	癸丙丁	壬癸	甲庚丙戊	丙癸	丙癸	丁甲丙	壬甲	甲庚	辛丙
戌	庚甲壬丁癸	癸辛	甲壬	甲庚戊	甲丙癸	甲丙癸	甲壬	壬甲	甲丙	辛甲壬癸
亥	庚丁戊丙	丙戊	甲戊庚壬	甲庚	甲丙	丙甲戊	丁丙	壬丙	戊丙庚	庚辛戊丁
子	丁庚丙	丙	壬戊己	甲庚	丙甲	丙甲戊	丁甲丙	丙戊壬甲	戊丙	丙辛
丑	丁庚丙	丙	壬甲	甲庚	丙甲	丙甲戊	丙丁甲	丙壬戊己	丙丁甲	丙丁

193

以日主單項而言，甲不離庚、庚不離丁、丁不離甲、戊不離甲、己不離丙、丙不離壬、壬不離戊、辛不離壬。原則上陽日主要有剋制，陰日主要有生助。月令旺相，要有反剋。兩干鄰位相剋，隔干次之，年時相剋則近於無力。話雖如此，然而八字學並非如此單純，以十天干而言，尚有十二地支種種搭配，就有一百二十組的說法。說明如下。

五、十干宜忌四時五行

五行生剋制化，各有喜忌盈虧，《星平會海》云：

金旺得火，方成器皿。火旺得水，方成相濟。水旺得土，方成池沼。
土旺得木，方能疏通，木旺得金，方成棟樑。

金賴土生，土多金埋。土賴火生，火多土焦。火賴木生，木多火熾。
木賴水生，水多木漂。水賴金生，金多水濁。

金能生水，水多金沉。水能生木，木多水縮。木能生火，火多木焚。
火能生土，土多火晦。土能生金，金多土弱。

金能剋木，木堅金缺。木能剋土，土重木折。土能剋水，水多土流。
水能剋火，火炎水濁。火能剋金，金多火熄。

金衰遇火，必見銷鎔。火弱逢水，必為熄滅。水若逢土，必為瘀塞。
土衰逢木，必遭傾陷，木弱逢金，必為砍斫。

強金得水，方挫其鋒。強水得木，方洩其勢。強木得火，方化其頑。
強火得土，方止其焰。強土得金，方制其害。

(一)、用神之義

用神者，八字或大運天干，對格局有抑強扶弱，促進中和，使五行暢流之作用者。用神出現在八字命局中稱原局用神，出現在大

運中叫行運用神。斷八字之貴賤吉凶，須先定用神，取法有三種：

1、以月干上六親為用。如月干為印，則以印為用神，月干為煞，以煞為用神。惟有月干為官，不能取用，因為月干上的官，為本身的父母官，不可得而用之。

2、看八字的生旺休囚，最足以救本命格局之偏者為用。如日主太旺者，就取官殺為用，殺太旺者，則取食神抑制或印星洩之為用；身太弱者 須取印與比劫為用。

3、以月令（兼指司令之辰）為用神。

　　用神為八字的靈魂，一般分為扶抑用神、通關用神、調候用神、專旺用神、病藥用神等。所謂用神，就是從四柱八字中，選擇一個有利的五行十神，能行使除強扶弱之功能，使過旺之五行得以洩、耗，偏枯之五行得致生扶，進而使命造五行強弱、寒暖、濕燥趨於中和、平衡不致太過或不及。

　　日主喜忌如下，甲不離庚、庚不離丁、丁不離甲、戊不離甲、己不離丙、丙不離壬、壬不離戊、辛不離壬。最忌與格局對冲。四柱若無調候，一生成就機緣較薄，缺少意外之好機運。調候太多則無積極把握之性格。

（二）、扶抑用神

　　所謂扶者，乃生我之印星扶我，同我之比劫助我。抑者，正官七殺剋我，食傷洩我，我剋為財星耗我。日主以中和、平衡為貴，五行太過或不及，均屬有病，扶抑就是用藥。

　　如果日主衰弱，日干失時，而命局又多官殺，則取印星為用神，洩官生身。若無印星，則取比肩、劫財為用神，使官殺剋比劫消耗

195

之，比劫來助身。其次，日主衰弱多財星，先取比肩劫財，抑財助身；若無比劫，則取印星，印來生身，並使財剋印消耗之。若食傷多，取印星為用神，抑食傷，併生身。若無印星則取比劫為用神，助身補泄。

如果日主強旺，日干得時，而命局又多印星，則取財星為用神，抑印耗身。若無財星，則取官殺為用神，抑身。或取食傷為用神，泄身耗印。其次，比劫多，取官殺為用神，抑比劫使日主中和，若無官殺取食傷為用神，泄比劫使日主中和。若官殺食傷兩者俱無，取財星為用神，耗比劫使日主中和。

扶抑用神例 1，取自《淵海子平評註》，外交部長伍朝樞命造。

正官	日主	偏財	正財
己酉	壬寅	丙午	丁亥
辛	戊　丙　甲	己　丁	甲　壬
正印	七　偏　食 殺　財　神	正　正 官　財	食　比 神　肩

正偏財四見，正官七殺三見，財生官，格強身弱，以癸、庚、辛為調候用神。癸是劫財，庚辛是正偏印。中運進入金水之地，官運亨通。此例為「扶」日主。

196

扶抑用神例 2，取自《淵海子平評註》，財政部長王克敏命造。

傷官	日主	比肩	偏財
乙巳	壬申	壬辰	丙子
庚　戊　丙	戊　壬　庚	癸　乙　戊	癸
偏印　七殺　偏財	七殺　比肩　偏印	劫財　傷官　七殺	劫財

原局傷官格與偏財格天透地藏，格局雖然呈現，但實則壬日主通根比肩，申子辰三合水局，巳申合水透出月干，傷官格與偏財格之根源，向比肩劫財輸誠，比肩劫財四見，偏印兩見；故身強格局弱，大運有甲午、乙未、丙運，此例為「抑」日主。

（三）、通關用神

命局兩行對立，如果勢均力敵，相持不下，因兩強相爭，以致兩敗俱傷，此亦為病。擇一通關用神使兩行中和，氣運暢通不悖，謂之通關。如木土交戰，取火通關，使木土兩氣，得以流暢並存。又如金木交戰，以水通關。火金交戰，土為通關。如原局無通關用神，即須在大運中尋找，以彌補缺憾。喜神與忌神之間，有通關運行其間，其氣調合即是佳運。例如甲日主水土旺盛，財印雙清，以庚辛官殺運通關。丙日主比劫太重，庚辛會集，比劫剋財，以戊己土通關。

197

通關用神例 1，取自《淵海子平評註》，富格。

食神	日主	劫財	比肩
己酉	丁酉	丙午	丁酉
辛	辛	己 丁	辛
偏財	偏財	食神 比肩	偏財

丁日主生在午月，年干與月干比肩、劫財，身強；食神洩秀生財，五行缺官殺與印綬。以己土食神格通關，將火氣化為財氣，貴人七見。

通關用神例 2，取自《淵海子平評註》，軍閥，陸建章造。

劫財	日主	七殺	正印
乙亥	甲寅	庚申	癸亥
甲 壬	戊 丙 甲	戊 壬 庚	甲 壬
比肩 偏印	偏財 食神 比肩	偏財 偏印 七殺	比肩 偏印

庚申屬金，甲寅、乙亥屬木，身強，金木交戰以癸亥水通關，金生水，水生木。以格局而言，月柱七殺格，正偏印四見化殺剛好。庚申、甲寅自坐祿，七殺生印格局完美。

（四）、調候用神

八字用神，專求月令，以日干配月令地支，而生剋不同。天道有陰陽冷暖，地道有高低燥濕。人以出生日天干為主，月令為提綱。依日干五行及月支析論命局寒暖濕燥。寒則取暖，暖則寒治；濕取燥醫，燥則用濕。務必調節氣候，此謂之調候。任何命造生於春、秋二年，則寒暖適中，燥濕適度。若生於夏季則暖燥臨身，喜金水寒濕。若生於冬季，則過寒且濕，喜木火暖燥。因此，金水生於冬季，木火生於夏季，以調候用神為急。

四季則分：寒土：立春前十八日內，丑土。濕土：立夏前十八日內，辰土。暖土：立秋前十八日內，未土。燥土：立冬前十八日內，戌土。凡生於夏、冬與辰、戌月者，調候用神準確度較高。

調候用神例 1，取自《淵海子平評註》，清末民初經史學家王湘綺。

正財	日主	食神	傷官
甲午	辛丑	癸丑	壬辰
己 丁	辛 癸 己	辛 癸 己	癸 乙 戊
偏印 七殺	比肩 食神 偏印	比肩 食神 偏印	食神 偏財 正印

辛金生在丑月，金寒水冷，食神傷官五見，取時柱甲木生午火暖身，調節氣候。以格局言，地支正偏印四見，日主得辰、丑濕土生身不弱有元氣，生木化火，甲木也有通關用神之作用。大運行東南木火之地剛剛好。

199

調候用神例 2，取自《淵海子平評註》，正官帶印喜財生。

正印	日主	正官	正印
辛亥	壬午	己亥	辛亥
甲　壬	己　丁	甲　壬	甲　壬
食　比 神　肩	正　正 官　財	食　比 神　肩	食　比 神　肩

壬日主地支三見亥水，得辛金生，水勢滔滔，以土制水，以火為援，身強格弱。原局丁火生己土正官，午亥暗合，丁壬洩水，有用神調候。以格局言，正官帶印喜財生，由金地入火地，倒吃甘蔗。

（五）、專旺用神

八字是明體立用，體用變化的哲理。當四柱之氣勢偏於一方，其勢不可逆，惟有順其氣勢為用或從或化，有適宜印綬、比劫，有適宜食神傷官，各有不同。專旺，指日干與全局干支同為一類，氣勢偏旺於一方，以至不以日干配月令為主，而以全局氣勢為主。有曲直格，木旺於春，支成木局或東方。炎上格，火旺於夏，支成火局或南方。稼穡格，土旺四季，支眾四庫。從革格，金旺於秋，支成金局或西方。潤下格，水旺於冬，支成水局或北方。或從旺與合化，屬於特別格局，另述之。

專旺用神例 1，取自《淵海子平評註》，前外交總長伍廷芳命造。

七殺	日主	偏印	正財
乙亥	己卯	丁未	壬寅
甲　壬	乙	乙　丁　己	戊　丙　甲
正　正 官　財	七殺	七　偏　比 殺　印　肩	劫　正　正 財　印　官

己土生在未月，地支亥卯未三合木局帶寅木，天干丁壬合木，原局氣偏於木，官殺五見，身弱，從殺格。大運西北之地食傷生財，〈四言獨步〉：「棄命從煞，須要會煞；從財忌煞，從煞喜財，會逢根氣，命損無猜。」

專旺用神例 2，取自《淵海子平評註》，知府命造。

七殺	日主	比肩	比肩
癸卯	丁卯	丁未	丁巳
乙	乙	乙　丁　己	庚　戊　丙
偏印	偏印	偏　比　食 印　肩　神	正　傷　劫 財　官　財

丁火年月巳未拱火局，卯木生火，身強。癸水為卯木所化，原局木火旺勢，大運由火地入木地，或食傷之地皆宜。

（六）、病藥用神

〈五言獨步〉：「有病方為貴，無傷不是奇，格中如去病，財祿喜相隨。」八字態樣百出，要五行氣暢，財官身旺，談何容易，即便中合氣順，在大運干支中也有失衡之慮，不如八字原局有偏頗，而在大運中依靠五行調整出恰到好處。

病藥用神例 1，取自《淵海子平評註》，有官論官。

劫財	日主	正官	劫財
戊辰	己巳	甲子	戊戌
癸　乙　戊	庚　戊　丙	癸	丁　辛　戊
偏財　七殺　劫財	傷官　劫財　正印	偏財	偏印　食神　劫財

日主己土自坐帝旺，劫財五見，肯定身強，月令提綱偏財，以財生官為用，以官剋制劫財保護偏財。子月濕泥寒凍，取丙火亦為調候暖土。

病藥用神例 2，取自《淵海子平評註》，丁不離甲。

正 印	日 主	食 神	正 官
甲 辰	丁 丑	己 酉	壬 戌
癸　乙　戊	辛　癸　己	辛	丁　辛　戊
七　偏　傷 殺　印　官	偏　七　食 財　殺　神	偏 財	比　偏　傷 肩　財　官

原局地支食神傷官四見，傷官格；偏財三見，傷官生財，又官殺五見，故身弱。食傷盜日主元氣，此病何以制之？以甲木與辰中乙木剋制食傷，增生日主元氣，作為病藥用神。其次，丁火生在酉月，火力漸熄，有甲木引燃丁火，調候得用。天干甲己合，丁壬合，地支辰酉合，月時雙合。

（七）、歸納說明

用神依扶抑、通關、調候、專旺、病藥等，斟酌擇用，並依其在命局發揮功效，析論其對命造之助。其判斷有位置、多寡、旺衰，進而始判論吉凶。

、首要用之有情，用神為命局日主所最需求者。如土多疏土要甲木，得甲木為用神，謂之有情，乙木次之；調候用神屬於此類。又如日主強旺，多偏印，取偏財為用，耗印耗身，最具療效，正財則次之。此為日主最需求者亦具助益者，自屬有情之物，屬於病

藥或扶抑之範圍。反之，非日主所最需要者，謂之無情，身外之物，可有可無，助益則微。

2、其次，用之有力，用神於四柱中不遭刑冲破害，且得時、得勢、得地，謂之用神有力。反之，為用神無力。所謂用神無破，即用神如位在天干，不遭干合或干剋。在地支，不遭冲、剋、會、合。反之，為用神有破。例如用神辛金有破，即四柱中遭丁火剋或丙火剋合，但癸水制丁或丁壬合，則有解。

3、用之得時、得勢、得地，用神對照月支，如屬旺相，為得時，反之休、囚、死，為失時。用神通根透干為得勢，所謂根深黨多。反之，如虛浮天干或暗藏支庫，所謂根淺黨少為失勢。用神坐日干十二運星，有長生、冠帶、建祿、帝旺等強運謂之得地。坐死、絕、病、衰等弱運，謂之失地。總之，用神無破，且得時、得勢、得地，謂用之有力。反之，用神有破，且失時、失勢、失地，謂用之無力。

4、用神接近日主，即用神現於月干、日支、時干，近貼日主助力大。反之現於年支、時支，疏遠即助力淺。用神另須有喜神生助及護神衛身，有則為吉。反之僅有用神，而無喜神生之，護神衛之，歲運遇剋冲用神，無救者凶，有救者可解神。如正官為用神，喜財來生，印綬剋食傷，得免傷官剋官，達到護衛正官之目的。

5、依用神於命局中論析上述情況，對命造之扶抑、病藥、通關等，判斷趨向中和之助益，再參酌用神坐下神煞佐論，更驗。十天干喜忌務必背誦，甲不離庚，庚不離丁，丁不離甲，丙不離壬，壬不離戊，戊不離甲，辛不離壬。

六、原局強弱、格局、用神判斷例

1、練習例，乾造，財生殺，三合陽刃，好在大運財殺之地。

傷官	日主	七殺	偏財
己亥	丙戌	壬午	庚寅
甲　壬	丁　辛　戊	己　丁	戊　丙　甲
偏印　七殺	劫財　正財　食神	傷官　劫財	食神　比肩　偏印
絕	墓	帝旺	長生
天乙　劫煞　天德	華蓋　月德	羊刃　將星	紅艷
庚寅　　己丑	戊子　　丁亥	丙戌　　乙酉	甲申　　癸未

1、丙火生在午月，地支三合寅午戌火局，超級羊刃格，庚金壬水透干好事，身強。

2、普通格成七殺格，食神傷官四見，傷官格；身殺兩停。調候用神壬、庚。大運由西方金地進入北方水地，恰到好處。

2、練習例，坤造，臨官變帝旺，梟印制食神。

偏 印	日 主	偏 印	食 神
癸 未	乙 亥	癸 卯	丁 丑
乙　丁　己	甲　壬	乙	辛　癸　己
比　食　偏 肩　神　財	劫　正 財　印	比 肩	七　偏　偏 殺　印　財
養	死	臨 官	衰
華 蓋		干　將 祿　星	
辛 亥	庚 戌	己 酉	戊 申	丁 未	丙 午	乙 巳	甲 辰

1、乙木生在卯月建祿格，地支亥、卯、未三合木，天干不透財官，
　身強。四柱全陰，辛金入丑庫。食神格年干通根時支，不退休。

2、木局比劫三見，正偏印四見，身強；年時雙冲。財坐比劫，求財
　反覆聚散。

3、普通格為食神格、偏印格。調候用神丙、癸。癸盛丙無，機緣尚
　可，自我發揮不足。

206

3、練習例，乾造，驛馬貴人傷官帶財，壞在自刑。

七殺	日主	偏財	偏印
丁酉	辛酉	乙亥	己亥
辛	辛	甲　壬	甲　壬
比肩	比肩	正財　傷官	正財　傷官
臨官	臨官	沐浴	沐浴
紅艷　干祿　將星	紅艷　干祿　將星	驛馬　天德	驛馬
丁卯　戊辰	己巳　庚午	辛未　壬申	癸酉　甲戌

1、辛金生在亥月，壬水當令。地支亥、酉自刑滿佈，七殺、偏印無
根不取格，偏財月干分別通根年日地支，勉稱財格。

2、調候用神壬、丙，丙辛不能相鄰。年月兩柱天剋地刑，日時兩柱
天剋地刑，天干反剋，越混越辛苦。

3、驛馬帶天德貴人，自坐傷官生正財，勤快有內助。調候用神壬、
丙，中運行南方之地，恰到好處。干祿兩見，日主偏強。

207

4、練習例，乾造，偏財格，偏印格，身弱。

偏財	日主	偏印	偏財
戊辰	甲戌	壬戌	戊申
癸　乙　戊	丁　辛　戊	丁　辛　戊	戊　壬　庚
正印　劫財　偏財	傷官　正官　偏財	傷官　正官　偏財	偏財　偏印　七殺
衰	養	養	絕
	華蓋	華蓋	驛馬
庚午　己巳	戊辰　丁卯	丙寅　乙丑	甲子　癸亥

1、偏財六見，偏財格，通根時支不退休，身弱從財。年柱偏財有家世做靠山。一堆硬土，調候用甲。偏財坐驛馬，老爸有辦法。

2、偏財多根，花錢慷慨，一生有女人，一輩子犯女小人。丁卯大運與月柱雙合，45歲壬辰年冲剋不例，46歲癸巳注意女小人。

3、月柱與時柱天剋地冲，日柱與時柱天剋地冲，四柱全陽修養差。

5、練習例，坤造，四柱一旬，傷官生財，印綬比劫少，身弱，正財格。

正財	日主	傷官	傷官
甲午	辛丑	壬寅	壬寅
己　丁	辛　癸　己	戊　丙　甲	戊　丙　甲
偏印　七殺	比肩　食神　偏印	正印　正官　正財	正印　正官　正財
病	養	胎	胎
桃花	華蓋　寡宿	天乙　劫煞	天乙　劫煞
甲午　乙未	丙申　丁酉	戊戌　己亥	庚子　辛丑

1、年月傷官，父母兄弟不全。正財有根，就是有錢。

2、50歲丁酉大運，50歲辛卯年，地支乍現財星，51歲壬辰年三會財，52歲癸巳年三合劫財，破財是寅年拖過來的兩個小人。

3、時柱正財桃花，印化七殺，晚年七殺有男人，印剋食傷。

209

6、練習例，坤造，正印格，食神格，偏強，日主帶祿好命。

食神	日主	正印	偏印
丁 亥	乙 未	壬 戌	癸 卯
甲　壬	乙　丁　己	丁　辛　戊	乙
劫　正 財　印	比　食　偏 肩　神　財	食　七　正 神　殺　財	比 肩
死	養	墓	臨官
	華 蓋	大 耗	干　將 祿　星
庚　　己 午　　巳	戊　　丁 辰　　卯	丙　　乙 寅　　丑	甲　　癸 子　　亥

1、月干正印通根時支，正印格。食神由時干分別通根月支與日支，
食神格。

2、亥卯未隔位不論三合，卯戌合而不化。食神格帶干祿有福，物質
生活不差。

3、早運北方水地，印剋食傷，生活困蹇。七殺獨見，夫(男)緣穩定。

7、練習例，乾造，土厚埋金，羊刃帶印，身強，正官是病藥用神。

正官	日主	比肩	偏印
丁丑	庚戌	庚申	戊辰
辛 癸 己	丁 辛 戊	戊 壬 庚	癸 乙 戊
劫財 傷官 正印	正官 劫財 偏印	偏印 食神 比肩	傷官 正財 偏印
墓	衰	臨官	養
天乙 寡宿	紅艷 華蓋	干祿 驛馬	
戊辰 丁卯	丙寅 乙丑	甲子 癸亥	壬戌 辛酉

1、庚金生在申月，乍看建祿格，以庚申、庚戌夾酉，形成三會金局的大羊刃格。正官由時干通根日支，37 歲起進入正官格有制。

2、以正偏印五見，年柱偏印，羊刃性強，37 歲前慎防惹事生非，年幼輕狂，多災多難。

3、月柱驛馬好動，自坐比肩，跑到哪花到哪。

8、練習例，乾造，鉅富，年少鬥狠，商場棟樑。

偏財	日主	傷官	正印
丁巳	癸未	甲申	庚寅
庚　戊　丙	乙　丁　己	戊　壬　庚	戊　丙　甲
正印　正官　正財	食神　偏財　七殺	正官　劫財　正印	正官　正財　傷官
胎	墓	死	沐浴
天乙　驛馬　孤辰	華蓋　天德　大耗	紅艷　劫煞	亡神
壬辰　辛卯	庚寅　己丑	戊子　丁亥	丙戌　乙酉

1、癸水生在申月，唯一調候丁火。癸水孱弱要有根，庚辛發源。正印三見，年干通根月時，正印格。食神傷官三見，傷官格。正偏財四見，偏財格。前期傷官配印，後期傷官生財。

2、年月雙沖，互換祿位。劫煞、亡神輕狂不枉少年。大耗、華蓋捐錢不手軟；孤辰、驛馬坐財官印，高遠飄逸，縱橫商場。

3、三格併立，丁(偏財)不離甲(傷官)，甲(傷官)不離庚(正印)，格強，初運北方水地幫身，年柱不見比劫。

9、練習例，坤造，合多貴重，官殺混雜。

正印	日主	正官	比肩
庚申	癸巳	戊午	癸巳
戊　壬　庚	庚　戊　丙	己　丁	庚　戊　丙
正官　劫財　正印	正印　正官　正財	七殺　偏財	正印　正官　正財
死	胎	絕	胎
紅豔　亡神　孤辰	天乙	桃花	天乙
丙寅　　乙丑	甲子　　癸亥	壬戌　　辛酉	庚申　　己未

1、正官七殺五見，七殺格。正印四見，偏印格。五行缺食神、傷官
　。癸日主地支火旺，靠時柱比劫正印扶身，身弱。

2、女命年日相同剋夫，男命剋妻；戊癸合火，巳午半會，巳申六合
　，合多貴人眾，帶桃花，戊癸官殺比肩合，巳午、巳申官殺合，
　感情路豐富。化火不缺錢。癸巳年有舊事干擾；夫星當令，挑有
　辦法的男人。

213

10、練習例，乾造，偏強，五行一週，食神生財。

食神	日主	比肩	偏印
戊戌	丙申	丙子	甲寅
丁　辛　戊	戊　壬　庚	癸	戊　丙　甲
劫財　正財　食神	食神　七殺　偏財	正官	食神　比肩　偏印
墓	病	胎	長生
	文昌	將星	紅艷　驛馬
甲申　癸未	壬午　辛巳	庚辰　己卯	戊寅　丁丑

1、年柱偏印格；食神四見轉傷官格，留有食神本質。原局五行由年干甲木→丙火→戊土→戊土→申金→子水→寅木，五行循環一周。

2、戊寅大運與戊戌時柱拱午沖子，必有災難。食神透出時柱帶財，四十五歲後發福。父執輩恐有豔福。

3、丙火用壬水，忌己土混濁。辛卯年雙合，壬辰年雙沖，一合一沖回到原點。

214

11、練習例，乾造，政治人當仁不讓，日主偏強，水火既濟運。

劫財	日主	正財	偏印
戊辰	己巳	壬子	丁亥
癸 乙 戊	庚 戊 丙	癸	甲 壬
偏財 七殺 劫財	傷官 劫財 正印	偏財	正官 正財
衰	帝旺	絕	胎
紅艷 大耗	天德	天乙 月德	驛馬

甲辰	乙巳	丙午	丁未	戊申	己酉	庚戌	辛亥

1、己土生在亥年子月，水旺，調候用神丙火暖身生土制水，甲木洩水。原局正偏財四見，偏財格。自坐丙火，戊土劫財三見制水剛好，丁壬合而不化；用神超越格局。

2、比劫與財星比例偏重，初運西方金地，財逢食傷。中運南方火地，用神得地，丙午大運雙冲壬子，水火既濟；運過氣衰。靠大運發跡。

12、練習例，乾造，羊刃格，傷官桃花，手術醫師。

食神	日主	劫財	傷官
壬午	庚午	辛酉	癸卯
己 丁	己 丁	辛	乙
正印 正官	正印 正官	劫財	正財
沐浴	沐浴	帝旺	胎
將星	將星 月德	羊刃	桃花
癸丑 甲寅	乙卯 丙辰	丁巳 戊午	己未 庚申

1、庚日主生在酉月，羊刃格，身強。天透地藏，三合三會俱無，故無普通格。庚不離丁，丁不離甲，以卯頂替，然地支午午自刑，卯酉冲，其人率斷行事，自斷機緣。感情生活精彩。

2、丙辰運庚寅年，三會財星冲酉，與女人破財有關，餘波盪漾至隔年辛卯。壬辰年與壬午夾巳，大運雙合，流年大運天剋地刑，大事化小。癸巳年與癸卯夾辰，刑合併見，小有是非。甲午年天剋地刑，托福雙六合運平順。

13、練習例，坤造，一財得所，紅顏失配。

傷官	日主	偏印	偏財
壬辰	辛酉	己卯	乙巳
癸 乙 戊	辛	乙	庚 戊 丙
食神 偏財 正印	比肩	偏財	劫財 正印 正官
墓	臨官	絕	死
寡宿	紅豔 干祿 將星		
丁亥	丙戌	乙酉	甲申	癸未	壬午	辛巳	庚辰

1、原局偏財由年干通根月支與時支，偏財格。正偏印三見，印綬格。辛金先以壬水為用神，甲木次之，乙木代用。強弱中合。

2、偏財當令，媳婦倒貼娘家；慷慨做人，實則施惠，虛則詐言。空亡沖刑，口惠而實不至。有事請託，半真半假應對。癸未大運癸巳年拱午會桃花官殺，有食神制；一財得所，卯酉沖，初運走南方火地，莫問婚姻。

14、練習例，坤造，殺當令靠男人，財當令自己賺

比肩	日主	正印	正財
乙酉	乙酉	壬戌	戊子
辛	辛	丁　辛　戊	癸
七殺	七殺	食神　七殺　正財	偏印
絕	絕	墓	病
將星	將星	寡宿	天乙

甲寅	乙卯	丙辰	丁巳	戊午	己未	庚申	辛酉

1、乙日主生在戌月，正財透出年干，正財格，偏弱。調候用神癸、辛，無丙火則正財格點滴積財，中運南方火地，定有斬獲。戌月不走丁運，丁火入戌庫空轉五年。日時支七殺，中晚年有男人。自坐七殺，神經敏感，疑心重。

2、丙辰大運辛卯年，雙沖兩柱，混的很差；壬辰年餘波盪漾；癸巳、甲午年守成平庸；乙未年拱申，三合水局，兩個貴人幫忙。

218

15、練習例，乾造，印比身強，時上偏財忌比劫。

偏財	日主	劫財	偏印
庚寅	丙寅	丁卯	甲辰
戊 丙 甲	戊 丙 甲	乙	癸 乙 戊
食神 比肩 偏印	食神 比肩 偏印	正印	正官 正印 食神
長生	長生	沐浴	冠帶
紅艷	紅艷	桃花	月德
乙亥	甲戌	癸酉	壬申	辛未	庚午	己巳	戊辰

1、天干有甲偏印，日支時支也有偏印，而月柱天干劫財不為格，時柱天干庚為偏財。所以普通格取偏印格。偏印格三合透干，比劫透干，癸水入庫，身極強。偏印重用偏財剋，好在壬申運。

2、年月日三者地支，三會成木局。寅、卯、辰三會木成印局。木生火，生我為印，印綬格。桃花坐三合，定有花名在外。時上偏財，宜身強財旺，切忌比劫相逢。

219

七、十天干喜用提要

（一）、甲木喜用提要

甲日寅月

1、甲木寅月調候用神丙、癸。初春猶寒，丙火為主，透干，成食神格。癸水為佐，忌太盛水泛木漂。

2、癸藏丙透，稱寒木向陽，大富貴。若風水不及，亦不失儒林俊秀。

3、缺調候用神丙癸，平常人。建祿格，喜見財官，忌冲刑。

4、一派戊己，財多，支會七殺局，財生殺攻身，富屋貧人，妻晚子遲勞苦。初春木弱無力剋財，不從。

甲日卯月

1、甲木卯月調候用神庚、丙、戊、丁、己。羊刃駕殺，專用庚金，無庚用丙丁。

2、羊刃格，不取從財、從殺、從化之理。

3、一派庚辛，支會金局七殺太旺，格強身弱，剋子刑妻，勞苦貧病。

4、無丙丁食傷，一派壬癸，又無戊己制之，水泛木浮，印生太過。

5、春木太旺宜制，先庚殺，後丁火傷官，傷官駕殺，劈甲引丁，得其中和，稱木火通明。

6、一庚一戊出干，稱財殺相生，需運行金水且用神無剋制，可許科甲。

7、支成金局透干，無丙丁火破金，稱木被金傷，有殘疾之虞。

進階演練：《造化元鑰》例，科甲之命，蓋庚丁兩造，雖風水不及(指居住的環境)，不失榮華，但為人色重招殃，兄弟無力。

七殺	日主	傷官	正財
庚午	甲戌	丁卯	己未
己　丁	丁　辛　戊	乙	乙　丁　己
正財　傷官	傷官　正官　偏財	劫財	劫財　傷官　正財
己未	庚申	辛酉	壬戌	癸亥	甲子	乙丑	丙寅

原文：按庚丁兩透，制過七煞，庚金生春月絕地，本宜財星，不宜火制，加以陽壯木渴，無水潤澤，午戌會局，庚金無力，不能制劫，故兄弟無力，尤幸運行北方，不失榮華，甲戌，庚午，交互值桃花紅豔然，己土財星來合，宜乎色重招殃矣。

解：

1、甲不離庚，庚不離丁，丁不離甲，調候用神俱全。原局陽刃格強勢，比劫抗煞，傷官四見剋煞，卯戌合火，反觀七殺無根，有財格挺立，原局身弱，羊刃單刀難敵群毆；所幸大運由丙寅進入乙丑、甲子、癸亥等印綬之地，補齊原局缺水之病症。印剋食傷，有藥醫病。

2、「交互值桃花紅豔然，己土財星來合，宜乎色重招殃矣。」指月支卯木桃花，有卯戌合能量加大；時支午火是紅艷煞透出丁火，月柱丁卯與時柱庚午同一旬，共用桃花、紅豔煞。正財己土合甲，未土合午，一堆正財與桃花、紅艷煞攪亂一池春水。

221

甲日辰月

1、甲木辰月調候用神庚、丁、壬。春深木老用庚,陽盛木渴宜用壬水。必須有丁,無庚用壬。獨透壬偏印,才學多能,乃庚忌丁火制,丁壬合去病暗助木氣。

2、戊己透干全無一水,支成土局,稱棄命從財,妻子有能富貴可許。

3、比劫多者,稱混奪財神。勞碌命,無馭內之權。女奪男權。

4、支成金局官煞太旺,三月木老,金絕火相,勿用丁火制煞。

甲日巳月

1、甲木巳月調候用神癸、丁、庚。無丁不得通明,無庚劈甲,丁火不燃。

2、三夏木性焦枯,癸水正印最要。根潤木榮,宜洩其秀,丁火傷官次之。庚金七殺透出,生癸水正印,水有源木得潤。

3、一派丙戊,無庚殺、無壬癸印綬、無丁傷,火土二局夾雜,無用之人。

甲日午月、甲日未月

1、甲木午月、未月木性虛焦,調候用神先癸後丁,庚金次之。若乏癸水,需運行北方之地。無癸用丁,木多者取庚。

2、大暑後金水進氣,無癸亦可。不得已用丁,宜運行北方水地。

3、五月癸庚兩透,殺印相生。六月丁庚兩透,傷官制殺。用神既透,得木火通明,富貴格。

4、丁多庚少,傷官制殺不宜太過。大暑前無癸水,不能取貴。

5、夏月甲木不利運行火地,稱木化成灰。行西程不吉,稱傷官遇殺。

6、木火傷官聰明慈善,多見多疑,雖不生事害人,每抱不平之憤。女命傷官洩秀人聰明,木性仁壽性慈善,無壬癸配合不免偏枯。

甲日申月

1、甲木申月，調候用神庚、丁、壬。傷官格者可專用壬。

2、丁庚兩透，傷官駕殺，可許科甲。

3、庚祿居申，同宮得氣，庚壬齊透，殺印相生，喜金水運。

4、庚多，戊、己亦多，無壬癸水，專用丁火制金，以暖群土，大富。丁火傷官藏於地支，不坐死絕而財露，富有。癸水疊疊，印剋傷官制丁火，終難顯達。

甲日酉月

1、甲木酉月，調候用神庚、丁、丙。木衰金旺，丁火制庚金為先，透干更吉，次用丙火，再次庚金。辛金透干，丙辛合，反失其用。比劫多或合會木局宜金制，以火煉金。

2、一丁一庚，火金相制成器，科甲定顯。癸水透印剋食傷，食傷不足制官殺者，貴格不取。

3、丙庚兩透，食神制殺，富大貴小。丙丁全無，食傷無緣，僧道之命。丙透無癸，木火傷官，無印剋制，富貴雙全。癸出制丙便是常人。

4、支成火局制金太過，官星被傷許假貴。戊己一透，傷官生財。

223

進階演練：《造化元鑰》例，丁火高照，太守命。

傷官	日主	劫財	劫財
丁卯	甲子	乙酉	乙未
乙	癸	辛	乙 丁 己
劫財	正印	正官	劫財 傷官 正財
丁丑 戊寅	己卯 庚辰	辛巳 壬午	癸未 甲申

原文：按丁火高照，言配合之美也，甲子官印相生，丁火高照，不傷官星，以月令官星制刃為用神，運行辛巳庚辰，官星得第，焉得不貴乎。

解：

1、時支卯木羊刃透干年月，又帶正印與入庫劫財，日主身旺。月支酉金正官，乙酉、乙未夾申七殺，官殺在祿旺也不弱。但畢竟又受到時干傷官通根年支，傷官格剋制，所以官殺弱而日主強。

2、「運行辛巳庚辰，官星得地」，大運由甲申進入癸未、壬午、辛巳等火運，以傷官化比劫順勢趨吉。辛巳運，巳酉半合官殺，庚辰運濕土生金，乙庚、辰酉雙合生官殺，故稱官星得地。

3、原局地支未土生酉金，酉金生子水，乙水生卯木，卯木生丁火，一路順生就是命格可許。調候用神甲有乙未、乙酉所夾出之申中庚金，時干之丁火。「丁火高照，不傷官星」，指丁火不與官殺相鄰，官星就能伺機發揮。

甲日戌月

1、甲木戌月，調候用神庚、甲、壬、丁、癸。九月甲木凋零逢燥土，不能潤水養木。見水土潤，見火木秀，水火滋扶用戊庚為上格。

2、土眾多用甲，木多用庚；見一二比劫，要庚辛制伏。

3、遇比用財，需有官殺剋比劫護財，同財生官殺。丁火傷官生財富命。

4、四柱木多用丙丁，火旺木枯非上格。甲無庚不靈，戌月秋深氣寒，丙丁為要；土燥則木枯，喜用壬癸，庚為樞紐。

甲木亥月

1、甲木亥月調候用神庚、丁、戊、丙。亥宮壬水當旺，甲木長生位，若壬水透干水旺木漂，須有戊土制水。戊土制水可以培甲木之根，護丁火而生庚金，滿盤靈活，富貴可許。有庚無丁，以戊財生庚殺。

2、亥月水旺洩剋庚金氣，無戊制壬，庚金無力剋木以成棟樑，故甲多破戊，比劫剋財平常人。庚、戊並透，七殺制比劫護財，戊財剋壬印，生庚殺，交相為用，富貴而壽。

3、多比劫，只一庚出干，坐祿逢生，捨丁從庚，官殺剋比劫，略有富貴，喜行東南運，四柱須有財。

甲日子月

1、甲木子月歸根復命，寒木須陽，調候用神丁、庚、丙。丙丁並用，當癸水司令透癸，則洩庚殺制丁傷官，火金之病。

2、七殺傷官兩透，支見寅巳所藏丙、戊，科甲可許。

3、癸印透傷丁，無戊己輔助殘疾。壬水偏印重出，丁庚全無者，又無丙，平庸之人。支成水局透干，無戊己為救，水泛木浮流離顛沛。

4、春木用火忌金。冬木火金並用，喜支藏丙、戊。

甲日丑月

1、甲日丑月，天凍木寒，先丁火護生機，再取庚金，劈甲引丁火。調候用神丁、庚、丙。以庚殺取貴，無庚貧賤。以丁傷官取富，無丁寒儒。

2、庚丁必須並用，無丁可以用丙，無庚不能取辛，旺庚不可無丁。

3、無庚，取丁火出干，比劫重重可發焰，才華功業之象；如無比肩尋常人士。甲木無庚，難免夭病。

（二）、乙木喜用提要

乙木遇甲可春可秋。遇丙木火通明格。遇丁萎縮。遇戊柔弱。遇己反哺。遇庚疑神疑鬼。遇辛武貴。遇壬漂泊。遇癸滋潤。

乙日寅月

1、乙木寅月猶有餘寒，調候用神，先丙後癸，得之名為雲霧蔽日，不雨不晴。丙癸兩透，印剋傷官，科甲可許，傷官生財。丙多無癸，用財洩丙火之旺，丙多洩氣太過，粗俗濁富。癸水略取則足，若火多者專用癸。

2、丙少癸多，又戊己多見，濕土之木下格寒士。丙多用癸，癸多用丙。

3、春木當旺，無須癸水印生，如地支逢合會火局，須壬癸水制。

乙日卯月

1、乙木卯月陽氣漸生，調候用神丙、癸，與正月相同。丙、癸各得其用，印剋傷官而無合化制剋，富貴之造。庚藏生水，透干則雜。

2、支成木局，得癸水滋潤，有丙洩其木旺之氣，上格。透丙不可無癸，有癸功業可期，若癸多困丙，戊來合癸，皆失相濟為用之妙。

3、乙木卯月，自坐建祿，無取從化之理。見辰得化，化不化無所適從，反為平常人。

進階演練：《造化元鑰》例，探花。

七殺	日主	正印	食神
辛巳	乙酉	壬寅	丁丑
庚 戊 丙	辛	戊 丙 甲	辛 癸 己
正官 正財 傷官	七殺	正財 傷官 劫財	七殺 偏印 偏財
甲午 乙未	丙申 丁酉	戊戌 己亥	庚子 辛丑

原文：按此造巳酉丑三合而透辛金，煞旺為病，好在春金無力，又是辛金，巳宮丙火得祿，高魁鼎甲，當在戊丁兩運中也。

解：

1、初春之木，丙火為主，癸水配合。地支巳酉丑隔位寅木透出辛金，因此官殺四見成黨，但巳火主氣在丙，實際作用在制殺。且辛金在寅月坐絕，反觀乙日主得年月天干丁壬化木的滋助，除元氣增強外，尚有原局食神傷官制殺的優勢，如此五行旺衰的較量，日主強過官殺，而「殺旺為病」是反話，只不過強調官殺好像很旺。

2、「高魁鼎甲，當在戊丁兩運中」，大運經由辛丑、庚子、己亥、戊戌、丁酉等運；庚子、己亥是印綬運可以化殺，化殺用印護身保平安。戊戌運制水生官殺，丁酉運三合官殺，都是拉昇官殺能量的大運，至於丙申運雙沖月柱，又雙合時柱，化殺沖官，亥年四馬之地難保平安。

乙木辰月

1、乙木辰月陽氣漸炙,調候用神先癸次丙。乙為陰木,雖在春季亦不能用庚金。

2、癸、丙兩透,不見己、庚,入格。見己、庚者,平常之人。或一乙逢庚正官,不見己土偏財剋癸水,主小富貴。庚官己財混雜,不見丙癸,下格,財生官制身,乙木柔弱不宜制。

3、辰月癸、丙、戊、支成水局,會方者專取戊土制水,取財破印可發異途,否則水泛木浮。

4、乙木見庚同煞,月時二庚爭合貧賤,需丁火破庚;食神制煞不失武職。乙木無丙照暖不榮,技術之流。

乙日巳月

1、乙木巳月有丙火,急取癸水為要。然水絕之地須庚、辛發源。癸、庚、辛俱透入格,金源無力,水運相扶甚妙。土多困癸水,用神受剋貧賤;丙戊太多,支成火局,瞽目。

2、巳月庚長生,困於火土不生水,運行西北金水之地,見庚辛申酉亦發榮。運行火土,財剋印,運途蹇難。支成火局,木化成灰,貧賤病夭。

乙日午月

1、乙木午月丁火司權,調候為急,除四柱多金水,用丙火為例外,其餘皆以癸水為用。五月癸、丙、上旬用癸,下旬丙癸兼用。

2、乙木奔南氣盡洩,癸透有根入格,或庚辛年干,癸出時干成官殺生印富貴可期。

3、丙透天干支成火局,若無癸水滋潤殘疾病夭。

乙日未月

1、乙木未月性枯而寒，柱多金水先取丙火，丙癸兩透印剋食傷富貴
   格。無癸者平常人，行運喜北。

2、大暑後寒氣初生，四柱多金水當以丙火為要。合會木局不見庚辛
   ，干見丙癸兩透富貴可期。

3、午未月乙木，氣退枯焦，癸水忌戊己土雜亂破格，甲木若透制伏
   土神，稱去濁留清，俊秀之士。

4、一派戊土出干不見比劫與印稱財多身弱，富屋貧人，若有甲制土
   得福壽。

乙日申月

1、乙木申月，庚金司令，調候用神丙、癸、己。庚金取丙癸剋洩
   ，取己土為佐。

2、申宮壬水不生乙木，用己土混合壬水培乙木根基，若四柱無己
   ，而癸水出干，除月令外，又不見庚金，丙火藏支，則不用己土，
   而用癸水，官生印，格局平庸。

3、生於辰時，合正官，若論從化大富大貴，乙庚相合夫妻合睦，有
   癸水子女賢孝，見寅巳則刑冲。火土旺地，刑妻剋子之象。

進階演練：《造化元鑰》例，富僧，此庚旺無丙火之故。

食神	日主	劫財	正官
丁丑	乙卯	甲申	庚午
辛 癸 己	乙	戊 壬 庚	己 丁
七殺 偏印 偏財	比肩	正財 正印 正官	偏財 食神
壬辰　辛卯	庚寅　己丑	戊子　丁亥	丙戌　乙酉

解：按僧道離世絕緣，苦行修持者，八字必極清純而近於偏枯，《滴天髓》云：「一局清極也，苦人是也，若弘法利生，而得信仰恭敬者，不出命運範圍，與世俗無殊，此造庚旺無丙貴氣不足，乙木坐卯，秋木有根，庚金出干，而有丁火制之，配合適當，宜其為僧而富矣。」

解：

1、乙木生在申月，調候用神以丙火昇華，癸水滋潤，原局缺丙火與癸水，故無貴格之緣，異路功名。其次，以時干丁火通根年支丁火，食神有劫財比肩相生，地支正偏財三見，中運得戊己財透干，食神洩秀也有一番風光。

2、就格局而言，年干正官通根月支，帶上時支七殺，官殺不弱，卯申暗合，殺強身弱，否則身官兩停，宜合正途功名。中運亥子用印化殺護身。藤羅繫甲木，可春可秋。

3、月支申金是孤辰、劫煞、天乙貴人，暗合卯木將星，正邪通吃。午是文昌、紅豔帶食神通透，定然學養攝眾。大耗丑七殺入庫，子息無緣。

230

乙日酉月

1、乙木酉月，白露後桂蕊未開，專用癸水，秋分後桂花開，宜丙火照耀，可以無癸；癸如雨露，丙如太陽，陰陽相濟。癸丙兩透，印剋傷官，科甲可許；見戊雜出，財破印，異路功名。八月癸、丙、丁、上旬癸先丙後，下旬丙先癸後，無癸可取壬，支成金局，則專用丁，無丁恐木被金傷，無癸無火，帶病之人。調候用神癸、丙、丁。

2、寒木向陽以丙為先，有丙無癸小富貴，有癸無丙寒木無生意，名利皆虛，丙癸藏於地支，須運行南方，引出丙火得富貴。

3、生於秋分後，癸在地支，丙透時干木火洩秀，稱木火文星。癸水在地支，月支酉七殺，殺印相生；丙癸並用不相礙上格。無癸丙又戊己多見，下格。

乙日戌月

1、乙木戌月燥土秉令，枝枯葉落急需癸水，通根寅亥得長生祿旺不作此論。調候用神癸、辛，見甲申時，謂藤蘿繫松柏。

2、燥土當旺癸水易涸，柱中有癸水，遇辛金發水源，殺生印，主科甲。有癸無辛常人。有辛無癸貧賤。

3、戌月土旺乘權，不懼水多，木枯用水，水多用戊，平庸之佼佼者。無比印從財甚妙；有比有印，富屋貧人。

乙日亥月

1、乙木亥月，丙不受氣，急需丙火暖身；壬水司令，用戊土制水。丙、戊兩透，傷官生財。有戊無丙，富而不貴，不失儒林。

2、水多無戊，乙木漂浮，游手好閒。不見丙己，妻子難全。印多以財損印為救，若僅亥月壬水則專用丙、丁，財破印終不美。

3、戊土多見，未得甲木制之，刑冲者好生禍亂，是非爭訟，無刑冲廣交善談，名過其實。

4、支成木局見癸水，戊己土多，需甲木反制，得丙火出干上格。若無丙、戊自成自敗，終非大器。亥月卯未會局，旺同春木不勞印生，見癸陰濕，反制生機，取戊制之。寒木向陽，終需丙火。

乙日子月

1、乙木子月根寒葉凍，急需丙火解凍，大忌癸水。戊以去癸水之病，若壬、癸透干，需戊土制之。丙火傷官出干，不見印剋入格。

2、壬多無戊貧賤。丙火藏於寅、巳，無申、亥刑冲，亦貴。壬多無戊，丙火為壬水冲破，貧賤格。雖有戊制壬水，不致飄蕩，仍缺生機，庸碌爾爾。

3、乙木生於冬至後，坐下比劫合局，得丙透干，富貴格。即丁出干亦有衣祿，己土偏財出干，丙火傷官透，傷官生財成格局。

乙木丑月

1、乙木丑月，凍木枯枝，見丙火外別無用神。得丙火透干，無癸出破格，功名可期。僅支藏丙火小康而已，需運行東南。

2、一派戊土，財多身弱，見甲破戊，比劫剋財，仍以丙火傷官為用，傷官生財，頗有衣祿。

3、從財大富，需不見比劫，仍需丙火暖土，稱寒谷回春。甲合於己，論從格不成，財多身弱，貧寒之命。

232

(三)、丙火喜用提要

丙日寅月

1、丙火寅月火氣漸炎，調候用神壬、庚。正月甲木得祿，木旺火相，壬水為用，寅宮水絕庚為佐。壬、庚兩透，寅申相隔，財煞成格，以財滋煞。

2、用七殺身旺為要，通根寅巳，假煞為權。丙少壬多，即是煞重身輕，笑裡藏刀，膽大光棍，得一戊制壬大富貴，比肩一二，扶身更妙。

3、一派庚辛，混雜常人。年時辛干，即貪合失其本性，昏迷酒色之人，女命同論，己業、祖業俱失。兩透庚金，庚寅月庚寅時，雖身旺任財，然財臨絕地，清貴之寒儒。

4、一片戊己土洩氣，甲偏印不出干，難成大器。支成火局，專取壬水為清貴。炎上格生於三春寅月，仍需運行南方助之。無壬煞用癸官，略有富貴，官煞需旺相有根。丙火無壬主貧賤，或火多無木，比劫重重，行至水鄉主災咎。

丙日卯月

1、丙火卯月，陽壯木渴，專用壬水。壬水死於卯地，需藉庚、辛生助。無壬、癸有己土，稱火土傷官，主聰明才學，雖不貴，食傷旺自能取財。

2、丙火得月令，正印秉令，無從煞之理，唯有用制。若一派壬水，七殺無戊土食神剋制，奔流之命；財多生煞，更賤。

3、一派戊土，剋制壬水，用神受剋取甲木制戊為救。丙子日辛卯時，貪財壞印，難承祖業，若有兩重丁火破辛，壬水得位，多妻多子。若時月俱辛卯，又見丙子日爭合，年不透丁破辛，昏迷酒色敗祖業。

233

丙日辰月

1、丙火辰月火氣漸炎，專用壬水，土厚以甲為佐。穀雨後土旺用事，晦丙塞壬取甲木為輔。壬甲兩透，殺印相生入格，但忌金出干破甲。殺透印藏，富大貴小。殺藏無梟，一介寒儒。無煞無梟，貧賤之格。

2、壬甲兩透為用神，丁壬合，甲己合，閑神羈絆，平庸之命。支成水局宜用戊土且須透干。甲木化煞，生丙火更妙。

3、用壬七殺為正格，土重用甲剋，或水太旺身弱，甲洩水生丙火。

丙日巳月

1、丙火巳月，專用壬水解炎威之勢，調候用神壬、庚、癸。以庚金發水源，壬水解炎成既濟之功。壬、庚兩透，財殺成格，不見戊、己出干剋壬水，稱湖海汪洋。

2、巳中戊土剋亥宮壬水，宜用申宮壬水，富貴可期。若無壬水，姑用癸水，庚、癸兩透財生官，巧謀善辯，不貴而富。

3、癸壬俱無，無用之人。火炎土燥僧道之流，總失之貧賤夭折。一派庚金遍地偏財，不見比劫，富而無貴。若火出，比劫剋財貧命，男女同論。

4、丙午日四柱壬多，不見戊土制，稱陽刃煞重，光棍之流，或支成水局壬癸水透干，竟無一戊土制，盜賊之命；見己土仍是見財起意之鄙夫。煞刃格，一殺一刃主威權；兩三重煞刃，皆主凶暴，有戊土制反貴。煞刃格不能用印，火值旺令，見甲木化煞助刃，有倒戈之虞。

丙日午月

1、丙火午月，火氣益炎，調候用神壬、庚，庚通申支者，財殺同根更佳。得二壬一庚出干上格；一壬無庚，水無根源，需行運相助。喜申中長生之水，庚金坐祿，得金水相生。

2、支成火局偏枯之命，一點癸水瞽目。戊己出干火炎土燥，缺生機主刑剋。原局無金水行北運，反激其焰。

3、炎上格，柱運不見庚辛，多見甲乙者大富大貴，然亦不可見水運。或支成土局，又為洩氣太過，土多用甲，行運至火鄉，需壬水輔護，得土被制，火得生扶，福祿壽全。

進階演練：《造化元鑰》例，土晦無光，奴僕。

傷官	日主	食神	食神
己丑	丙午	戊午	戊戌
辛　癸　己	己　丁	己　丁	丁　辛　戊
正財　正官　傷官	傷官　劫財	傷官　劫財	劫財　正財　食神
丙寅　乙丑	甲子　癸亥	壬戌　辛酉	庚申　己未

原文：按土晦無光，加以運行西北，大勢向下，其人必極迂拙。

解：

1、丙日主生在午月午日，羊刃格兩倍能量。原局全部火土，調候用神壬、庚，四柱不見。《三命通會》：「火見土則暗，土宿火則晦。故火自火，土自土，兩不相掩為妙。若火土夾雜，主愚濁。經曰：『火虛土聚成何用？定是塵埃碌碌人是也。』」

2、原局比劫食傷一堆，湊不出專旺、從格之類。又火土同位，與金水、水木、木火、土金等傷官格不同；行運由己未、庚申、辛酉、壬戌、癸亥，干支皆為金水。按理說，傷官格佩印即屬佳造，但原局與大運無甲乙寅卯，退而求傷官生財，惟限於五行性，土厚埋金，看的見吃不到。

3、原局有月時互換空亡，羊刃格無對等官殺，五行不全，缺調候神等缺陷。

236

丙日未月

1、丙火未月，火氣漸退，大暑前與午月同理，大暑後金水進氣，雖用庚壬，運喜東南生旺之地。調候用神壬、庚。

2、壬、庚兩透，財殺俱全，富貴可期，貼身更妙。忌己土出干混濁，無壬賤頑。有壬無庚，水無源，富貴皆小，又見戊土出制，若火土太重，侷限一隅。

3、一派丙火，干支兩見庚壬，陽盡生陰，科甲大臣，木火印比多，喜運行西北金水之地。

丙日申月

1、丙火申月陽氣漸衰，坤宮戊土制壬，食神制殺上格。調候用神壬、戊。如丙火通根寅巳，身強用財滋煞。水眾取戊土兼制，用壬必須比劫助身，壬多需有戊制，即食神制殺。

2、申中壬、戊出干，不遇刑冲即食神、七殺成格，庚祿在申通關。申中一壬，多見戊制，常人。壬多無癸得一戊制，眾煞猖狂，甲木一仁可化煞。

3、申月丙火陽氣已衰，不離甲木，見甲丙壬氣清。若一派庚金不見比印及辛金，科甲無緣，依親進階，稱棄命從財。

丙日酉月

1、丙火酉月日近黃昏，丙火餘光，存於湖海，仍用壬水輔映，癸水輔助。財生殺，土晦光，喜印比生扶。四柱丙眾，獨壬為奇，無壬取癸，發達不久。

2、身強剋旺金，財旺生煞主富貴，最怕戊多困水，己多混濁。丁制辛男狡詐女長舌。辛多出干，必取地支合會成從財格，若有劫、印、微根，不能從化，終究不美。

237

丙日戌月

1、丙火戌月，火勢愈衰，忌土晦光，調候用神先甲後壬。甲、壬兩透，殺印相生，富貴可許。

2、無壬輔丙滋甲，有癸水透干，異途顯達，壬癸藏支，凡中之佼。無甲壬癸，下格。一派火土奔流、僧道，無庚辛壬癸出干，貧夭不免。

3、支成火局，炎上失令，行運西方終不利，運行東南始合於炎上之性。己土出干，甲木不透，雖有比劫助身，難制當權之土，無用之人。甲木疏戌月燥土，有壬、癸水滋潤，佳命。

丙日亥月

1、丙火亥月，太陽失令，休囚之時，急需甲木生之。甲木長生地，濕木無焰，無力助丙火，需戊土制水培木。丙火以壬水為貴，戊土制壬難輔映生輝，故又取庚金化土生水。

2、壬甲兩透，殺印相生。水眾取甲，火旺用壬，木旺用庚。四柱多壬、申，棄命從殺，雖不發科甲，下士之格。水多無戊，木盛無庚，皆常人。

3、丙辛合水，以我剋化而反剋我，非亥月水旺支成水局或行運北方，又見辰字，方為真化，化合得時富貴格。

丙日子月

1、丙火子月冬至陽生，先壬，水眾則以戊、己土制之。壬戊兩透食神制殺，科甲可期。冬至後一陽來復，氣勢甚微，用神壬水需甲木生助，用戊亦須甲。

2、一派壬水專用戊土，戊晦光，丙火微弱，名利虛浮。日元衰弱不宜用財殺或食神制殺，用印上格。多壬無甲棄命從殺，喜會水局行北地。

3、水土寒凍無丙火，木無生機，地支寅木藏丙火可用。甲木出干有
比肩助之，入格。

丙日丑月

1、丙火丑月，氣進二陽，不畏水剋，而懼土洩，以壬取貴，非甲不
能生丙。調候用神先壬後甲。壬、甲兩透，七殺生印，科甲之貴。
印藏而運行東南，木火得地亦貴。丑月己土秉令，晦丙濁壬，縱
然無甲，得壬透富重貴輕。

2、一派己土不見甲乙，稱假傷官格，聰明性傲，假名假利，惟因冬
季非春夏之火，非上格。若見甲木傷官配印，名利有許。

3、一派癸水己土出干，白手起家。若己土制癸太多，又取辛金洩己
土滋癸，須透癸乃秀雅風度之人。

進階演練：《造化元鑰》例，曹汝霖命。

食神	日主	正財	比肩
戊子	丙申	辛丑	丙子
癸	戊　壬　庚	辛　癸　己	癸
正官	食神　七殺　偏財	正財　正官　傷官	正官
己酉　戊申	丁未　丙午	乙巳　甲辰	癸卯　壬寅

原文：丙辛爭合，無辰不作從化論，取辛金洩戊土以護子水官星，雖值二陽進氣，究嫌身弱，行東南方運，位至財政、交通、總長。

解：

1、十二月氣進二陽，侮雪欺霜，以壬水為先，己土多洩氣要用甲木。原局正偏財三見，正財格為主，食神格為輔。丙日主無根，地支官殺四見，身弱無疑，時柱戊子化火，填補原局身弱無火缺陷。行運木火之地，喜用神來的巧。

2、原局干支多合，丙辛合水，子丑合土，戊子合火，申子半合。《易·文言》：「本乎天者親上，本乎地者親下，則各從其類。」為人定然長袖善舞。

3、天干兩丙爭合一辛，子丑合，正財外流，辛金入丑庫，自有暗財門路。自坐申金文昌帶偏財，合子水將星正官，文采絮然。戊午高昇財政總長，丙午年歿，兩者何異？前者戊治水官殺可用，後者三丙奪財拱未沖丑，原局震盪。子午沖，成也蕭何，敗也蕭何。

240

（四）、丁火喜用提要

丁日寅月

1、丁火寅月，甲木當權，庚劈甲引丁，調候用神庚、甲。如壬透化木，不宜庚破格，富貴格，得寅月寅時大貴。正月丁火喜用甲木，見庚金不成化格。

2、有庚財及壬癸官殺，須己土出干，得食神生財，食神制官殺，忌見戊土傷官。若一派壬癸，不得寅時甲木，又無庚財必窮困。

3、甲木太多木盛火塞，須財剋印，無庚財制之貧夭。梟印太旺，無庚破乙，勿問妻子。丁火衰竭不成炎上，取財官配合，得甲木出干運行東南，亦可取貴，稱假炎上格。乙木衰竭之氣不能生扶。水火既濟，水不宜多。

丁日卯月

1、丁火卯月濕乙傷丁，非庚不能掃乙，非甲不能引丁，調候用神先庚後甲。二月木旺火塞，用庚財破甲印。財透印藏，官僚小吏。印透財藏，異路功名。寧可無甲乙印，不可無庚。

2、卯月印旺，甲印庚財並透，更見七殺出干，身強煞淺，假煞為權，殺生印扶身，財官印成貴格。

3、庚乙俱透必貪合，運行金水之鄉，一貧澈骨。一派乙木不見一甲，富貴不久。一派癸水無戊己制，貧寒之格。乙少癸多殺重印輕，須有食神己土制之，異途顯達。

進階演練：《造化元鑰》例，薩鎮冰命。

偏印	日主	比肩	食神
乙巳	丁卯	丁卯	己未
庚 戊 丙	乙	乙	乙 丁 己
正財 傷官 劫財	偏印	偏印	偏印 比肩 食神

己未	庚申	辛酉	壬戌	癸亥	甲子	乙丑	丙寅

原文：木盛火塞，取巳宮庚金，老年行西方運，飛黃騰達，位至海軍總長，年已六旬矣，壽逾杕國。

解：

1、年柱食神格，出身豪門大家。月支偏印透出時干，偏印四見，偏印格。徐樂吾《命理一得》：「更有一簡捷秘訣；五氣以流通為貴，設命造五行不全，只有四行，而缺其一，則所缺者，往往即為真正需要之用神行運見之，氣勢流通，必然得意。……尤以普通命造，四柱無可取用者為有驗。特別之命，或另合格者，不在此例。」木火兩局，四柱無水；偏印比劫比例最重，故身強。

2、初運乙丑、甲子、癸亥，北方水地，缺水剛好。中運壬戌雙合日月兩柱。丁火不離甲，以偏印四見湊合甲乙木能量；甲不離庚，庚金長生在巳火，金在熔爐，能量在中運辛酉、庚申運，團結一氣，偏財剋偏印逆用格局有成。卯木將星兩見，加持日主氣勢。時支驛馬，傷官生財，豪傑自來奔波命。

丁日辰月

1、丁火辰月，戊土司令洩丁氣，用甲引丁制戊，次取庚財。穀雨前同卯月。穀雨後土旺用事，須甲木破土。庚金劈甲引丁，並洩戊土之氣。甲庚並用透干，月令傷官生財。調候用神甲、庚。木盛用庚，水眾用戊。

2、支成木局，印旺用財，取庚金為用，因財忌見比肩，故忌丁火貼近。支成水局，壬水透干，稱煞重身輕，終身有損。若得戊、己兩透，廊廟之材。甲出破土常人。

3、子申會局壬水出干，煞重身輕主疾夭，得食傷制之，反主大貴；忌甲木剋戊土，用神受傷難發越。

丁日巳月

1、丁火巳月，火氣乘旺，取甲引丁，庚金制甲；有庚有甲，稱木火通明。忌見癸水洩庚，濕甲傷丁。木多者取庚為先。甲多取庚，用財剋印，火旺之地，無勞印生，只需一甲引丁，甲多反為病。

2、有庚，無甲戊透干，稱傷官生財，富格。若四柱多戊，不見甲、乙印綬，亦不見壬水正官，稱傷官傷盡，主清高學者，得印剋食傷，常人爾。多庚無壬，財無去處，反成奔流。

3、四柱丙奪丁光，丁仗丙威，不見壬、癸破丙，劫財疊疊剋財，貧苦無依。壬、癸破丙，官殺剋比劫，異途顯達。

丁日午月

1、丁火午月，不離甲木，調候用神壬、庚、癸。支成火局干見火出，得庚、壬兩透，財、殺成格，科甲有期。土透制壬，官殺被合，常人。

2、壬藏支中，亦非白丁，須運行西北，得富貴。或支無壬水，得一
　　癸水七殺透，意志堅強出人頭地，稱獨殺當權；若在時干，時上
　　一位貴。

3、地支亥卯未會木生火，不過豐衣足食，運好中年可富，印剋食傷
　　，子息緣薄。木火從旺，宜洩火之氣。

丁日未月

1、丁火未月，三伏生寒，夏至後火氣竭，土旺洩丁，先用甲木生助
　　。火炎土燥，以壬水滋潤，庚金生水。調候用神甲、壬、庚。

2、甲出天干，支成木局，引丁火得庚透，財剋印，科甲有望。支成木
　　局見水透干，則濕木性，即非殺印相生。得有甲透、庚透方成格。

3、支成木局，若無甲木有庚透財，假名假利，雖能生財，固執儒夫。

丁日申月、丁日酉月、丁日戌月（同論）

1、丁火申月，陰柔退氣專用甲木，金氣雖旺無傷丁之理，取庚劈甲
　　，借丙暖金曬甲，制財護印而不奪丁光。調候用神甲、庚、丙、
　　壬。甲印、庚財、丙劫並透為上格。

2、申月庚金秉令壬水長生，水不出干為宜。生於夏月，忌兩丙夾丁
　　，劫財太重，幼年困厄，若地支有水制丙，為官殺制劫護財，中
　　年富貴。

3、申月甲丙，申宮有庚，酉月甲丙庚皆用，申酉月無甲木，乙木姑
　　用，稱枯草引燈，不離丙曬。九月燥土需用甲庚，甲疏土，庚制甲。

4、丁火申、酉月同理。甲不離庚，乙不離丙。戌月戊土當旺，晦火
　　之光，需用甲木制之。然申酉月正偏財當令，甲木需丙火護衛；
　　無甲可用乙木。無甲用乙僅富而不貴，衣食無虞。

244

5、壬癸水多，則官殺混雜，取戊己食傷土制之，得甲、丙印劫生扶，傷官駕煞，入格。

6、申月一派庚金，財多身弱，庚金臨官壬水長生，水洩庚金不能從財。富屋貧人，妻主事而懼內；得壬水洩庚金，丁壬化煞生印，忌變喜，大富。

7、酉月一派辛金，又無比印，稱棄命從財，富貴命格，異途揚名，無庚，格局清純更妙。

8、戌月戌宮藏戊、辛、丁，火土傷官生財，無壬官甲印雜亂，一派戊土或成局，無壬不見甲木，即傷官傷盡；見甲木成傷官配印，文書清貴，喜運入東方庚金一點。

丁日亥月、丁日子月、丁日丑月

1、三冬丁火微寒，專用甲、庚，庚以劈甲，甲引丁火，得財印兩格，忌己土合甲，不生丁火。如有嫡母，可秋可冬，甲木洩水，煞不攻身入格。三冬亥、子、丑月，丁火調候用神俱先甲後庚。

2、若一丙奪丁，賴支水破之，有金發水源，官殺剋比劫，權柄之人。有金無水，比劫奪財貧寒；有水無金見丙壬，清高寒士。

3、月時天干壬合丁，取戊土制壬，主小富貴；無戊常人，戊藏得位，不遇合剋刑冲，衣食無虞。

4、二丙奪丁，劫財扶身，若癸水出干，丁火陰柔，煞雖弱亦能傷丁，需金水得所，財生殺，因二丙之助氣轉生旺，癸水不能傷，身殺兩停，煞化為官，稱財滋弱煞格。

5、仲冬金旺水多，全無比印，稱棄命從殺。有印破格，親緣薄；戊土出干，傷官制煞，親緣有力。亥月濕木亦可從。

進階演練：《造化元鑰》例，桃花、大耗、將星相刑，快意人生。

劫財	日主	正財	劫財
丙午	丁卯	庚子	丙戌
己 丁	乙	癸	丁 辛 戊
食神 比肩	偏印	七殺	比肩 偏財 傷官
戊申 丁未	丙午 乙巳	甲辰 癸卯	壬寅 辛丑

原文：四柱多火，無甲，專用癸水，故作常人光棍，甲運大發，午運敗家喪家，未運死。

解：

1、四柱多火，指比肩劫財四見，自坐卯木偏印，身強。丁火子月，用神甲庚，但比劫太強先用官殺剋制，不用傷官洩火，火土同位不給力。子水用神剋制比劫，保護庚金財生殺。

2、正財通根變偏財，勉稱偏財格。月支專位七殺格，雖有月干庚金相生，但戌土剋水，卯木洩水，子卯相刑，月時兩柱庚子、丙午雙沖。月時相沖，根基一定空。原局病在喜用神財生殺，岌岌可危，藥在金、水、辰丑濕土。

3、初運辛丑，辛金偏財，丑土降溫，出身優渥。壬寅運，壬運猶有餘蔭，寅午戌三合比劫剋財。甲運大發，賴濕土合住子水降溫。午運敗家，午戌半合火，兩午沖提綱子水，庚金被劫，羣劫爭財。月支子水是日支桃花，日支卯木是年支桃花，卯是大耗、將星，正財桃花，子卯刑，哪怕玫瑰扎手。

246

（五）、戊土喜用提要

戊日寅月、戊日卯月、戊日辰月

1、三春戊土，需丙照暖，甲疏木土，癸水滋潤。寅、卯月先丙後甲，辰月戊土當旺，先甲後丙。丙、甲、癸齊透，財、殺、印齊全，運程配合富貴命格。二透一藏亦主佳命。二藏一透異途顯達。

2、寅、卯月宜先透丙驅寒氣，無丙富貴艱辛；有丙無癸甲，稱春旱；勞而無功。木神居臨官、帝旺，甲殺丙印，殺印相生，終需癸水滋潤。財生煞，無印洩卯木，財生黨煞剋身，故仲春無丙，不用癸。

3、一派丙火，有甲欠癸，有殺無財，月令殺印相生有祖蔭，財為我剋落空，後繼無力，先泰後否。若支成火局，火炎土燥僧道孤貧。癸透正財貴格，透壬水偏財富格有望。

4、一派甲木無丙，殺無印化，常人；得一庚食神透干以制殺，富貴可許。若支成木局，甲、庚透干，更甚。寅月有火，地支木局藏水，富貴可期。無庚金食神，不見比印生扶，水生木，七殺攻身，非大惡遭凶，盜賊之流；日下坐午羊刃，慎求善終。

5、一派乙木，稱權官會黨。庚不能剋乙，亦難制乙。內奸外直口是心非；甲官一見，官殺混雜，無庚，懶惰貪婪。

6、辰月土旺甲木優先，癸水繼之，財生殺上格；殺生印次之。丙多無癸先富後貧。火多透壬先貧後富。癸透先賤後貴，壬透富貴難成。

7、支成木局，稱官煞會黨；無庚乃祿淺之人，雖能聚財屢遭禍咎，宜用火洩木氣。戊土以甲木為貴，乙木官星無疏土之力，官殺混雜，富貴不鉅；無庚不貴，官殺雖能制劫護財，若無制必遭凶禍，辰為戊土財庫，土重劫財，財聚是非到。宜用印化煞。

8、戊土有比印相扶，火炎土燥，急需癸水以成貴格。三春戊土無甲
　、丙、癸為用，稱土木自戰，身弱則殘疾，身強亦庸碌。

戊日巳月

1、戊土巳月，陽氣外發，寒氣內藏。丙戊得祿，火炎土燥，先取甲
　木劈疏，次取丙、癸輔佐。濕潤太過財滋煞，需丙火印化煞，輔
　以癸水滋潤，燥土取生機。調候用神甲、丙、癸。

2、丙透甲出，殺印相生，廊廟之材。丙癸俱透，財剋印，亦許官僚
　小吏。甲、丙、癸齊透富貴格，即透一位，支藏得所不遇刑冲，
　衣食無虞。

3、一派丙火，火炎土燥，僧道孤貧，得一癸透壬藏，富貴有望；支
　藏一癸制丙，可保小康。支成金局，干有癸水，傷官生財，稱土
　潤金生，智勇雙全。

戊日午月

1、戊土午月火炎土燥，急用壬水，次取甲木，無壬水，木化成灰
　，丙火酌用。壬、甲兩透，財殺成格，稱君臣慶會；見傷官辛金
　洩日主更妙。

2、支成火局雖有癸水，杯水難濟車薪，壬水出干，雖不見甲，富貴
　聲名，經綸滿腹。土出比劫重，常人。木火重重，全無滴水，僧
　道孤貧。

3、土多見金洩秀，癸水一二輔佐，富貴格。木多無火，火旺木焚助
　土，火土氣勢專旺，入貴格，只恐羊刃倒戈，慎求善終。

進階演練:《造化元鑰》例,張嘯林命,雙羊刃透干,羊刃倒戈。

七殺	日主	偏印	正印
甲寅	戊午	丙午	丁丑
戊 丙 甲	己 丁	己 丁	辛 癸 己
比 偏 七 肩 印 殺	劫 正 財 印	劫 正 財 印	傷 正 劫 官 財 財

原文:張嘯林命,印旺煞高,木火自焚,四柱無財,七煞助刃而不制刃,只恐羊刃倒戈,果於子運之末庚辰年七月,被狙擊殞命,壽六十四。

解:

1、戊土生在午月午日,日刃月刃透干丙火,丁火臨丙火,時柱甲寅七殺木生火,四柱無金水,正偏印五見,偏印格,地支比劫四見,散財做人。時柱七殺,《三命通會》:「殺無刃不顯,刃無殺不威;煞刃俱全,常人無有;更身旺不見傷官為妙。」見傷官,則傷官剋七殺,驟失平衡。原局辛金傷官入丑庫,無妨。

2、特別格不適用調候用神,初運寅卯辰起宕無常,羊刃心性氣剛強。「七煞助刃而不制刃」,指羊刃格成立之後,原局整體整化出炎上格氣象,因此甲木雖剋戊土,投入母旺子不衰的熔爐中,《滴天髓》:「丙火猛烈,欺霜侮雪,能煆庚金,逢辛反怯;土眾成慈,水猖顯節,虎馬犬鄉,甲來焚滅。」

3、「羊刃倒戈」,指午火原本是支撐日主的鐵粉,但在柱運歲的某種要件成立時,羊刃倒戈或被沖剋。庚子運雙沖提綱羊刃用神,庚辰年,子辰半合沖午,兩庚剋甲(木是火的元氣),申月沖時支寅;元神用神皆覆沒。午火將星、大耗、劫財,撒錢不手軟。

戊日未月

1、戊土未月，遇夏乾枯，急用癸水，次用丙、甲。大暑之前與午月同論。大暑後金水進氣，不用壬水，以癸水滋養甲木。甲、癸、丙齊透，得財、殺、印三格。僅煞與財得小康。有丙無癸，假道斯文。癸透辛出，傷官生財稍有富貴。

2、土旺用事得甲出，一煞獨透，不見庚辛剋制，且有壬、癸財滋養，必有作為。有甲無癸，虛名虛利。

戊日申月

1、戊土申月，火氣衰退，金水氣進，先丙後癸，甲木次之。丙、癸、甲透，財、殺、印三格齊全。丙甲兩透，癸水會局藏辰，妻財入庫，斯文領袖得富貴。無丙而癸甲透干，財生殺異途顯達。無癸、丙、甲者，因無丙火暖土扶身，不能勝任財官，平庸而妻子緣薄。

2、土寄水，生於申宮，不能輕作從格，支成水局，宜甲木洩水之氣，甲透者略有富貴，多能且處事圓通。

進階演練:《造化元鑰》,女命,天剋地冲,夫星盡去,連殺七夫,蓋庚多木少故也。

正印	日主	七殺	食神
丁巳	戊寅	甲申	庚寅
庚　戊　丙	戊　丙　甲	戊　壬　庚	戊　丙　甲
食神　比肩　偏印	比肩　偏印　七殺	比肩　偏財　食神	比肩　偏印　七殺
丙子	丁丑	戊寅	己卯	庚辰	辛巳	壬午	癸未

原文:年月日天地受剋,俱非佳造,不但庚多剋木,且火炎土燥,三刑俱備,宜多刑剋矣。

解:

1、戊土生在申月,調候用神丙、癸、甲。地支比肩四見,正偏印四見,偏印格。七殺三見,食神三見,食神制七殺,身強。「年月日天地受剋」,指庚金剋寅木蓋頭,申金剋甲木截腳,寅木剋戊土截腳,跟左右刑剋同旨。年月雙冲出身困蹇,日月兩柱雙冲;七殺坐地支寅巳申三刑,原局夫星均位於刑冲之地。

2、庚辰運與年柱庚寅拱卯,寅卯辰三合官殺,卯是原局日柱與年柱桃花,三合七殺桃花,透干,夫星紛飛;卯申合,申為原局日柱與年柱驛馬、文昌。命帶驛馬好動,驛馬剋我不得不動,我剋驛馬可動可不動,我生驛馬我去找的,驛馬生我別人找來的,我生不能停,生我意外行。「連殺七夫」,並非真的殺了七個丈夫,而是若直書胡搞男人,怕與當事人結怨,僅在暗示七殺情夫一堆而已。

戊日酉月

1、戊土酉月，金洩身寒，賴丙照暖，喜水滋潤，先丙後癸，酉月金旺洩戊土，不必甲木疏。丙、癸兩透，財剋印，富貴可許。丙透癸藏，稍有富貴。丙藏癸透，富中取貴。丙、癸缺一非上格。無丙無癸，庸碌度日。

2、四柱皆辛無丙丁，稱土金傷官，利武職，得見癸水，傷官生財富貴格。支成水局，壬癸出干財多身弱，富屋貧人，懦弱無能，鄙吝終身。若天干見比劫，分散其財，得行運助之反成富格。

3、辛金出干成傷官格，不宜丙丁並透奪傷官；有火藏支，暖土而不制金，得清貴格。

戊日戌月

1、戊土戌月，戊土當權，甲木疏土為先，次取癸水，再取丙火。先甲後癸，以財滋弱煞，忌戊、癸合火旺土，則財不生煞。無丙有癸不見甲木出干，財露煞藏，戊癸合財來就我，衣祿小富。有丙癸無甲貧苦。癸甲全無，財官兩缺，雖有丙火，非僧即道，傍人度日。調候用神甲、丙、癸。

2、支成水局，壬、癸透干，用戊止流，有比劫透干制財，富格。支成火局，稱土燥不發，得金水兩透，土金傷官生財，清高而富貴一點，無財一生清苦。

戊日亥月

1、戊土亥月，陽氣略出，先用丙火暖土，方取甲木。亥宮壬水得祿，不用癸水。甲、丙兩透，七殺生印，科甲有准。支坐庚多破甲，常人。月令亥宮，財星秉令，自能生官。若甲木不出干，專用丙火，入貴格。調候用神甲、丙。

2、四柱無庚須甲藏亥中，但有丙火高透亦主科甲。或有庚金，又有
丁火破之，主權位並通，異途刀筆。即使丙、甲俱藏，亦不失富
貴；若有壬困丙，有庚困甲，常人。丙火最急，無丙更下格。
3、壬透得戊土出干為救，主富中取貴。

戊日子月、戊日丑月

1、戊日子、丑月，嚴寒土凍，調候為急，丙火驅寒為先。丙、甲兩
透，殺印相生，富貴可期。丙出甲藏，印透煞藏，小有富貴。印藏
煞透，官僚小吏。有印無殺，小富常人。有殺無印，貧苦無聊。丙
甲全無，貧賤度日。戊土亥月有火，方能任財官。調候用神丙、甲。
2、一派丙火又透干，由弱轉強，得一壬財透干，清高而富，富中取
貴；無壬水僧道孤寡。土水寒滯，不見一丙，得一巳字，暗藏丙
火，戊土得祿，不失交遊義氣之人。
3、一派壬水，不見比劫，從財格，因人而致富貴。子、丑月財旺秉
令，若見群劫爭財，須見甲木出干，仍須丙、丁暖土。
4、二癸透月時，名為爭合，雖有餘錢，勞碌之人，得丙、己出干制
癸，為忠義之士。年月辛金，土金傷官，可許異路功名。戊以癸
為財，冬土無丙終屬虛寒，身弱用財，終究辛勤勞碌。

（六）、己土喜用提要

己日寅月

1、正月己土，寒氣未退。丙暖為尊，忌見壬水，土隨水泛，取戊土
幫扶。壬多見戊，清雅高貴，無戊常人。己土喜甲、丙、癸為用，
正月丙暖土癸水不用。助者丙火，幫者戊土。調候用神丙、庚、甲。

2、一派甲木正官有庚出干，加以癸丙財印不遇冲刑，天干財、官、印名利全。甲多無庚懶散殘疾，用丁火洩官印相生以救之。一派丙丁不見水，火盛在寒濕之地主厚祿，癸透財生官科甲極品，戊透常人。

3、乙多且透，不能疏己土，用乙者陰柔太過，奸詐小人。寅中戊土為甲制難伸，只丙火有力，雖不出干亦有妙處，一派戊土宜甲透干制之，富貴可期。

己日卯月

1、己土卯月，陽氣漸生，田園未展先取甲木，次取癸水潤之，丙火末次，財官最要，丙印輔佐，福澤愈厚。卯月乙木，禾稼未成不取，取甲忌合成下格。柱中調候用神甲、丙、癸俱無，下格。

2、甲癸財官透干富貴，加丙火一位成極品。不喜壬水戊土重重，若丙透小富，丙藏衣祿無虧，無丙貧寒。壬水生甲木無情，故富貴稍輕，見庚金剋傷官星，用神被損。

3、支成木局，官殺會黨，庚透富貴，柱多乙木，乙又出干，庚輸情於乙妹，不能掃邪歸正，必狡詐，運行東南入匪區，不死必起不良，用丁洩之生己土，不用庚金。陰日主無比印，從煞格大貴。

進階演練:《造化元鑰》例,眾殺猖狂,草寇之命。

食神	日主	七殺	偏財
辛 未	己 巳	乙 卯	癸 卯
乙　丁　己	庚　戊　丙	乙	乙
七　偏　比 殺　印　肩	傷　劫　正 官　財　印	七 殺	七 殺

丁 未	戊 申	己 酉	庚 戌	辛 亥	壬 子	癸 丑	甲 寅

原文:按辛金有制煞之意,而無制煞之力,己土臨巳,丙戊祿地,巳未夾午祿,身強殺旺,亦化煞為權,無如卯未會局,眾殺猖狂無制,不入正軌,勢必弄兵潢池,為盜魁之命,亦握兵權也。

解:

1、原局己土生在卯月,調候用神甲、癸、丙。月干七殺通根地支三見,七殺格,又得年干偏財生七殺;以巳火、未土生扶日主,似乎格強身弱,難以制殺。

2、「巳未夾午祿」,指己巳、辛未夾出午火,而午火是己土的祿位。「亦化煞為權」,等於日主得到三合火局(印綬)的助力,足以洩七殺格化印生日主,即是殺印相生。

3、「無如卯未會局,眾殺猖狂無制,不入正軌」,指七殺藉由卯未半合的能量,將七殺暴性放大,以致殺重印輕,其人不入正軌。初運癸丑、癸卯夾寅,財生官,中運壬子、辛亥水地,財生官。庚戌運雙合乙卯,《三命通會》:「合官星不為貴,合七殺不為凶⋯⋯明煞合去,五行和氣春風;暗煞合來,四柱刑傷害己。」己酉運沖提綱與年柱,不利。

255

己日辰月

1、三月己土，栽培禾稼之時，先丙後癸，先暖後潤。己土丙戊並透
，又生於土旺之月，其用同戊土，戊土厚重復用甲木。丙印、癸
財、甲官並透富貴，忌刑冲。丙忌壬透，癸忌比劫透，甲忌庚透。
調候用神丙、癸、甲。

2、有丙、癸無甲，生於清明後，穀雨前，木有餘氣，正印偏財仍有
才幹。丙、癸全無，庸碌平凡人生。一派乙木無金制，即七煞無
制，身弱貧賤，身強煞旺無制，盜賊之輩。

己日巳月、己日午月、己日未月

1、己土巳月，急需甘露，取癸為要，次用丙火長禾稼。無癸旱田
，無丙孤陰，丙癸不離。丙癸兩透，辛金發癸之源，富貴格，惟
戊土劫財出干，傷癸晦丙。若丙火上炎，支藏癸水，又有辛金生
之，稱水火既濟。

2、夏季己土癸水為急，巳午月滴水熬乾，須有庚辛金源，見戊出干
，需防戊癸合火。一派丙火加以丁火制金，癸水無根，田旱苗槁，
孤鰥貧寒，子息衣祿終虧；若有甲木丙丁重重，無滴水解炎偏枯
至極，壬水不得庚辛生水，或合木，孤鰥、心腎目疾。

3、四柱戊、己土重，見金結局，傷官駕煞生財，不貴即富。支成火
局，無水，僧道孤貧，或癸透有源，金水相生，天然雨澤，故而
有貴，壬透有源，人工灌溉強為之，需逢行運，富而不貴；或見
壬、癸正偏財兩透，破丁火局，富貴皆從巧中得。

4、夏月己土，火炎土燥，而水至三夏死絕之地，須有水潤土解炎，
萬物得生發，轉禍為福。巳、午、未月己土，調候用神先癸後丙
同論。

己日申月、己日酉月、己日戌月

1、三秋金旺，萬物收藏，己土內實外虛，寒氣漸生，須丙火溫暖，癸水滋潤；其次癸水洩金，丙火制金生土。如用甲木正官，亦須丙、癸為輔，丙癸不離。先透癸財，次透丙印，財剋印，功名科甲；壬正財、丙正印透干，異途或武職。

2、有丙火無壬癸，假道斯文。有壬癸無丙火，衣食無虞而已。申月壬水長生，丙火為要，己土得正印扶身，透偏財上格，透正財次之，缺水火難顯達。若支成金局，癸透有根，傷官生財，富貴險中求。

3、酉月己土寒薄，用神多宜洩，己土生酉金，食生財大富，但須丙戊暗藏，印生比劫扶，日主得氣，富中取貴，異途功名。地支土多比劫重，甲透則富，無官殺剋比劫，僧道貧賤；甲透不喜傷官見官。

4、戌月戊土重必用甲，甲透不合見癸為輔，財官並用為貴，癸水藏庫，甲木制劫護財。秋土氣洩而寒，須丙丁補己土元神，貴格。無甲，土局之稼穡格，無丙火不貴。若甲透與己土合，成為化土格，以得火為貴。九月甲、丙、癸、土盛用甲，土不成局用丙。

5、三秋戌月己土，支成火局，無水來救，凶險奸詐。若丙透印癸財藏，遇庚辛食傷生財，再加壬水輔佐，富貴格。若見戊劫財，凶厄貧賤，得甲木為藥，仍須得水滋潤，方能破土。

6、三秋己土支得金局，食傷旺盛，無丙丁制，孤寒，有丙、丁生己土元神，食傷配印，富貴可期。

7、土得金火，方成大器；旺金洩弱己土，非丙丁不成格，金透火藏，須論衰旺。最忌見水，不但洩金且使土蕩，格局破敗。總論三秋己土，先丙後癸，取辛輔癸。戌月燥土厚重，甲木優先。用財要有印，用丙火為印，要有癸水滋潤。申、酉、戌三秋己土，一體同論，惟戌月必帶甲。

進階演練：《造化元鑰》例，不見甲木，如巖下荒田，故為人貪鄙。

比肩	日主	正財	偏財
己巳	己卯	壬戌	癸丑
庚　戊　丙	乙	丁　辛　戊	辛　癸　己
傷官　劫財　正印	七殺	偏印　食神　劫財	食神　偏財　比肩
甲寅　乙卯	丙辰　丁巳	戊午　己未	庚申　辛酉

原文：按卯木無力，不能疏土，仍用巳宮丙火化煞，天干比劫爭財，故為人貪鄙而不富也。

解：

1、原局正偏財三見，財格。己土生在戌月，調候用神甲、丙、癸。原局無甲，卯木不透干。戌月主氣劫財幫身，丑土帶比肩，時柱有己土、丙火，又己卯、己巳按夾辰土，比劫五見，財格無地自容，但出身家庭優渥。沒甲木疏土剋比劫，不受教沒出息。

2、比劫多身強，故丙丁火正偏印不受用。《三命通會》：「凡財格喜見官星顯露，別無傷損。或更食生印助(就是沒比劫)，日主健旺，富貴雙全。……偏財身旺要官星，運入官鄉發利名；姊妹弟兄分奪去，功名不遂禍隨生。」初運辛酉、庚申為食傷之地，財逢食傷，必然家祖餘蔭。中運己未、戊午、丁巳，盡是比劫之地，唯一財格被劫。己未運與己卯半合木局，與己巳運拱午，必然焦頭爛額。丁運入庫空轉。丙辰運衰在未年。時支驛馬不帶財，人找來幫忙破財。

己土亥月、己土子月、己土丑月

1、三冬己土濕泥寒凍,急需丙火,甲木參用,不可用癸,初冬壬水旺需戊土制,餘皆用丙,無丙用丁火力不旺,僅衣食無虞。土旺用甲,水旺用戊,僅是病藥用神,丙火最優先。十、十一、十二月調候用神均為丙、甲、戊、調候以丙為上,壬旺兼用戊。

2、癸出則越寒越凍,除非四柱火土旺極須借癸水。丙火天透地藏有科甲,單見一丙力道不足,喜干透支藏,甲木生之,官生印,無壬水破印,成格。或多見壬水正財,而戊土劫財破之,財破身榮富中取貴;不見戊土富屋貧人。壬水出干,己土似水浸湖田,見丙火不孤,見戊土不貧,火土併用富貴。

3、一派癸水財旺,不見比印,從財格反主富貴;比劫爭財,己土不孤,財多身弱,平常人物。一派戊己,反弱為強,土實宜取甲木,月支亥、子、丑坐財旺,利於生官,富貴有徵,惟不可缺丙火。

4、一片庚金雖用丙火,宜取丁火為助,傷官生財,透丁藏丙,金溫土暖,傷官配印,富貴可許。

（七）、庚金喜用提要

庚日寅月

1、寅月庚金，調候用神戊、甲、丙、壬、丁。寅月庚金，木氣漸旺，制土不能生金，而金寒氣未除，先用丙火暖庚，次取甲木疏土。庚絕在寅，寅宮火土同生，燥土不能生金，土厚埋金，春金弱，喜比劫，不喜印生。用財生煞，正月庚金丙、甲兩透，富貴格。

2、死金嫌蓋頂之泥，四柱多戊，須甲木出干，若庚金比肩奪財，名利皆虛。官旺用印，春庚不宜煅煉，若丁火出干，需己土化之；寅宮甲木臨官，引生丁火財生官，官星有氣，更得印化不傷庚金，富貴可許。

3、支成火局，壬水出干，食神制煞，若無壬癸出干為救，金被火融殘疾。甲被金傷，無丁無丙；丙遭癸困，無戊出制，均常人。庚金最喜火煉，忌太過反主奔流。

進階演練:《造化元鑰》例,水盛金寒,專用丙戊,故骨肉淒涼,早年刑困,老運東南,衣襟顯達。

比肩	日主	食神	食神
庚辰	庚申	壬寅	壬子
癸　乙　戊	戊　壬　庚	戊　丙　甲	癸
傷官　正財　偏印	偏印　食神　比肩	偏印　七殺　偏財	傷官
庚戌　己酉	戊申　丁未	丙午　乙巳	甲辰　癸卯

原文:按此造金水兩旺,見壬出干,不能不兼用戊土,無如寅宮木旺土崩,故早年刑困,中年南方運,丙火旺地,化木生土,宜乎老運亨通矣。

解:

1、原局食傷五見,食神變傷官格。壬子、壬寅夾丑,庚申、庚辰拱子,一片金水,水旺要用戊土,即印剋食傷。地支申子辰隔位三合,兩干不雜金水旺。

2、初運癸卯、甲辰水勢餘波,無利可圖。中運乙巳,雙合日柱,雖終日乾乾,夕惕若厲,然而乙庚合金,巳申生水,沒續效。丙午大運火剋金,子午沖,大運與年柱水火既濟。丁未運,丁壬合,子丑合轉運中。戊申大運雙沖月柱,戊土出干,衣襟顯達。

3、庚申、庚辰拱子雖有趨近井欄叉格形象,但寅申沖半數落空,故僅老運亨通無官貴。何以傷官不順勢生財?寅木逢沖,本位難正。

261

庚日卯月

1、卯月庚金，調候用神丁、甲、丙、庚。春金衰絕，不能無比印生扶，支臨申、辰，弱中轉旺喜用丁火。若見乙木出干，輸情於庚，三春木旺無從化之理。庚至卯暗強，仍須比印生扶，身強始論財官之用。

2、丁在天干，甲透引丁，支下再見一庚，制甲劈甲，富貴可期；有丁、甲無庚平常人；無丁用丙，富貴出於勉強，種瓜得豆。一派甲木，不見比肩破財神，從財格富貴可期，若見比劫，富屋貧人。

3、庚臨寅卯死絕之地，身弱見己土或辰、丑濕土則吉；喜土薄，忌土厚埋弱金，得甲木疏土為救。

庚日辰月

1、辰月庚金，戊土司令，土重埋金先用甲疏土，次以丁火煆煉。戊土司令之時，丙火漸旺，土旺金相，庚金不弱，無須比劫扶助。丁官甲財，不見比劫制甲，運至富貴可取。

2、財透官藏官僚小吏。財藏官透異途生發。財官俱藏不受庚制，富中取貴文星旺。有甲無丁平常人。有丁無甲，孤官迂儒。丁、甲俱無下格。有甲無丁，取丙火七殺，若不困水鄉，武職可取。

3、支成土局無木，僧道貧賤，見乙日主被合，疏土無力，財剋印終非篤實。辰月土旺金頑，無火夭貧近身；土重甲為主，立業可期，土輕取丁為用。三春木旺，成方局又透干，財多身弱，富貴如浮雲。支成火局，癸水天干即足，若丙丁出干，須壬水出制；無水制火殘疾，火局無比劫，雖似從煞，然濕土生金，難得真從。

庚日巳月

1、巳月庚金，調候用神壬、戊、丙、丁。巳月有丙，丙生戊土，群
　金生夏，妙用元武，次取戊土，丙火佐之，傷官、偏印、七殺高
　透，富貴可許。如四柱金水太旺，反須月令丙火。
2、一派丙火，稱假煞為權，若不見壬水剋制，火炎土燥假仁義，喜
　新厭舊，刑妻剋子；壬水出干得病藥，大富貴，壬水藏支小富貴，
　名過其實。支成金局弱轉強，丁透不被壬合，富貴格；無丁無用
　之人；丁太多官化煞，奔波到老。
3、庚金到申酉巳丑，得丁火煅煉，稱劍戟成功。生在巳月又運行南
　方，火炎傷金，喜行西北，不利南方。惟辰巳運得濕土生金，地
　支酉金逢辰、巳會合，反作旺論。

庚日午月

1、庚金午月，丁火猛烈，庚逢敗地，專用壬水，癸又次之。壬透癸
　藏，支見庚、辛金，比劫生食傷，夏月水絕，不堪制伏，忌戊己
　土出干制水，平常人。調候用神壬、癸足矣。
2、支成火局乏水，奔波不定，見壬癸出干制火，小富貴；戊己出干作
　常人；若土亦不透，廢人。火局無壬癸水，以土洩火官生印，仍喜
　運行北地。一派木火財官格，無傷、印、比劫，作從殺格，富貴命。
　然午月庚金，官印並旺，己土對庚金有相生之意，不可從輕論從格。

庚日未月

1、庚金未月金頑至極，先用丁火，次取甲木。大暑前同午月，大暑
　後金水進氣，四柱金水多，稱三伏生寒。未月得火，土性旺於辰、
　戌、丑。土旺金頑先用丁火，次取甲木。必以丁、甲兩透為貴。

2、丁甲兩旺，財、官兩格得富貴。忌見癸水傷丁，有甲無丁平常人。有丁無甲官僚小吏。丁甲全無下賤。未丁不被水傷，貿易代理之流。木至未月墓庫之地氣衰，有財無官，庸俗謀利。有官無財，孤官無輔。

3、支成土局，需有甲木出干疏土，庚金方顯。四柱多金，有二丁出制，異途功名，重官不貴，未可一例而論。一丁出制，書記小吏。

庚日申月

1、七月庚金司令，剛銳至極，專用丁火煆煉，次取甲引丁光。甲木生寅，宜洩不宜剋；庚金生申，宜剋不宜洩。丁甲兩透，財官成格，權重位高；有丁無甲秀士。有甲無丁食神生財，惟木值死絕不旺財，平常人。丁甲兩無下格。無丁姑且用丙。

2、支成水局雖柱中有丙丁，但不見甲木為根，秋金旺生水，困丙丁火，愚懦之徒。甲藏稍有衣祿。支成水局不見丙丁，天干三庚並透，稱井欄叉格，取對沖丙丁虛神為用，喜甲乙寅卯運引。

3、支成土局，疏土為要，先甲後丁大富。支成火局，無須取甲木為引，富貴中人。秋金秉令，皆名金神，金神入火鄉，逢羊刃，富貴榮華。

庚日酉月

1、庚金酉月，剛銳未退，秋氣漸寒，仍用丁甲，以丙去寒輔佐；調候用神丁、甲、丙。煞刃格月令煞當旺，宜用印助刃；刃當旺則宜用財生煞。官煞並用。旺金無用印之理。或支見重重甲乙，平庸人。

2、喜官煞併用，丁甲兩透，財官俱備，又見一丙得科甲；月支羊刃不冲，地支藏一點丙煞，稱羊刃駕煞武貴。若丙火重重，一丁出干，支下有甲得科甲。煞出官藏，丙透代丁，身煞兩停，異途功名。上者無水困火。其次丙丁藏支。

3、干無丁火迭見，得丙火出干，稱假煞重重，有刃不從煞，平常人；以丙代丁透干，秀而不富。若丙丁甲乙全無，支會金局，有水出干洩金氣，稱從革格；喜行西北運，不入火鄉，有火破格，漂流之輩。或逢木鄉，縱然衣食稍豐，九流之輩而已。

庚日戌月

1、庚金戌月，戊土司令，土厚埋金，先用甲疏，次用壬洗，忌見己土濁壬，戊土阻塞壬水。甲財壬食神，格局有成。甲透壬藏，鄉紳之輩。甲藏壬透，官僚小吏。有甲無壬，學者能人。有壬無甲平常人。壬甲兩無，平庸之輩。

2、支成火局，甲木助焚；見甲木汲取壬水為救。戊土當旺，支成火局，癸水合化反增其焰。若四柱戊多生金，全無甲壬，土多埋金，金氣無洩，混濁愚蠢。

進階演練：《造化元鑰》例，曾忠襄公(國荃)命。超級羊刃格。

食神	日主	偏財	偏財
壬午	**庚辰**	**甲戌**	**甲申**
己　丁	癸　乙　戊	丁　辛　戊	戊　壬　庚
正印　正官	傷官　正財　偏印	正官　劫財　偏印	偏印　食神　比肩
壬午　辛巳	庚辰　己卯	戊寅　丁丑	丙子　乙亥

原文：甲木破土，壬水潤土生金，而用午宮丁火，故貴不由科甲，地支辰午申戌，連珠夾拱，位至封疆，封子爵。

解：

1、原局地支正偏印四見，土厚金埋，有甲木輸土，有病有藥。甲申、甲戌拱酉，辰土合金，暗轉超級羊刃格，辰戌暫且不冲。時干食神通根年支，食神格。偏財兩見通根正財，財格成立。食神藉羊刃之力生財疏土。官格如何？

2、原局五行流暢，羊刃喜對等之官殺，然原局官殺最弱，除以中運寅卯之地與財格助殺之外，早運有丙丁官殺助威，丁火入庫，子運傷官剋不到，丁運空轉。

3、「連珠夾拱」，地支辰午申戌，中間隔著巳未酉，巳是壬水貴人，未是日主貴人，酉是甲木正官。聯珠夾拱後，巳午未三合官殺與申酉戌羊刃對抗，《三命通會》：「殺無刃不顯，刃無殺不威。」

庚日亥月

1、庚金亥月，水冷金寒，需丁火煅煉，丙火解寒，調候用神丙、丁，官煞並見。用丁不離甲木。亥宮庚金病地，若水成方局，庚金之氣洩弱，急需丙丁火；故支無子水通流為貴。支見二子而得己土出制，己土混壬可生甲木，木得生扶，丙丁有恃無恐。

2、金水傷官，喜行劫財運，不能用印，金水喜清，見土混濁。若丙甲透而無丁，七殺偏財，而無正官鑄庚成器，平常人。身強喜丙丁官煞運。身弱喜比劫運。無丁有丙、甲出干，庚金不成器，卻水暖金溫，富裕。若金水混雜，全無丙丁下格。或支成金局無火制，孤寡漂泊。

庚日子月

1、庚金子月，嚴寒之時急取丙、丁火，甲木輔佐，金水真傷官。丁甲財官兩透，科甲有取。無丙火鄉紳小吏。有丁無甲財，丁火無根官不旺，假貴真富，白手起家。有甲財無丁官，平常人。丙透丁藏異途。調候用神丁、甲、丙。

2、金水傷官喜見官，以丁、甲、丙俱全上格，身旺喜財官，身弱喜比劫。有甲財無丙丁，以財星洩食傷，商賈貿易，富而不貴。丙癸齊透，稱凍雲蔽日，癸制丙火，用神有損，餘光猶存，有能之平常人。

3、金水潤下，支成水局，不見丙丁，傷官格聰明清雅，衣祿常盈，小富；傷官剋官，子息艱難，透戊印剋傷官，大貴。丙丁太多官殺混雜，忌東南行運。一派金水，不入火土之鄉，主孤貧飄蕩。

庚日丑月

1、庚金丑月，濕泥寒氣越寒越凍，急需丙火，次取丁火煅煉，甲木不可少。調候用神丙、丁、甲。丙丁兩透有甲木，大富貴。有丙無丁甲，富大貴小。有丁甲無丙者，有能秀士，不富自貴。若癸水出干困丙，仍不失衣祿。若無丙清貧。

2、支成金局無火，巳中一點丙火化為金，其用甚微，飄蕩貧賤；若有丁火出干，元機暗藏。

（八）、辛金喜用提要

辛日寅月

1、辛金寅月，寒氣猶存，寅宮自有甲祿與丙火，辛金衰囚，急需己土來生，壬水沖洗，庚金剋甲木為用。調候用神己、壬、庚。忌丙火出干。

2、己、壬兩透，傷官配印，支有庚金制甲，不傷己土，己土出干，甲藏寅支，科甲或異路。或午中藏己，申中藏壬皆顯達。己壬缺一，稱君臣失勢，富貴難全。或有己印庚劫而無壬，則用甲財丙官，非武職亦有刀筆異途。若見壬而無己庚扶身，弱金又洩氣，貧賤命格。

3、辛金寅月胎絕，支成火局壬己不夠承受，須取庚劫壬傷兩透，壬水制火，庚金生水源，方得制火存金之功。若支成水局，不見丙火，平常人；需丙透回暖，更喜印劫助身。

268

辛日卯月

1、辛金卯月休囚,土多埋金,身弱不喜用印也不能用官煞,取庚金劫助,壬水洩之,最為上格,金水成格忌戊己,有土反成頑懦,得甲木去病貴格。調候用神壬、甲。

2、壬、戊出干不見甲出,平常人。乙透破戊,乙木陰柔假剋土,虛名聲假富貴,奸狡刻薄外盈內虛。一派壬水,稱金水汪洋,過猶不及做事乏力。

3、若支成木局取庚透,再見壬水,重重戊制,比劫生傷官,傷官配印反得富貴。支成火局,稱火土勢雜,官印相爭,金水兩傷,取二壬或庚、壬兩透為救。

進階演練：《造化元鑰》例，坤造，水木二局，無事不可商。

傷官	日主	食神	傷官
壬辰	辛卯	癸卯	壬子
癸　乙　戊	乙	乙	癸
食神　偏財　正印	偏財	偏財	食神
乙未　　丙申	丁酉　　戊戌	己亥　　庚子	辛丑　　壬寅

原文：金水汪洋，加以運行西北，主少年淫賤，晚年孤寡。

解：

1、辛金生在卯月，調候用神壬、甲。原局食傷五見，傷官格；地支偏財三見，日主地支無根，天干無印綬，身弱，用神多就沒用。四柱無火，無官殺，無管束，行運不見丙丁巳午補救。

2、女命水木兩局，無事不可傷，一切隨性。以月支與日支起神煞，年支子水為桃花，透出月干，桃李爭豔，花香千里。子卯刑，禮教身外物。

3、水多金沉，喜木洩水，火生土。壬寅夾丑，辛金入庫，年上傷官，出身祖上不利；壬寅、壬辰拱卯，三會財洩水，桃花上陣。辛丑運夾寅，延續水生木，桃花上陣。庚子運，金生水，正坐桃花。己亥運混濁旺水。戊戌運與月柱雙合，土運帶干支合火，切莫歡喜；時柱壬辰雙冲，竹籃打水一場空。丁酉運雙冲日月兩柱，雙合時柱，全局撼動。

辛日辰月

1、辛金辰月，戊土司令，辛承正氣正印秉令，母旺子相。辰土為木之衰位，需甲木破土以免埋金。調候用神壬、甲。忌丙出貪合。

2、月時見二丙出干，爭合官星，性格清雅親和，喜交遊；但年干見癸支不通根，無力破丙，雖儒秀而清貧，喜見壬水得富貴。辰月土厚，若戊土破壬水，無甲木為救，才高命蹇埋沒之命。支見四庫，土厚埋金，不見甲者愚頑。

辛日巳月

1、辛金巳月，忌丙火炎熱，火隔於土，火旺雖不鎔金，土燥亦不生金；急需壬水制火，潤土生金。更宜支成金局，或生旺之庚金助之。調候用神壬、甲、癸。

2、支見金局，壬水出干，又甲出破戊，名一清澈底，科甲富貴無疑。癸透壬藏，食神透傷官藏，富真貴假。壬癸俱無，一片火海，需甲出制戊，有水滋潤，否則貧苦殘疾。

3、支成火局木局，生而不生，從而不從，俱為下格；惟有取庚、壬為救。若壬水藏亥支，不見戊出富命，戊出常人。甲透衣祿。無戊，壬癸出干主富。有甲正財無壬癸食傷，富不成實，貴不成名。壬癸甲俱無下品。

辛日午月

1、辛金午月，丁火司權，陰柔而不宜煆鍊。壬濕己土，己土生金，須己壬兼用，無壬取癸水代之。午月己燥土不生金，用壬潤土有反生之功，所以壬、己不兼用。調候用神壬、己、癸。

271

2、若成火局，雖三癸出干，難救車薪之火，出人庸懦；如壬出兼癸破火，富貴可許；無壬破火，癸水出干合戊土，午中己土燥泥成灰，辛金不堪煆鍊，貧困殘疾，一二比肩，不致孤獨。

3、庚辛生於夏月，要壬癸得地，若木多火多，不見金水，逢金水運必敗。若土多必須見水，無水則木助火旺，不能制土，反生土沒弱金。

辛日未月

1、辛金未月，己土當權，滋扶太過，恐污金不耀，專用壬水，庚金輔佐，仍忌土厚埋金，須甲隔位，否則合土，埋金塞水。貴在甲出制戊，又慮庚出制甲，貧賤命格。調候用神壬、庚、甲。

2、壬庚劫財傷官，富貴可許，壬庚藏支得地，逢長生，亦主富貴。戊己出干禁忌多端，難得配合。四柱丁己出干，有申中壬水，未中己土，又庚透干富貴格，無壬水，燥泥成灰變假。

3、支成木局亥中有壬水，尚須庚金發水源，獨壬不貴，四柱須有庚金比助，身旺方能任財；有庚生水，潤土生金幫身，一氣循環自然富貴。

辛日未月

1、辛金申月，申宮為庚金祿位，壬水之生地，洩金之秀，金水傷官取其清，壬不出干，不宜見戊土。若見戊土出干無甲，有病無藥平常人，有戊有甲衣祿豐足。調候用神壬、甲、戊。

2、一派金水，得一位戊土，主有富貴但不宜甲制之，或一派壬庚癸辛，無戊出干平常人；或壬癸多見，干支亦三重戊土，支見火土落實，傷官配印無刑冲富貴格。

3、申月辛金壬少為富，水多用戊；水少見戊，取甲為制不得已。

辛日酉月

1、辛金酉月，當權得令，外象崢嶸，內氣已竭，專用壬水淘洗，使金氣流通，不宜剋制。忌戊己土生旺埋辛金，又混塞壬水，則須甲木制之。調候用神壬、甲。

2、酉月辛金，極旺之時，不勞戊己相生，金水流通，戊土阻塞，己土混濁，戊己為病，甲木為藥。或四柱辛金一點，壬水亦一點，但見甲木洩壬，此為用神無力，平常人，奸詐百出，笑裡藏刀，雖有餘積，為富不仁，得庚制者，反有仁義。財多用劫，干支有丁合壬，不過風雅清高，衣食豐腴，畫地自限。

3、一派辛金，一位壬水，水淺金多，一神一用，無庚雜亂，白手起家。若辛金二三，壬水一位，多見戊土，制壬埋金，愚懦，一甲破戊，白手立業。若一派壬水洩金，干無戊出制，稱沙水同流，奔波到老。支中藏戊有才略藝術。

273

進階演練:《造化元鑰》例,丁壬兩透,經魁;建祿格。

傷官	日主	偏印	七殺
壬辰	辛亥	己酉	丁卯
癸　乙　戊	甲　壬	辛	乙
食神　偏財　正印	正財　傷官	比肩	偏財

辛丑	壬寅	癸卯	甲辰	乙巳	丙午	丁未	戊申

原文:按此造年月煞印相生,時上壬水高透,己不濁壬,壬不合丁,故有經魁之貴。

解:

1、辛金生在酉月,調候用神壬、甲,時干壬水淘金剛好;地支卯、亥、辰,甲乙財三見,三個臭皮匠勝過一個諸葛亮。原局辛金生在酉月,建祿格。

2、《三命通會‧論建祿》:「如八字內外元有財官,引旺得地,官星有助,運臨官星有氣之地亦貴。財星有助,運臨財旺之地亦富。財官俱旺,乃富貴之命。若時逢財庫,運至財鄉,必主晚年大富。年上財官有助,必享祖蔭。若四柱元無財官,縱運行財官之地,亦止虛花而已。命無財官,歲運又行比肩,一生貧蹇。」建祿格原局必須就有財官,建祿格偏旺,身強托的住財官。

3、「煞印相生」,指年月天干七殺生偏印,生日主有力。己土隔位不濁壬水,壬水合不到丁火,格局得以保全。中運木火財官順遂。

274

辛日戌月

1、辛金戌月，戊土司令，母旺子相之時，喜甲疏季土，土燥金脆，壬洩旺金潤土，先壬次甲。季月土旺，即使戊己不出干，亦須甲木破印透顯。

2、壬甲兩透，傷官生財，富貴可許。若一壬透無甲，見二戊藏支，平常人。正財出干，傷官在地支，四柱中多正印，異途顯達。甲戌月年時兩透壬水，支藏庚金發水源，去濁流清。若見戊戌月，地支藏甲不透干，損祖業。

3、正偏印重重，辛金柔弱，畏土埋沒，必愚懦奔波；若壬水出干喜土生甲，勞碌致富守財矣。無甲，求貼身丙干，地支須有辰，變格富貴。木多土少無水，平常人。癸多出干雖可代壬水，仍須甲木出干，戊土不透，終究僅得艱辛，難求富貴。

辛日亥月

1、辛金亥月陽氣初潛，寒氣未盛，先用壬水，次用丙火暖壬溫辛。得壬水金白水清，得丙火水暖金溫，壬丙兩透科甲功名，惟須丙火通根不合。調候用神先壬後甲。

2、丙透壬藏鄉紳。壬透丙藏富大貴小。壬丙兩藏秀士。金水汪洋貧困，得戊土出干制壬水反得富貴。甲多戊少，因藝術致富。戊土有丑未為根塞壬埋辛不妙，見甲破土不合，財旺破印富格。

3、壬癸太多，不見戊土制水，雖有丙火溫金，奔流之輩。金水傷官喜其清，水旺金沉，必以戊土為救。

275

辛日子月

1、辛金子月，癸水得令，為寒冬雨露，最忌癸水出干，凍金而困丙火。因此辛金不離壬、丙，傷官正官兩透，不見戊出得科甲。若壬多洩辛太過，金水汪洋，仍須有戊土。無戊土堤防，求取甲木洩傷官之氣。調候用神丙、戊、壬、甲。無丙終為寒士。

2、支成水局丙透，另有二戊出干，官生印富貴命，無戊出制貧困。合會水局庚辛出干，潤下格，喜運行西北。若無庚辛出干，而干見乙己，又無丙戊，僧道流徙。

3、支成金局，丁透有甲引丁，甲木化傷生官，寒金有火，財官相生，定主科甲富貴。

辛日丑月

1、辛金丑月，氣寒水凍，先丙次壬，非丙不能解凍，解凍後水不成冰，方可用壬淘洗。丙火壬水傷官、七殺兩透，清雅富貴。壬丙一透一藏小富貴。有丙無壬，富而不貴。有壬無丙，寒酷無生機而孤貧。丙多無壬無癸，有丙有才能，但遭癸水困市井，貿易有能之輩。

2、丙丁重重，須以癸制己土化之，亦有衣祿。丑宮所藏己癸辛調候為急，故先丙火，若火土重逢無須調候，宜己、癸出干，食神配印，仍須丙丁。

（九）、壬水喜用提要

壬日寅月

1、壬水寅月，水性趨弱，先用庚金發水源，次取丙火除寒氣，末取戊土止流。調候用神庚、丙、戊。庚丙戊者，偏印、偏財、七殺三格齊透，財生殺、殺生印。

2、壬日無比肩羊刃，不必用戊，專以庚金為尊，丙火為佐，或見比劫庚金，是弱極復生之象，當以戊土為制，戊透科甲，戊藏秀才，異途功名通達事理，但用煞不用印無祖業，白手起家，惟須壬水比肩與戊土七殺兩透合格。戊有透藏，得一甲出干，稱一將當關，食神制煞。身弱煞多取庚化煞。

3、支成火局，水火既濟，惟壬水無根洩於旺木，木生火從財，失時總非上格，兩不逢時，虛名虛利，舌燦蓮花，輕諾寡信。

壬日卯月

1、壬水卯月，寒氣悉除，清流湛深，不可用火，專取戊土為堤岸，木神當旺，洩弱壬水之氣，取庚、辛發其源，印化煞。調候用神戊、辛、庚。

2、戊辛兩透，殺印相生，科甲可許。或水木傷官，木旺水衰，須庚辛印生，若戊土出干，辛藏於酉，富貴。庚透大富，庚藏小富，有戊兼取貴。若支成木局，洩水氣太重，取庚印制傷，生壬水，庚金透干科甲，庚藏異途。

3、木盛火炎，宜取比劫幫身。一派木多，獨日干壬水一見，且無庚金發源，身弱平常衣祿。若比肩重重，水泛木浮，艱辛漂泊，須戊土七殺。甲乙食傷重重，無比肩，身弱不堪扶，有庚辛可免飢寒。

壬日辰月

1、壬水辰月，戊土司權，塞河壅海，忌干透戊土，先用甲疏季土，次取庚發水源，喜庚、甲相隔，不相剋制。木庫之水不旺，甲庚並用。

2、甲庚俱透，食神帶印，富貴可期。甲透庚藏，書卷小職。甲藏寅亥有庚，衣祿飽暖；獨甲藏支，不過一富。獨庚藏支平常人。無甲，壬水混塞性剛暴，無庚壬水停滯性固執。若時出丁火化壬為木，木助火，次用庚金否則不能任財，有火無水平常人。

3、支成四庫，無甲透剋旺土，殺重身輕，終身有損，壬水不流通，需兩甲透干，不被己土合，富貴格。木旺用金，終身有用。水旺多見庚金，印多身旺，無丙制庸碌之輩。

進階演練：《造化元鑰》例，食神制煞格，樞密之命。

食神	日主	食神	比肩
甲辰	壬辰	甲辰	壬辰
癸 乙 戊	癸 乙 戊	癸 乙 戊	癸 乙 戊
劫財 傷官 七殺	劫財 傷官 七殺	劫財 傷官 七殺	劫財 傷官 七殺
壬子 辛亥	庚戌 己酉	戊申 丁未	丙午 乙巳

原文：按此造兩干不雜，支聚四辰，以甲木疏土為用，食神制煞格也。

解：

1、原局兩干不雜，地支辰土四見，以兩干甲木疏土剛好。壬日主生在辰月，調候用神甲、庚，有甲無庚，辰土藏癸水，洩水當務之急，故甲木用神，庚金閒神。

2、「食神制煞格」，食傷六見，食神變傷官格，原局無梟神奪食；地支七殺四見，近似七殺格。傷官制殺，無財通關，七殺顯達。《三命通會》：「食神重見，變為傷官。令人少子，縱有或帶破拗性，又不可入墓。」惟有水木傷官格，財官兩見始為歡；行運丙午丁是財運，未戌己是官運。

3、《三命通會》：「傷官傷盡最為奇，福祿崢嶸亦壽彌；歲遲更行身旺地，逢財身旺貴無疑。」天月德貴人四見加持，華蓋四見，《三命通會》：「凡人命得華蓋，多主孤寡；縱貴亦不免孤獨，作僧道藝術論。」

279

壬日巳月

1、壬水巳月丙火司權，壬為火土所燥，專取壬水為比，以助身強，三春木旺，洩氣太重，用印制食神以扶身，三夏火盛財旺身弱，用比劫分財以幫身；故次取辛金並發水源，忌與丙火合化，又以庚金為佐。調候用神壬、辛、庚、癸。

2、壬辛兩透，印生比劫扶身，科甲可許。或去比留劫，癸辛出干透甲，富貴格。若火多水少，棄命從財，因妻致富；癸透無壬殘疾。

3、四柱多金，支見申子，壬得長生庚金得祿，逢生坐實，壬水轉強，有巳中戊土制之，異途有成。若寅刑巳，巳刑申土木交鋒，終有暗疾，運行火地，名利終無。或多甲乙宜用庚金，宜透庚。或四柱全無丁火，多見壬癸，聰明顯達，支成水局大貴。

壬日午月

1、壬水午月，丁旺壬弱，取庚為君，癸為臣，無庚不能蓄源，無癸不能傷丁正財；須比劫分財，印綬相生為輔佐。巳月防戊合癸故先壬，午月防丁合壬，故先癸。調候用神癸、庚、辛。

2、庚癸兩透，科甲有准，庚壬兩透印生比劫，有才略，有權位，有庚無癸缺主用神平常人。支成火局全無金水，不作從財而是財多身弱，富屋貧人。木多有火無水，身弱無根，漂泊貧困。

壬日未月

1、壬水未月，大暑前與午月同論，須印綬、比劫為助，壬水怯弱，先用辛金蓄源。大暑後己土當權，金水進氣，己土濁壬，次用甲木制己土，喜癸水滋甲。調候用神辛、甲。

2、辛甲正印、食神兩透，富貴格。食藏印透，印藏食透均佳造。庚壬兩透無傷，才高位顯，庚壬有傷，清高而貧困。一派己土，官多化煞，己土濁壬，不能止水，夾雜泥沙秉性奸詐，甲乙木可解。支成木局洩水太過，取金為救。

壬日申月

1、七月壬水，倚母當令，壬水長生，一洩千里，母旺子相，變弱為強，專用戊土，次取丁制庚輔佐，專取辰戌土；因申中戊土為病，水旺土蕩，庚金洩土不見火生。

2、戊透，加丁透年干，得正財七殺，科甲顯宦，或殺透財藏，可許富貴；見癸傷丁合戊，失堤防之用。丙戊兩藏支見寅、巳，富中取貴。

3、四柱多壬，戊殺透干，稱假殺化權，但不可無財生之，為人神清氣爽；支藏一甲不忌，但甲多平常人。一派甲木食神，又見比多，無庚印出干制食神，離鄉背井，衣祿隨緣。戊多出干，身旺煞強，得甲木食神制煞。

壬日酉月

1、壬水酉月，金白水清，忌戊己土阻塞為病，專取甲木。甲透，壬性徹底澄清科甲顯宦。或見戊，有甲透干，去濁留清，沙水交歡科甲無疑。調候用神甲、庚。

2、天干透甲，見甲木則水自澄清，格局自貴，名為文星，不可見庚破之。支有申亥，壬水冲奔，不用甲而用戊，用戊則忌見甲木傷用神。但戊土不能無火為佐，為財官格，金水氣清而流動，無戊止水，終主困窮。

壬日戌月

1、壬水戌月，戊土當權秉令，亥水即將進氣，無氾濫之憂，先以甲木制煞，若月柱為戊戌，更須甲木透干。若壬水多，地支羊刃格，見一戊出干，煞刃相制為煞刃格。若壬水戊土均多，身強煞旺，急取甲木食神制煞。壬水進氣水凍土寒，丙火暖土更靈妙。調候用神甲、丙，戊土斟酌。

2、一派戊土，無一己一庚雜亂，獨有甲透時干，清貴之人；甲透月干有科甲；庚透無丁，梟印奪食貧賤；或丁透見甲，略有富貴。若壬水汪洋，一戊制疊水，煞制群魔。有丙火，土寒水冷何懼。

壬日亥月

1、壬水亥月，沖奔之勢，戊土為尊，亥宮甲木長生，見水被土制，木旺反剋戊土，須有庚金制甲；丙戊兩出，甲木雖有生氣，亦生丙而不破戊，無須庚制甲，運行火土得名利。有丙無戊財旺，無庫不聚。有戊無丙，寒土凍水，衣祿無虞，但常遭跌失不聚財。調候用神戊、丙、庚。

2、專用財滋弱煞，不用食神制煞，如見食神必須偏印為救，制甲木長生。若支成木局見甲透，傷官旺宜用偏印制傷扶身；有庚制者富貴，無庚平常人。潤下格喜行西北，忌行東南；格純宜食傷之地，格雜宜西北之方。

壬日子月

1、壬水子月，羊刃幫身，身旺先取戊土，次用丙火，戊丙七殺、偏財並透，富貴德業。有戊無丙處世有道，名利難全。有丙無戊，好謀無實。月令無木氣，不取庚金。調候用丙，止水須戊，二者皆不可缺。

282

2、支成水局不見丙火。戊土無援平常人。或丙戊藏支在祿旺之巳、戌，解凍止流，逢行運有功名事業。支成火局，身旺財旺富格。支見四庫，止壬水奔流，主富貴。月時干爭合，火不生土以止流，名利難成。壬午日丁未時，午未相合，丁火出干，丁己與戊丙同功用，煞刃成格。

壬日丑月

1、壬水丑月前十二日，癸辛主事，壬水稍旺，專用丙火，下半月十八日土旺，木火進氣，壬水即不旺，用丙火解凍兼取甲木，防己土濁壬。調候用神丙、丁、甲。丙、辛俱透，偏財正印成富貴格，無丙定作單寒，丙透甲出，食神生財，忌逢比肩。

2、下半月用丙解凍，用辛化己土生壬水；或用甲木制己土，皆為科甲之貴，但須丙辛甲己不合，無壬傷丙，方言富貴。支成金局不見丙丁，名金水沉寒寒到底，一世孤貧，見火解寒方可。支成金局，母旺子衰，丑月無丙丁不發。

3、丁出時干，化合成木，月支有丁火，無癸破格富貴，化木地支見四庫主富貴。水旺居垣須有智，水土夾雜必愚頑。惟有水木傷官格，財官兩見始為歡。冬水以丙、戊財官為主要用神。

進階演練:《造化元鑰》例,段芝貴命。

偏印	日主	食神	正官
庚**子**	**壬****辰**	**甲****戌**	**己****巳**
癸	癸　乙　戊	丁　辛　戊	庚　戊　丙
劫財	劫財　傷官　七殺	正財　正印　七殺	偏印　七殺　偏財
丙寅　丁卯	戊辰　己巳	庚午　辛未	壬申　癸酉

原文:甲己相合,又有庚金遙逼,必然化土,不能用矣。月令煞旺,而時逢子水陽刃,煞刃成格,貴必就武,位至督撫。

解:

1、壬水生在戌月,調候用神甲、丙。年上正官長子,官煞四見,七殺格。甲己合土,食神給力官煞,七殺格為主。偏印時干通根年支化煞,格局雖有成,然而殺重印輕,格強身弱,隔鞋搔癢。

2、時支癸水,時上羊刃,《三命通會》:「甲戊庚見刃,逢冲發禍,多驗。壬丙見刃見子午冲,多無禍。以丙見子,壬見午,俱為正官,反作貴氣論。」

3、辰戌冲,雜氣財官,不冲不發。原局身弱,靠時柱庚子生扶,《三命通會》:「日干衰弱,時帶羊刃無害。月帶七煞,時帶羊刃,日主有氣,大貴。如月帶羊刃,時上微帶官星,力不能制,亦凶。」反之,前三柱印綬比劫強,時支羊刃,主剋妻子。

（十）、癸水喜用提要

癸日寅月

1、癸水寅月，水性至弱臨病位。專取辛金發源，次取丙火照暖，須丙辛隔位，辛發其源，涓涓不息，寅宮丙火，三陽開泰陰陽和合。辛、甲同透財剋印，即富貴有期。調候用神辛、丙。

2、支成火局，辛金受困，有壬富貴，無壬貧賤，或丙透天干，辛藏酉丑亦佳局。辛丙俱無，定主貧賤。支成火局以壬為救。或支成水局，身旺任財，癸水無比劫爭財，定然富命。丙透無壬，衣祿常人。若見丙火重重，寅宮戊土長生，財旺暗生官，小康局面。癸水由弱轉強，寅宮有甲木，須丙火化木生土，氣運流通相制為佳造。火土多，急需庚辛之源，否則殘疾之虞。

癸日卯月

1、癸水卯月，剛柔適中，乙木司令，洩弱元神，專用庚辛破木發水源，庚辛並用，恐乙庚相合，更佐之以辛。水木傷官，木神旺盛，急取庚、辛印配之；卯月無形中有丙丁，不必透。調候用神庚、辛。庚辛俱透無丁出干富貴。無庚辛貧賤常人。庚辛兩藏富中取貴，異途刀筆。

2、庚辛太多，癸水變強，乙木被剋，取財官相生，己丁兩透大貴。支成木局，時、月天干有木透，從兒格洩水太過，無用窮困，運入西方剋木生水，無濟於事。

癸日辰月

1、清明後火氣未熾,辰中癸水迴光反照,猶有餘氣,更見辛金生之,專用丙火,稱陰陽承藹。穀雨後雖用丙火,還宜庚金佐之,次看何神高透無傷。若戊土透干,必須甲木出救。調候用神丙、辛、甲。丙辛俱不可缺。水旺不能用己土。

2、支成水局,一己七殺出干,有丙正官無傷官甲木,乃假煞為權;有傷官甲木己土被制。支坐四庫又須甲透,可許富貴。無甲者孤貧。支坐四庫須甲藥透,無甲孤貧。即便土旺,仍須金水。

3、支成木局,無金氣傷官生財,智學財祿不缺,早年困蹇白手成家。丙火進氣支成木局,食傷旺暗生旺。癸水弱有金則貴,印剋食傷,否則聰慧巧而無實財。用己土假煞為權。用甲食傷制煞。

進階演練：《造化元鑰》例，先貧後富，萬金。

正財	日主	正官	七殺
丙辰	癸酉	戊辰	己酉
癸 乙 戊	辛	癸 乙 戊	辛
比肩 食神 正官	偏印	比肩 食神 正官	偏印
庚申　辛酉	壬戌　癸亥	甲子　乙丑	丙寅　丁卯

原文：按戊癸相合，時透丙辰，必然化火，支見辰酉合金，為化氣之財，故富有萬金，化神喜行旺地，惜原命火不生旺，運程又行北方，故富而非貴。

解：

1、癸水辰月，調候用神丙、辛、甲。「時透丙辰，必然化火」，戊癸化火，如何判斷是否「合化」或「合而不化」？以時干透丙火論化火。「支見辰酉合金，為化氣之財」，指日主因戊癸合火，所以日主變格為火，地支辰酉合金，金就是財，故富有萬金。又說「化神喜行旺地」，所以雖有行運寅乙甲助燃，但水地亥子丑比重大，故「富而不貴」。

2、按化神之論雖有本，然而依正格原局官殺四見，合官留殺，論七殺格。酉金專位偏印兩見，地支辰酉合而不化，殺重印輕，行運要印比之地幫身。初運丁卯雙冲日柱癸酉，丙寅運與時柱丙辰拱卯冲兩酉，三會傷官洩日主。乙丑、甲子、癸亥等運，比劫重於食傷，乘馬班如。癸亥運夾戌冲辰，壬戌運雙冲月時兩柱，宜為冲庫反吉。

287

癸日巳月

1、癸水巳月，火土兩旺，癸水臨絕地非印劫生助，不足以自存。調候用神獨用辛金，無辛庚代用。辛出干，四柱無丙丁，忌丁火傷用，盛夏丁火藏午，以壬、癸為救，但壬見丁相合，不化帶情，聊勝於無，而不甚窮。見癸制丁病藥相當，有衣祿。須配金水旺之硬命，以免刑妻。

2、一派火土無辛，即有己生庚，庚金長生尚無大用，須支見申酉丑，不能無水，又無比肩羊刃，稱火土熬癸，癸主目，水主腎；非損目，便損精，有禍可無惡疾。

3、若庚、壬兩透制火潤土，稱劫印化晉，富貴可許。見丁剋庚合壬喪母，作廢人。所謂庚印壬劫，火地晉卦，離上坤下即火土也。而無辛用庚，非出於自然，故為異途。

癸日午月

1、癸水午月極弱，本須庚辛生水，而午月丁火司權，須用比劫制丁火，方得庚辛生水扶身，忌辛壬出干，防丙丁化合。調候用神庚、壬、癸。如庚壬兩透，壬癸出干，反弱為強，主鐘鼎名家。金水會夏天，富貴自天來，運行火土地，名利總無邊。

2、支成火局，宜透戊土，格成從化財，無戊，不能作從財格，蓋五月胎元在酉，癸水無根而有根。不從當以壬水為救，若二壬一庚同透，恃劫印享祖蔭福氣。或一派己土，無水無甲出制，從煞格，逢刑沖破害有根，貧賤之格。

癸日未月

1、癸水未月上半月庚、辛無氣。未中有乙，與己土同宮，癸水不從煞，專用庚辛；庚出干畏懼旺火，須取比劫助之，無比劫平常人。下半月庚、辛有氣，無須比劫，有丁見庚、透辛可許富貴；惟忌見丁火透在月干、時干，冲剋不佳。調候用神庚、辛、壬、癸。

2、四季月有上下月之區別，因未中乙己同宮，己土為乙木所制，癸水即不從煞。弱水喜印生，比劫扶助。

癸日申月

1、癸水七月，母旺子相，癸死在申，庚祿在申，稱絕處逢生。申宮水之生地，壬水長生，即是癸水長生，母旺子相，水旺不勞印生。調候用神獨用丁火。庚金臨官剛銳，須丁火鍛煉。

2、丁透帶甲，稱有焰之火。金多而無丁制貧賤，總宜偏財破印，木火相生，壬癸水有甲引化，不能傷丁；無甲須無壬癸水制丁火。一丁居祿於午，稱獨財得位。若丁火居在未、戌，平常能人，雜氣財官，不冲不發。

癸日酉月

1、癸水酉月虛靈，非庚金可比，正是金白水清之時，取辛為用，丙火輔佐，稱水暖金溫。調候用神辛、丙。喜丙、辛隔位同透，正財偏印成格，主富貴可期。財透印藏，衣食無憂。

2、丙辛並用，忌合化，必須隔位；或一透一藏。戊己太多，塞水埋金平常人。壬水同透，則用官煞比劫制，不用戊己。食傷財重用印，印重則用食傷與財。

癸日戌月

1、癸水戌月，戊土司權，癸水失令無根，急取辛金水乃得母。次用癸甲，水生木制土。癸水清澈，不喜戊土正官剋制，有甲木癸水得救，甲喜癸水滋潤，魚幫水，水幫魚。調候用神辛、甲、壬、癸。

2、辛甲兩透，支有子癸，偏印傷官成格，富貴可許。辛、甲、癸兩透一藏均佳造。最忌三者全無貧賤格。戌月戊土太旺，火土為病，壬水一點，喜淺嘗偏財。甲木乃去病之藥不可缺少，辛癸缺一，不失富貴。

癸日亥月

1、癸水亥月，最忌支成木局為病，洩散元神，旺中有弱專用庚、辛生發為藥，制木生水。亥月水旺轉寒，專用丙火，見壬水出干，宜兼用戊土。調候用神庚、辛、戊、丁。

2、庚辛兩透，不見丁傷，科甲富貴。或干透丁火，支成木局，木旺火相，庚辛被制不能生水。一派壬子，無戊，稱冬水汪洋，奔波；得己透戊藏，與戊透制水，則清貴而富。

3、癸水見壬，陰轉陽，與壬水同論，專用火土財官，用戊仍須丙火輔佐，忌己土混壬反生木。四柱多火財多身弱。四柱火多，喜印劫生助癸水，富命。一派金印多，得丁財出干制印，名利兩全；無火身旺無依貧困。潤下飛天祿馬特別格另論。

進階演練:《造化元鑰》例,飛天祿馬格,進士,官至郎中。

劫財	日主	偏印	劫財
壬子	癸亥	辛亥	壬申
癸	甲 壬	甲 壬	戊 壬 庚
比肩	傷官 劫財	傷官 劫財	正官 劫財 正印

癸卯	甲辰	乙巳	丙午	丁未	戊申	己酉	庚戌

原文:按此造用胎元壬寅,喜東南運,同上造,明王守仁造,壬辰、辛亥、癸亥、癸亥,亦飛天祿馬格,運行東南為貴。

解:

1、《三命通會・喜忌篇》:「若逢傷官月建,如凶處未必為凶,內有倒祿飛冲,忌官星亦嫌羈絆。此格惟有四日:庚子、壬子、辛亥、癸亥生十月十一月,冬水純陰,柱無財官方用,又須月時或年與日同支,方能併冲;忌官星顯露,祿難飛冲,合神羈絆,不能飛冲,要柱中有一字合住祿馬,方不走了貴氣,喜傷官食神,及干支本運。」

2、原局潤下格,《三命通會》:「天干壬癸喜冬生,更值申辰會局成,或是全歸亥子丑,等閑平步上青雲。」行運己酉、戊申,科第顯達。丙午運與月柱辛亥雙合,與時柱壬子水火既濟,必然立功建業。《滴天髓》:「水太旺者而似土,喜木之制也;水旺極者而似木,喜金之剋也。」原局水極旺,宜行申酉之地。

癸日子月

1、癸水子月嚴寒冰凍，癸祿庚死，金水無交歡，取丙火解凍；癸水衰竭祿旺，仍須辛金滋扶。丙財辛印兩透，金溫水暖，富貴命。辛金宜藏支，忌天干丙辛合。調候用神丙、辛。

2、無丙有辛，金寒水凍，清寒之輩。用丙不宜壬癸剋制。一派壬癸，無丙火貧困。丙火透干，若運行南方吉利，不透僅水火沖激不濟事。一派戊土煞重身輕，臨官建祿不從煞，貧夭之命。

癸日丑月

1、癸水丑月，落地成冰，萬物不能舒泰，專用丙火解凍。調候用神丙、丁。得二丙一透一藏，支藏多壬，或時透壬水陰轉陽，不見月上丁火，名水輔陽光，富貴有准。有壬無丙又見戊透，水急土高毫無生氣，奔流漂泊之輩。

2、丙透支見子丑，見一癸出干，名雲霧有根，遮蔽陽光，丙透亦不能解凍，平常人。丙火不忌壬水癸水，因凍雲蔽日，不晴不雨。一片寒冰非取丙火，且地支見寅、巳、午。支成木局洩水，以金為救，水木傷官失令，雖聰明不能成名，仍須丙火，否則寒水凍木無用。

3、一派癸巳會黨，年干透丁，名雪夜燈光，科甲定准；夜生者貴，無丁火孤貧。己辛同透財生印，仍須丙丁火。支成水局無丙火，縱有戊己官煞，仍一生勞苦。支成火局，財多水更弱，須庚、壬生助負荷其財。支成金局，癸水有源亦須丙火通根，金溫水暖；否則印多為病，財不能破，則上無蔭庇。

第肆章、十神定位法

　　所謂十神定位法，是指「比肩、劫財、食神、傷官、正財、偏財、正官、七殺、正印、偏印」等，八字可以依據十神排列在天干或地支、年柱月柱日柱時柱、坐旺坐絕等，因其位序之不同，而推論出人生之吉凶禍福。

　　十神定位以學理層次而言，是屬於業餘階段層次，重統計歸納經驗而得。因此適合於一般普遍之社會階層。一般階級論命不在富貴、權勢、地位，而是關心自己及妻小的生活品質，在妻財子祿壽中找答案。因此各種用神、喜忌、強弱之專精層次也就非必要的。

　　然而，論命之層次不論深淺，小自只問一件事之吉凶，大至問一生、終身之流年，都是要依據四組基本公式，依深淺而言到代入十神、格局、用神、大運流年等。

　　這四組基本公式如下，且須強行背誦：
1、刑冲合會與五行生剋。
2、十神組合與十神生剋。
3：六親代表。
4：十干祿絕、六十甲子、神煞等。

　　雖然讀者可以隨書對查，畢竟費時且不夠「神」。而十神之意義，是很容易理解的。例如：

1、印剋食傷
　　女命以食神、傷官為子女。假設女命的八字是時柱偏印格，因為純以六親的觀念而言，時柱管子息，印剋食神傷官，則是不利子息。

2、比劫剋財

假設男命的八字，天干年、月、時，俱皆為比肩、劫財，如此套用六親的觀念，比劫剋財，即有夫妻不和諧的徵兆。正官在年干，有家世良好之背景。女命比劫太多，反剋正官七殺，以致婚姻堪虞等。

其餘例如：傷官見官、傷官用財、傷官佩印、殺印相生、食神制殺、羊刃駕殺、官星遇劫、梟印奪食、財多身弱等，不勝枚舉。

一、十神生剋

所謂十神，指比肩、劫財、食神、傷官、正財、偏財、正官、七殺、正印、偏印。

同我為比肩劫財。同性為比肩，異性為劫財。
我生為食傷。同性為食神，異性為傷官。
我剋為正偏財。同性為偏財，異性為正財。
剋我為官殺。同性為七殺，異性為正官。
生我為正偏印。同性為偏印，異性為正印。（以上需背誦）

1、同我者為比肩、劫財。

同性之同我，陽見陽，陰見陰，為比肩，故甲見甲，乙見乙，為比肩。異性之同我陽見陰，陰見陽，為劫財，故此甲見乙，乙見甲，為劫財。其餘十干皆相同。同我者兄弟姊妹、同事，可以幫助我，也可以奪財、奪妻。

2、我生者為食神、傷官。

同性之我生，陽生陽，陰生陰，為食神。故甲見丙，乙見丁，為食神。異性之我生陽生陰，陰生陽，為傷官，故此甲見丁，乙見

丙，為傷官。其餘十干俱皆相同。對女命而言，我生者食神傷官，即我之子息。

3、我剋者為正財、偏財。

同性之我剋，陽見陽，陰見陰，為偏財。故甲見戊，乙見己，為偏財。異性之我剋，陽見陰，陰見陽，為正財，故甲見己，乙見戊，為正財。其餘十干俱皆相同。我剋者為我所用，妻財皆我所用，財為養命之源，男命無財難有妻。

4、剋我者為正官、七殺。

同性之剋我，陽剋陽，陰剋陰，為七殺。故甲見庚，乙見辛，為七殺。異性之剋我，陽剋陰，陰剋陽，為正官。故此甲見辛，乙見庚，為正官。其餘十干俱皆相同。即五行剋我者正官與七殺，都是有管制、權勢、口舌是非之意義。而男命則是以正官七殺為子息。

5、生我者為正印、偏印(梟印)。

同性之生我，陽生陽，陰生陰，為偏印，故甲見壬，乙見癸，為偏印。異性之生我，陽生陰，陰生陽，為正印。故此甲見癸，乙見壬，為正印。其餘十干俱皆相同。印生我，所以印是母親，代表學術、職位、個性、慈愛等。

　　依據以上這五組之同我、我生、我剋、剋我、生我的關聯性，再搭配十干五行共計五十組，而依據生剋關係只須比肩、劫財、食神、傷官、正財、偏財、正官、七殺、正印、偏印等十組，簡化處理方式。其次，十神有望文生義之作用，使學習者有增強記憶的效用。故此，當明白了十神之組合法之後，就要將五行生剋，再度編列為比較實用的十神生剋。

十神相生

比劫生食傷→食傷生財→財生官殺→官殺生印→印生比劫(需背誦)

十神相剋

比劫剋財→財剋印→印剋食傷→食傷剋官殺→官殺剋比劫(需背誦)

　　研究八字者，若不能精詳熟背於十神生剋、六親所屬、十二生旺庫、地支藏干等，恐怕難以登堂入室。因為牽涉制妻、妨夫、妻旺、身強、婚姻、財官等判斷。

二、四柱十神的意義

　　十神與四柱共計四十組，每組依據十神之性質與時效性，可以歸納出當事人之現象。尤其坐專位、祿旺、墓絕等位置，都有特殊涵義；再與神煞交錯併論，又有一番論述。

(一)、年柱十神

　　年柱如樹之根，代表命造幼少年之運，亦為祖上興衰貴賤之斷。

正官

　　如不與調候、格局相違，為喜用神，坐強運，四柱無傷官破壞、空亡等，得到長輩之蔭庇。少年規矩，品業俱佳。年柱干支成正官格，出生書香門第，但因自己之努力而有一片天。年干正官，通常為長子，或者是掌管家產主權之人。

七殺

　　手足排行，不是長子，其上必有兄、姊。年干浮見七殺，率性忤逆長上而損自己之福業。為忌神，或生於貧賤家庭。非生於富貴之世家。年時七殺，奴欺主之命。

正印

為喜用神，生於有清譽之家庭，近學術品德之環境。正印、正官並見於天干，家族有聲譽。年正印，支是劫財，指兄弟合作、承繼祖產。

偏印

偏印指後母，日主難有祖上福蔭、親屬緣份薄，手足不合之現象。天干偏印，地支比肩，養子之兆。為忌者破祖業，失家教，損家眷。坐養者或依繼母養育。偏印逢長生：生母無緣，受繼母或養母撫育。

比肩

年干比肩，上有兄、姊。幼子則最佳。亦可為養子，有獨立分家，自立之傾向；若年支也比劫，十五歲前出身清苦。

劫財

單獨見於年上天干者，上有兄、姊，重義氣，善於理財。而月、時天干又見劫財者，則有婚變之兆，或同父異母之手足。

食神

年干食神者，三代同堂之象徵。年干食神、地支坐比肩者，有養子之徵兆。受祖上父母之蔭助大，事業可發達，一生平安福祿。四柱有財星者，福祿更增。天干食神，地支比肩：或為養子。

傷官

為忌者，祖業飄零，福薄多災。干支皆傷官，一生多災疾。歲運逢傷官，顏面有傷。年傷官，月正財，均為喜用神，富貴。年時

皆傷官為忌者，剋子。為喜用者，可解。年上傷官，祖業飄零，縱有財亦不化用。干支俱傷官，主有慢性之疾病。年、時二干為傷官者，不利子息。

正財

年干正財，主家庭小康以上。祖父、父母富有。月柱再現正官，富貴人家。年、月天干，皆為正財，則有妻緣重疊現象，或挑二家香火。男相續二家，或娶二妻。

偏財

浮在年干，必主發跡於他鄉。干支皆偏財，若非養子，福業非得自於本家。天干偏財、地支劫財羊刃，父親難出頭，罹於他鄉。

（二）、月柱十神

如樹之苗，代表命造青年之運，及父母、兄弟宮所居。推論父母應以年月柱合參。

正官

上有兄姊、父母關懷，與鄙事無緣。正官坐月柱最有效。忌年時干有傷官，正偏財正印可化解。正官坐將星者，尊親有權貴，正直敦厚。

七殺

月柱坐羊刃者，主父母難雙全，合會別象可解。年柱有食神剋制，貴命。宜出外打拼，適合在權勢中展頭露面，艱辛謀生，爭取富貴。

正印

　　為人性格篤實，溫良恭儉，少病平安，少災難。若帶有七殺生印者，富貴有望。四天干無正偏財者；文筆成名。若只是單獨之正印，而四柱另無正財、偏財者，只主屬文人寒儒之類。月上正印，若與日柱有冲者，慎防母家凋零。

偏印

　　最喜四柱另有正財、偏財剋制。與天德、月德貴人，同一柱在干支者乃是修身養性之命。尤其從事藝術、宗教、自由業等職業，偏業異途功名。年時天干，或地支有專位食神者，因印剋食傷，平生受長親等管制，難有自己一片天。

比肩

　　比肩剋財有情，年時天干，不見有官殺剋比肩者，有勃然翻臉之傾向。對財務有爭財、理財能力，冀求所有權之完整，有獨立分家或創業之傾向。

劫財

　　劫財明露在月柱天干，因錢財之事而爭議，無制則不宜合夥，處群眾中引是非爭論。財難聚，為財投機，注重外表，坐羊刃，為財招災。

食神

　　日主在日支坐祿旺者，量大氣度寬，有父母雙親之良好蔭助。干，日有正官者，因心性篤厚，適宜公教人員之生涯。月干食神，支正官或時正官，近貴宜政界公職發展。月支食神坐旺地，身體肥胖人和氣。

傷官

傷官在月柱，最明顯之特徵是兄弟不合。經云：月上傷官，兄弟不完。對雙親亦感情不和諧。月柱透出之傷官者，不論吉凶命，皆主夫妻對立尖銳。

正財

主有良好之家世，得父母照顧。坐建祿，坐吉神貴人，能有祖產。坐墓，吝嗇守財奴。坐絕，妻妾無助。若月柱正財，時支劫財，是指一代不如一代。

偏財

干露支藏之月柱偏財格，主白手起家，獨立創業之成就，遠方發跡。月偏財，時劫財，先富後貧。女命一財得所。

(三)、日支十神

日柱如樹之花，代表命造中年之運。日干為己，日支為配偶。

正官

正官丙子日，男得賢妻，女得佳夫。聰穎敦厚，具謀事應變能力。日主旺，遇財運發大福。忌月、時有日祿歸絕，則平常之命。

七殺

自坐七殺乙酉，天元坐煞，自坐七殺，天干無食神者，夫妻俱為二強相爭。若月、時有沖者，則影響家庭品質。四見七殺，天干無食神者，防突發凶禍。

正印

自坐甲子日，主夫妻彼此俱有溫良恭讓之性情。一生少有災害疾病，敦厚善良之家庭。逢天月德貴人，一生少病，逢凶化吉。仁慈性善。

偏印

自坐丁卯日，不論男女，由於都是精打細算，量入為出之個性，婚姻難得曬恩愛，有孤獨之心境。最忌天干有食神與偏印交透，易有體弱，遭意外之災。四柱有食神者，幼年母乳不足。逢食神運，病或窮。再刑冲者，易罹難。

比肩

即是自坐日祿。甲寅、乙卯日，若在月、時，另有羊刃者。不論男女，惟我獨尊，固執己見，忽視對方存在，婚姻有落差與失調，亦導致不良收場。逢刑冲者，無家庭觀念，均藉故在外消磨時間。逢冲者，不利遠行，客死異鄉。

劫財

自坐丙午、壬子日。若月、時地支，另有劫財，宜遲婚。不利於父，父先亡。男奪妻財，男命能得女方之事業相助，但劫財剋財之特徵而沒有結果。不論男女，容易輕視自己的配偶，虛榮自大，只做表面功夫。對外人慷慨大方，有情有義。而對自己的配偶，則是漠視、輕視。

食神

己酉日，食神篤厚，自坐配偶宮，婚姻美滿，互敬互助。配偶肥胖，溫順隨和，衣食無愁。天干若有偏印，心思不寧，毅力難持

久。四助有偏印，無偏財，事業有始無終。

傷官

庚子日，日坐傷官，另有羊刃者，男女重婚非意外，重者生離死別。外貌協會，故配偶選俊男、美女為優先。夫妻間言談，聲東擊西，旁敲側擊，多有虛假詐言。自坐傷官，時財星，中年發達。日主衰，行傷官運，不測之災，身體損傷。

正財

自坐戊子日，男命得有助之妻室。坐將星，男娶豪門閨秀，妻財多。女命則為穩健，一步一腳印，不喜虛張充面子。

偏財

自坐丁酉日，男命得有助之妻室。坐將星更驗。對象能賺錢，仗義輕財，擅理財，喜虛浮華麗，亦能體面出場。

（四）、時柱十神

時柱如樹之果，代表命造晚年之運，亦為子女宮所在。

正官

子息乃忠厚之輩，詩書人文傳家，為人公正，善體人意，子息遲。

七殺

若日支自坐日刃者，女命梅開二度，不離有難言之隱。子女性剛直不屈。時上七殺一位，日主旺，干有財印，大富貴，財產豐厚。

正印

主子女有智慧，為人敦厚。入庫有暗中權勢。干支皆正印，機巧理事，食祿無虞。月上有正官生印，時上正印，逢官印歲運顯榮發達。坐強運旺地，得子女幸福、孝養。

偏印

印剋食傷，女命子女無緣，男命主子女精明幹練，察形觀勢，缺乏人情味，固執孤獨。男命，時上偏印，日支日刃妻緣惘然。時有偏印，日坐羊刃，妻生產不順或有產厄。偏印為剋子星，對子女不利。

比肩

子女正直倔強，義氣豪邁，遇事容易衝動、耐磨力不足。能得祖產，帶刃剋父。子女相繼坐羊刃剋父，少子女或無子息。自己為繼承人或為養子與過房。

劫財

子女獨立自主。孤獨不善協調溝通，很少與親屬磋商。子女緣薄。與傷官同柱損子。劫財、傷官、羊刃同柱，創業難。

食神

男女皆有佳子。若是食神坐偏印，梟印奪食，則男命體弱，有慢性病。女命白首偕老之緣份薄。子女溫順隨和，衣食無憂，好口福，喜享受。坐建祿，子女必發達。坐偏印，女守空房，男多疾厄。

傷官

子女性格倔強，固執不聽長輩、長官之意見、老年孤獨。傷官入墓子息緣薄。頑愚不賢孝。或女多子少，晚運悽涼。

正財

子女勤儉，守成務實。入墓須逢冲則發。

偏財

子女人情練達，對投資理財，有長袖善舞之本能。年月無偏財，日時有偏財，無刑冲比劫等，中晚年發達。略有賭性之心態。時干偏財，地支比劫，傷妻妾，家園敗盡，有食傷可解。

三、六親

比肩、劫財：不論男女，皆作<u>兄弟姊妹</u>。
食神、傷官：<u>女命是指子女</u>。
正官、七殺：<u>女命指丈夫</u>、<u>男命指子女</u>。
正印、偏印：不論男女皆以<u>正印為母親</u>，<u>偏印為養母、義母</u>。
正財、偏財：<u>男命以正財為妻</u>，<u>偏財為側室</u>、同居女人、情婦等。
不論男女，<u>皆以偏財為父親</u>。（需記憶）

四、比肩

甲見甲，陽見陽。乙見乙，陰見陰。比肩五行性是與日主五行相同，也是陰陽同性。有自己排斥自己的性格，自己決定之事很快就會改變想法，所謂很快大約是指三年，前三年與後三年，人生有不一樣的生態。論命實務斷為凡事不能持久，職業、喜好、交友等，大抵很難維持三年以上。比肩剋財，父、妻、錢財等。比肩受官殺

剋制。在其干支時效內，皆失去自己的獨立性。

日主	甲	乙	丙	丁	戊	己	庚	辛	壬	癸
比肩	甲	乙	丙	丁	戊	己	庚	辛	壬	癸

比劫詩訣

年上比劫兄妹多，多與父親不和合。
家業消散見困乏，宅田亦難有久守。
比劫會聚再起難，六親不和災難多。
除非身弱才有助，財少財弱亦分取。
月上比劫性更惡，主上兄妹多不合。
比劫空亡會一起，兄弟姊妹有夭折。
月上劫財是敗財，多主兄弟不往來。
命主求財不順利，憑空也有是非來。
日坐劫財無外財，論及婚姻亦有災。
夫妻不能同長久，半路之間二分開。
坐下比劫又見財，須防色情意外災。
日旺比劫坐羊刃，天災無端自飛來。
時帶比劫不好財，見義勇為又性乖。
養育子女皆有難，老運多少有是非。
比劫也怕見傷官，體弱多病又傷財。
死墓空絕更可畏，多主兄弟有災厄。

比肩天干地支合計有三個以上，即作過多。有下列之徵兆：
1、兄弟相互之間缺乏相助之兆，好友知交相處不會太久。
2、夫妻時有不和諧之徵兆，比劫剋財。

305

3、天干明見二個比肩，言談多涉善意之題外話，不易守密，因而添引不必要之言詞是非，無謂是非多。

4、有勞碌命現象，凡事親自恭臨，過於敏感。

5、比肩坐旺兄弟多，可以與親友合夥，例如甲寅。比肩坐絕兄弟少，例如甲申。

6、年上比肩坐羊刃劫財，不利父。

7、比肩帶冲，再看天干，如果也冲先消費再說。

8、比肩坐財財來財去。

9、比肩通根難守財。

10、比肩透干，爭夫好儀容，輕視財物不能持久。

11、年上劫財，比劫多根，終身辛勞。

12、二見比肩婚姻不佳，更忌比劫在時支。

13、比財疊交起伏不定。

14、年上比肩一至十五歲剋財，剋父與父不和。

15、月上比肩，早婚不宜，性格不定。

16、天干二、三比劫，半生為他人之貴人。

17、年上比劫通日支，男女朋友交不長。時上比劫會剋財。月上比劫儀容佳。

18、《三命通會》：「若日主健旺，比肩坐弱，必然我旺兄弟衰，我得祖居，兄弟異處。比肩坐旺，我坐衰絕之地，卻喜比助，弟兄榮華，己必艱苦。」

例1、乾造，年柱比肩坐空亡，傷官格無印制，甲不離庚。

食神	日主	比肩	比肩
丙寅	甲寅	甲戌	甲戌
戊　丙　甲	戊　丙　甲	丁　辛　戊	丁　辛　戊
偏財　食神　比肩	偏財　食神　比肩	傷官　正官　偏財	傷官　正官　偏財
臨官	臨官	養	養
干祿　月德　天德	干祿	華蓋	華蓋
壬午　辛巳	庚辰　己卯	戊寅　丁丑	丙子　乙亥

1、年干主一至十五歲，即幼年家境是屬於蕭條之情況。

2、年干比肩是剋財之十神，此時無謀生能力，照應到父親的事業走下坡，或父親遠在他鄉。

3、比肩在六親中，是指兄弟，年上比肩是指有兄弟之人。

4、無祖產與長輩之助力，是白手起家，自立而成。女命與父母無緣，也無娘家之助力。

5、三甲天上貴，孤獨守空房，火旺木枯，福澤不足。

例 2、乾造，月柱比肩坐空亡，年月干合支刑，日月拱亥子丑三會水，戊不透干，水泛木漂。

比肩	日主	比肩	正財
甲子	甲子	甲戌	己丑
癸	癸	丁　辛　戊	辛　癸　己
正印	正印	傷官　正官　偏財	正官　正印　正財
沐浴	沐浴	養	冠帶
將星	將星	寡宿	天乙

丙寅	丁卯	戊辰	己巳	庚午	辛未	壬申	癸酉

1、年柱與日柱雙合，十五歲前被家庭照顧的不錯。月主十六至三十歲，重點青少年時期。三十歲以前事倍功半。

2、有不重視金錢的性格，不得女性青睞，交女友困難，不利早婚。

3、破財、費力，也沒有相對等之回報。三十歲以前，事業、感情落空。

4、甲木無庚、丁，平庸之人。甲子坐印，樹老根潤，專用財星。無庚造就，不能取貴，無丙丁洩秀，平庸。

5、正財甲己合不用，要偏財。己巳運拱酉桃花，靠女人走運。戊辰運止水帶偏財。

308

例3、坤造，時柱比肩坐空亡，夾亥水；官疊官。

比肩	日主	正官	正印
甲戌	**甲子**	**辛酉**	**癸卯**
丁 辛 戊	癸	辛	乙
傷官 正官 偏財	正印	正官	劫財
養	沐浴	胎	帝旺
大耗	將星	桃花	羊刃

己巳	戊辰	丁卯	丙寅	乙丑	甲子	癸亥	壬戌

1、時柱是指四十五歲以後，人生已經定性。在時柱比肩可以視之為破財、剋妻，此時以財為重，財星凋零不免影響家運。

2、儘量維持財源，不宜大張旗鼓，不宜操作財務槓桿，冒險輕進。宗教修行、哲學、藝術等，可以減輕空亡力道。

3、月柱正官疊正官，冲年支羊刃卯木，不婚無事，有婚必離。

　　地支以祿位臨官代替天干。寅即是甲，卯即是乙，申即是庚，亥即是壬。

天干	甲	乙	戊	丙	丁	己	庚	辛	戊	壬	癸	己
地支	寅	卯	辰	巳	午	未	申	酉	戌	亥	子	丑

比肩在四個地支之特色，舉例如下。

例 4、乾造，比肩在年支，日時雙冲。

七殺	日主	偏印	食神
庚午	**甲子**	**壬辰**	**丙寅**
己　丁	癸	癸　乙　戊	戊　丙　甲
正財　傷官	正印	正印　劫財　偏財	偏財　食神　比肩
死	沐浴	衰	臨官
紅豔	將星	華蓋　月德　天德	干祿　驛馬
庚子　己亥	戊戌　丁酉	丙申　乙未	甲午　癸巳

1、比劫剋財，由當事人反應到偏財所代表的父親，經濟不佳，童年困蹇。年柱食神兄弟多或大家庭。

2、指七至十五歲，當事人尚未有獨立自主之能力與處世條件。

3、以六親論，比肩剋財，只指不利父，申論為家庭經濟不佳或與父親沒緣。

4、壬水透干剋丙，子水冲去午火，只能用庚金。日時雙冲，時上七殺，個性堅毅。

例 5、乾造，陳濟棠，比肩在月支。

食神	日主	偏財	七殺
丙寅	甲子	戊寅	庚寅
戊　丙　甲	癸	戊　丙　甲	戊　丙　甲
偏財　食神　比肩	正印	偏財　食神　比肩	偏財　食神　比肩
臨官	沐浴	臨官	臨官
干祿　驛馬　月德	將星	干祿　驛馬	干祿　驛馬
丙戌　　乙酉	甲申　　癸未	壬午　　辛巳	庚辰　　己卯

1、以格局而言，也就是建祿格，月帶干祿日主臨官之人，都是很有自信的人。年上七殺，早年一場凶。以調候而言，丙透癸藏。

2、六親論比肩剋財，大凡月令建祿，也因失之於自信，要求過於挑剔，而不能及時結婚，三十歲以前傷官生財，都曾交往過二、三位女友。

3、傷官生財，火土同位，雖然理想遠大，但有待行運與意志。

311

例6、坤造，日主自坐比肩，丁火透干，傷官格，天干有祿。

傷官	日主	傷官	比肩
丁卯	甲寅	丁卯	甲午
乙	戊 丙 甲	乙	己 丁
劫財	偏財 食神 比肩	劫財	正財 傷官
帝旺	臨官	帝旺	死
羊刃 桃花	干祿 月德	羊刃 桃花	紅艷 將星 月德
己未 ∣ 庚申	辛酉 ∣ 壬戌	癸亥 ∣ 甲子	乙丑 ∣ 丙寅

1、日柱地支管三十七至四十五歲，個性逐漸內斂成熟，獨斷性強。

2、日主自坐比肩剋財，耗財在掌控中，會影響婚姻。

3、木火兩行，木火傷官，也是月刃格帶時刃。

4、五行缺官殺與印綬，自坐比肩帶羊刃，傷官重，沒婚姻可言。劫財桃花沒完沒了。傷官坐桃花難有善終，壬戌運花香滿園。

例7、乾造，比肩在時支。

食神	日主	七殺	劫財
丙寅	甲申	庚辰	乙丑
戊　丙　甲	戊　壬　庚	癸　乙　戊	辛　癸　己
偏財　食神　比肩	偏財　偏印　七殺	正印　劫財　偏財	正官　正印　正財
臨官	絕	衰	冠帶
干祿　驛馬　孤辰	大耗	華蓋	天乙
壬申　　癸酉	甲戌　　乙亥	丙子　　丁丑	戊寅　　己卯

1、以時支時效而言，至少約是六十歲以上之年齡。不服老，不退休。適宜找些閒事來消磨精神。

2、容易引來不必要之閒事，大忌沖刑。

3、晚年孤辰伴隨驛馬，驛馬逢沖，家裡待不住，孤獨卻愛熱鬧，興趣隨機而變，人生七十才開始。

4、正官入庫，不想受道德拘束。七殺合劫財，很想賺錢。

比肩坐冲刑（指地支）

四柱干支遇冲刑：

1、干支俱冲－甲子、庚午等，這是重大缺憾，因為此種干支雙冲，涵蓋了三十年之時效，足以影響人生之一半。

2、若天干冲、地支不冲，只是間斷性之情況。

3、天干不冲、地支冲，則仍然是重要問題。

4、地支冲的涵義是時效，其次天干也受影響，包括性格、六親。

例8、年柱比肩坐冲，人在冲刑之地，意亂心忙。

偏財	日主	七殺	比肩
戊辰	甲戌	庚午	甲子
癸 乙 戊	丁 辛 戊	己 丁	癸
正印 劫財 偏財	傷官 正官 偏財	正財 傷官	正印
	華蓋 寡宿	紅艷 將星	
戊寅	丁丑	丙子	乙亥	甲戌	癸酉	壬申	辛未

1、年柱比肩只管十五年，若一旦逢冲，則凶險延至三十歲，涵蓋一切父母、兄弟、親屬皆不得力。年月雙冲，三十歲前凡事難成。日時對冲另解。

2、年月冲是指三十歲以前，性格毫無定見，與人難相處，頭痛人物。七殺、傷官有不良青年之傾向。

例9、乾造，月柱比肩坐冲刑。

七殺	日主	比肩	劫財
壬辰	丙子	丙午	丁卯
癸 乙 戊	癸	己 丁	乙
正官 正印 食神	正官	傷官 劫財	正印
冠帶	胎	帝旺	沐浴
華蓋	將星 月德	羊刃 月德	
戊戌　己亥	庚子　辛丑	壬寅　癸卯	甲辰　乙巳

1、月上比肩剋財，本主不聚財，無異性緣。五行缺財。

2、比肩坐冲，外象不動，內部對冲，類似合作又競爭，依賴又反抗。反應在現實親屬內鬥、合夥人之間外和心不和之暗冲。

3、時效長達三十年。本例賴大運進入調候用神北方之地。

315

例 10、乾造，時柱比肩坐冲。

比肩	日主	正財	偏財
丁未	丁丑	庚子	辛卯
乙　丁　己	辛　癸　己	癸	乙
偏印　比肩　食神	偏財　七殺　食神	七殺	偏印
冠帶	墓	絕	病
紅艷	華蓋　寡宿		
壬辰　　癸巳	甲午　　乙未	丙申　　丁酉	戊戌　　己亥

1、時支之歲月，都是指六十歲以上。日支逢冲妻宮有受損之虞，子丑六合有解。

2、最宜退休或者從事宗教活動。

3、忌冲格局、調候，雜氣財官，不冲不發。

316

比肩通根於日、時者，不論男女，易犯下列之特徵：

1、比肩坐時支到老，夫妻搞不好。

2、善意多言，徒引無謂之事。

3、不易守密，言談多洩漏，須慎言。

4、比肩坐比肩，因親友之故有爭財失財之雙重損害。

5、易犯閑不住，沒事找事之現象。

6、對他人之請託，不好意思拒絕。

7、知足知命，對周圍親友防範性低。

五、劫財

五陽干甲、丙、戊、庚、壬，月柱地支子、午、卯、酉劫財者，屬羊刃格。

劫財－是指與日主五行性相同，而陰陽性不同。

日主	甲	乙	丙	丁	戊	己	庚	辛	壬	癸
劫財	乙	甲	丁	丙	己	戊	辛	庚	癸	壬

劫財是異性五行同我，所以「挺」自己到底，不輕易認錯，第一時間保護自己。比肩則是懷疑自己的想法，擔心自己失誤，隨時觀察情勢，適時修正。劫財透干或多者，有下列性格上之特色：

1、天干兩頭比肩、劫財，沒有得力親友。

2、客套式謙虛之中隱藏驕氣，盤算對方之斤兩。

3、凡事先小人，後君子。先保護自己，再談正題。

4、通根到時支要和家人一起作生意。劫財不認錯，比肩不驕氣平隨和。

5、比劫坐旺兄弟有助，坐絕無助，坐旺與親友合作，坐絕自己獨立。天干有比劫的人賠錢到處講。

6、年上比劫坐羊刃對父親大不利，不利於家族事業，通根月支繼續
　剋財，超過三十歲才白手起家。

7、時上劫財羊刃不服輸，不退休。年上羊刃剋偏財老父，出身苦。
　通根到月支期限延長到三十歲。

　　四柱劫財多者，不論男女命，婚姻生活少圓融。陰干的劫財就
是劫財，雖然不如羊刃之強，但也有這種趨勢。而陽干的月支專位
劫財就是羊刃格。所以，劫財不一定是羊刃，但羊刃則一定是劫財。
陽日主的劫財也是十二生旺庫中之帝旺位。至於羊刃在月支以外的
年、日、時支，是否也算羊刃格，則各有說法。

1、若是陽干之帝旺位之專位劫財扶身，那就是羊刃格。通常性格剛
　愎自用，若不是七殺格，則嫌日主過強，應有剋制。尤其是女命，
　由羊刃劫財來扶身，是個性強，做事幹練之象徵。

2、劫財有剋財的基本屬性，男命以財為妻，若見羊刃或劫財透干，
　定然對財（妻星）有所妨礙，無非只是在剋制的差別程度而已。
　因此，四柱之中，一旦見到羊刃劫財扶身，須（1）、同時七殺成
　格，反制劫財。（2）、其次食神成格，洩劫財之強旺，達到中和
　的境地。

3、劫財在陰日主不作羊刃論，但性格內斂仍然剛強。基於性剛與剋
　妻，故此，羊刃劫財，在四柱中，一旦有二個羊刃劫財出現，或
　一個羊刃一個臨官（稱祿刃交集），通常婚姻有不圓滿的現象。
　至於細節必須觀察夫星、妻星、用神之強弱程度如何，以及刑冲、
　神煞之綜合性、四柱年限，方能具體論斷。

4、日主地支根坐專位劫財者，遲婚。日主自坐專位劫財（羊刃）者
　，只有二天，即是「壬子日、丙午日」。假設日支所坐的羊刃劫
　財，不透出天干，也不見有刑冲，只是自視甚高、獨立性強而已。

女性通常是遲婚，婚後仍延續自己的事業根基，又或者是內外一把抓的女強人。

5、日主根坐劫財、羊刃，又透出天干在年、月干者，則不論男女婚姻磨合艱難，夫妻對外均滿腹牢騷。

列1、乾造，年干劫財，日刃格，傷官格。

傷官	日主	劫財	劫財
己丑	丙午	丁未	丁丑
辛　癸　己	己　丁	乙　丁　己	辛　癸　己
正財　正官　傷官	傷官　劫財	正印　劫財　傷官	正財　正官　傷官
養	帝旺	衰	養
	羊刃　將星　大耗		
己亥　　庚子	辛丑　　壬寅	癸卯　　甲辰	乙巳　　丙午

1、劫財在年剋財，地支丑未冲更凶，主不利父親。

2、月干劫財剋妻。劫財通根日支，四十五歲後傷官生財。

3、丁火透干，等於羊刃透干，力道加倍。年時桃花傷官劫財，一生不怕女小人。

例2、乾造，月干時干劫財，通根日刃。

劫財	日主	劫財	七殺
丁酉	丙午	丁未	壬申
辛	己　丁	乙　丁　己	戊　壬　庚
正財	傷官　劫財	正印　劫財　傷官	食神　七殺　偏財
死	帝旺	衰	病
天乙	羊刃　將星	寡宿	文昌　驛馬
乙卯　甲寅	癸丑　壬子	辛亥　庚戌	己酉　戊申

1、七殺格在年柱，羊刃透干兩見，劫重殺輕，宜水地。辛亥雙合日柱，壬子丙午運水火既濟，子申半合官殺。

2、月干劫財通根月支，剋妻；三十二歲前有婚必離。年柱驛馬偏財帶文昌，老爸是靠山。正印入庫抗拒學習，老母有遺蔭。

劫財有下列特性：

1、男性比劫剋財，多主雙妻之緣。

2、劫財由年干通根至時支者，往往父親緣分較母親緣分為薄。

3、女命月上劫財，姿色儀容可觀焉。

4、男命年上劫財通月支，妻與財俱缺緣分，不宜早婚。

5、年上劫財通到日支，通常要受家裡拖累。

6、比劫與妻財交疊，財難聚，妻難守。

7、比肩坐正官，常有阻礙事。

8、比肩過旺，為人有虛詐之處境。

9、比肩坐偏印，主有三五年財勢。

10、比肩坐食神，易得富家人相助。

11、比劫坐三刑，清苦出身，所以白手起家。

12、劫財羊刃的情形，必須是同時七殺成格，或者是食神俱透天干。

13、比劫多根四見，一生經常吃悶虧，意外破小財。

14、陽日主比肩合正財，例如壬日主合丁財，男命受妻子控制。

15、陰日主比肩合正官，例如癸水合戊土正官為夫者，為丈夫效力。

16、陽日主劫財合七殺，例如庚日主劫財辛金，合丙火七殺，成羊刃駕殺，男女皆吉。

17、陰日主劫財合偏財，例如日主丁火劫財丙火，合到辛金偏財，先破後得，因失敗而成功。

例3、坤造，同一柱中劫財、傷官、羊刃全見。

傷官	日主	劫財	劫財
丁卯	甲子	乙酉	乙未
乙	癸	辛	乙　丁　己
劫財	正印	正官	劫財　傷官　正財
帝旺	沐浴	胎	墓
羊刃	將星　大耗	桃花	天乙
癸巳　壬辰	辛卯　庚寅	己丑　戊子	丁亥　丙戌

1、同柱傷官、劫財、羊刃齊全，重視外表，口袋不夠深，富屋貧人，心情空虛。姻緣薄，財來財去，金錢是非如影隨形。

2、甲生酉月，雖然比劫正印一堆，但酉月正官，氣勢不專，乙未、乙酉夾申，官殺混雜對抗比劫羊刃。正官桃花女命好，官殺混雜，劫財人漂亮。時柱丁卯，晚年合殺帶桃花有男人養。

六、食神

食神在五行組合上，是屬於同性我生者。

日干	甲	乙	丙	丁	戊	己	庚	辛	壬	癸
食神	丙	丁	戊	己	庚	辛	壬	癸	甲	乙

食神詩訣

年上食神正當時，財旺福大有名勢。

此格為人多清福，一生不缺衣食住。

年上食神怕偏印，祖業破敗並潦倒。

刑冲相見亦不利，空亡墓絕並徒勞。

月上食神要占先，手中不斷零用錢。

老來宜行積德事，晚年子孫也安然。

月上食神坐長生，一生不愁有名聲。

若見空破梟印奪，體弱多病百事空。

日坐食神自己福，平生不會有風波。

財官得見有旺運，多子長壽一生足。

自坐食神一世昌，不愁財源人緣廣。

七殺羊刃俱要忌，魁罡絕空也不良。

時帶食神勝財官，兒女賢孝不愁用。

財官二旺壽元高，後人也不會見窮。

食神最怕偏印奪，再入梟運一場空。

女命犯此守空房，男命凶禍隨身伴。

食神在十神定位之中有下列特色。

1、顧名思義，食即是飲食，直接延伸為食神坐祿，或多見食神者有

323

口福，有料理天份。食神善能飲食，體厚而喜謳歌。

2、食神坐旺或透干者，為人厚道篤實，量力而為有福氣，不喜斤斤計較。雖然不一定是榮華富貴，至少是小康生活的境界。

3、單獨的食神表示厚道篤實，食神格要成為高命，事業有成，就必須要天干透財。食神生財，通常是代理商、貿易商、掮客等，善於運用脈絡、機運等。自己不須常守第一線，擅長穿針引線。

4、食神在女命而言，也代表間接生財，在六親則是代表子女。四見與地支三合即是食神過多，則以「格」之特徵而論。

5、食神在地支，四支皆有，但又不成三合局、三會局，也不在祿旺之位，則作多根的情況。多根特色是終身有此現象，指食神在地支四見，但不出天干。食神多根，則陰食神之篤厚，一生隨時都有人樂於協助。如果並非四見，食神是厚德之福神，不是在任何一柱都是福神，而以時效論。

6、食神七殺偏財同支乃食傷生財，財生殺，殺攻身，因財惹是非。

7、食神干支合為四見，則作傷官格而言。若地支三合食神傷官，譬如庚見申子辰等，即直接作傷官格而論。

8、食神四柱不見財透干，則難成豐盈之事業；然而只要成食神格，不見冲刑，不見偏印奪食出干，可許小康而有福。

9、食神成格局，最忌偏印在時柱。女命有食神，重視小孩甚於己，尤其陽日主，正官合食神。

10、女命食神成格者，往往有自己的事業，以及獨立之財務。

11、陽日主之食神格，女命適宜於社會性、服務性之職業，例如美容業、餐飲業、仲介、保險等。陰日主之食神格，女命適宜於固定性、系統性之職業。例如軍公教人員、大公司任職，偏重內勤、行政等。

12、食印同根透，先印後食慢性病。

13、食神、傷官不喜在天干同時併見，遇之者，食傷混雜，做事起伏不定，行止飄忽不定，令人難以拿捏。

14、食神天透地藏成格，不是三合、三會、四見者，最忌時柱是偏印出干，梟印奪食，重者傷身。

15、年上食神格大家庭。食神偏財同根透，智慧性財源。

16、樂善好施，熱衷宗教公益活動。

17、食神在格局方面分輕重論斷。假設食神是主格，因為食神生財，所以食神在前，財在後。其次，食神雖然也透干成格，但八字之主格不是食神格。其中最為常見的七殺格(主格)，前一柱見食神，食神是剋制七殺格，所以要食神在前，七殺在後，即是月、時柱七殺格，年為食神格最佳。若七殺先，食神後，則此造也能成功，卻不能善後，晚年會失敗。食神制殺，不要見財。

例1、坤造，魁罡日，偏印格，拱水局三合傷官，井欄叉格。

正印	日主	比肩	偏印
己卯	**庚辰**	**庚申**	**戊申**
乙	癸 乙 戊	戊 壬 庚	戊 壬 庚
正財	傷官 正財 偏印	偏印 食神 比肩	偏印 食神 比肩
胎	養	臨官	臨官
大耗	華蓋	干祿	干祿
壬子 癸丑	甲寅 乙卯	丙辰 丁巳	戊午 己未

1、普通格以正偏印五見，論偏印格。庚申、庚辰拱子，傷官格，特別格井欄叉格，慎逢丙、丁、巳、午運，比肩爭夫，不見官星。印比重，宜財地。乙卯、甲寅運順遂。

2、年時互換空亡，魁罡日、井欄叉格；聰明豁達，順通人情。

例 2、乾造，食神格，七殺格，偏財格，日月雙冲，日時雙合，四柱換祿，驛馬帶財逢冲，正氣無刑冲。調候丙，癸。

正財	日主	七殺	食神
己巳	甲申	庚寅	丙子
庚 戊 丙	戊 壬 庚	戊 丙 甲	癸
七殺 偏財 食神	偏財 偏印 七殺	偏財 食神 比肩	正印
病	絕	臨官	沐浴
文昌 劫煞 大耗		干祿 驛馬 孤辰	將星 月德
戊戌 丁酉	丙申 乙未	甲午 癸巳	壬辰 辛卯

1、七殺格為主格，因為格局逆用，所以喜食神制殺。若食神是主格，最大作用在生財，財生殺，引殺攻身反不妙。

2、食神在前，七殺在後。寅巳申三刑，日月雙冲，日時雙合。調候在年柱，早年家世好，月支驛馬好動帶孤辰，帶財逢冲，獨來獨往。

327

例3、乾造，食神、羊刃同柱，傷官壞事，食傷多見論傷官。

偏印	日主	食神	食神
甲午	丙辰	戊午	戊申
己　　丁	癸　乙　戊	己　　丁	戊　壬　庚
傷官　劫財	正官　正印　食神	傷官　劫財	食神　七殺　偏財
丙寅　　乙丑	甲子　　癸亥	壬戌　　辛酉	庚申　　己未

進階說明：食神、比、劫、羊刃在十神定位法之中，尋常八字，都是不喜見比劫剋財，而羊刃則是較旺的劫財。其特徵就是破財、剋妻。唯獨食神不忌比、劫、刃出干，因為食神喜生，所以比劫不劫食神所生之財，反而去生食神。但是傷官生財，見比劫刃，則相反，比劫羊刃不會生傷官，直接去剋傷官所生之財，因為傷官性驕，屬於逆用之格局，<u>要有印剋食傷</u>。食神格遇羊刃同柱，或者多遇比劫，仍是勞碌命。

　　食神並不忌羊刃、比劫。若同在一柱中，主辛勞與患得患失之現象。二種強勢的十神不論生剋，都不喜在同一柱之中。食神的觀念屬於吉祥者為主，唯其忌者有，<u>印剋食神</u>，主福薄身弱。其次，忌七殺、偏印、食神，同時成格。七殺生印，食神被制不生財。印剋食神，食神不制殺，殺攻身。吉凶相混，皆為所忌。忌劫財羊刃、偏印食神，同時成格。女命以食神為子，食神與偏印在同一柱中，不利子息。尤其時柱逢冲。日支坐食神專位者，即癸卯、己酉日，身寬體胖，有福氣。不遇冲刑、偏印。男命可得有助力之妻。以七殺格為主者，因原局食神之厚道篤實而受人所矇騙。

1、原局食神傷官六見，戊申、戊午夾未，月時羊刃兩見，超級羊刃格。普通格食神變傷官格。火土兩局，大運宜金水之地。辛酉運雙合日柱，壬戌運雙沖日柱，癸亥運雙合月柱，甲子運雙沖月柱，人生安能平靜？

2、年柱食神坐文昌，小時了了。羊刃兩見，婚姻無緣莫強求。

例4、乾造，食神七殺同柱相制，時上羊刃。傷藏食露，必愚。

偏印	日主	食神	正官
庚子	壬辰	甲戌	己巳
癸	癸　乙　戊	丁　辛　戊	庚　戊　丙
劫財	劫財　傷官　七殺	正財　正印　七殺	偏印　七殺　偏財
帝旺	墓	冠帶	絕
紅艷　羊刃　將星　大耗	華蓋　寡宿	大耗	天乙　劫煞
丙寅　丁卯	戊辰　己巳	庚午　辛未	壬申　癸酉

1、原局月干食神，正官七殺四見，七殺格。正偏印三見，偏印格。調候用神甲、丙。土多用甲，然而甲己合，哪壺不開提哪壺。原局殺重印輕，庚、辛、申、酉運有利，巳、午、未財生殺不利。食神七殺同柱相制，失之太甚，性急難忍，情緒管理差。

2、《三命通會》:「柱原有刃見冲或合，歲運再臨冲合，大凶；若歲冲合而運不冲合，運冲合而歲不冲合，其禍減半論。又曰：日干無氣，時逢羊刃不為凶；言生日天元，臨死絕衰病暴敗之地，不通月氣，不能勝任財官；若逢羊刃能劫財化煞；譬如兄力弱財重，得弟分任，則可勝其財而為我用，所以不作凶論。」扶抑用神的概念。

例5、乾造，食神偏印同柱，食神本質，傷官格。

正印	日主	食神	正財
甲辰	丁丑	己卯	庚辰
癸 乙 戊	辛 癸 己	乙	癸 乙 戊
七殺 偏印 傷官	偏財 七殺 食神	偏印	七殺 偏印 傷官
衰	墓	病	衰
月德	華蓋 寡宿		
丁亥　丙戌	乙酉　甲申	癸未　壬午	辛巳　庚辰

1、正財格通根到日支偏財入庫，財格。原局丁火無根，正偏印四見，偏印格。食神傷官四見，傷官格；然而食神透干，論食神本質。

2、原局木土兩行，火無根，大運巳午未蓋頭，靠零碎流年。七殺入庫，晚年靠不到小孩。甲申運與甲辰拱水局，必有佳績。

331

例6、乾造，七殺先，食神在後，格局糊掉。

食神	日主	七殺	劫財
戊子	丙子	壬寅	丁酉
癸	癸	戊 丙 甲	辛
正官	正官	食神 比肩 偏印	正財
胎	胎	長生	死
將星	將星 月德	紅艷 驛馬 大耗	天乙 桃花 天德
甲午	乙未	丙申	丁酉	戊戌	己亥	庚子	辛丑

1、月支寅中有日主微根與偏印，財官食神剋洩交加，看似身弱。然而日主自坐正官，年干劫財，月干七殺；丁壬合化木局，鬥志與破財均緩和，壬水用神被合，三十歲前機運缺臨門一腳，印綬格帶火局，身強。殺先食後，中途必有破敗。

2、晚年時柱食神合正官，戊癸合火，失敗在於化出劫財。大耗、驛馬，走到哪花到哪。

七、傷官

傷官與食神二者是日主所生，傷官為陰生陽，陽生陰。

日主	甲	乙	丙	丁	戊	己	庚	辛	壬	癸
傷官	丁	丙	己	戊	辛	庚	癸	壬	乙	甲

食傷生財感覺總是舒服的。傷官在性格上，素有恃才而驕的表象。食神謙柔有禮、性仁慈，二者天壤之別。

傷官有傷官見官、傷官傷盡、傷官佩印、水木傷官、木火傷官、火土傷官、土金傷官、金水傷官等，可吉可凶。食神只有食神生財吉，食神制殺、梟印奪食凶，簡易明瞭。

然而以十神定位而言，沒有牽涉到格局、調候、用神、喜忌等，簡化論之，傷官透干有才學、能力，但易泛出驕氣，易樹敵而不自知，偶有大意失荊州之現象。

傷官詩訣

年上傷官不利長，最大不超二十五。
父母命硬剋不動，也要一世多辛苦。
年上傷官怕遇官，干透支藏均怕見。
家業受傷財易散，家運逢之禍百端。
月上傷官實堪憐，缺少兄弟手足情。
縱有兄弟不得力，兄有妨來弟又嫌。
月干傷官人精明，為人清雅亦傲慢。
月支傷官身亦旺，運行財地事可商。
日坐傷官總不吉，女剋夫來男剋妻。
若是羊刃又會見，天災人禍一齊來。

傷官無財人無財，年日皆傷面有疾。
傷官見官多不利，傷印二見自作主。
時帶傷官頭胎女，男女均主傷子息。
晚年運氣不如意，孤苦伶仃受人欺。
支上無財總不宜，支上見劫財不聚。
傷官最畏又見官，火土傷官一把灰。

　　傷官有下列現象：

1、傷官順用是傷官生財。傷官佩印是才學之士。

2、傷官，地支坐羊刃最不吉。因為傷官要生財，羊刃要劫財。如果傷官、羊刃同在地支，要看傷官是否透干。

3、自坐傷官，即是庚子日，婚姻難到底。

4、女命多傷官，即使不是傷官格，但地支有一、二支是傷官祿旺位。例如庚日主，月支癸水，就是內心極為驕傲剛愎，家庭難以和諧，心口不一，內心孤寂之現象。

5、時上傷官生財太晚，老來還是驕，有不錯子息。獨官見傷，夫妻不到頭。

6、傷官性驕，羊刃自大，合在一柱，是極不擅於處世之性格。

7、傷官生羊刃，不近人情，精明嚴掌財物之流程。

8、傷官生羊刃，經曰：背祿逐馬，守窮途而忄惶。傷官能剋制正官之祿，羊刃又制財馬之財。

9、傷官佩印，而財不出天干，雖巧亦貧，才學雖高，貧困而耍個性。

10、傷官浮天干，尤其是年、月浮見不成格局者，是口不擇言，人際甚差之格。

11、月柱傷官，夫緣有虧。現實而態度驕慢，見財又改變態度。

12、女命食傷在時支旺，以三、五位子息論。

13、年干傷官年支羊刃（傷官帶刃）妨父母。

14、傷官首要生財，其次用印剋傷官。

15、劫財出干的傷官格，對答講話要小心。

16、食傷當令，四柱無印夭。

17、三合會的傷官可以駕殺。真正傷官格驕，食神變的傷官格樣子驕，本性還是食神厚道。

18、天干二、三食傷，刀子嘴豆腐心，半生辛勞想太多。

19、傷官傷盡冷靜而近於六親不認，才女也。

例1、坤造，傷官坐羊刃，財氣不通。

劫財	日主	傷官	偏財
辛巳	庚申	癸酉	甲辰
庚 戊 丙	戊 壬 庚	辛	癸 乙 戊
比 偏 七 肩 印 殺	偏 食 比 印 神 肩	劫 財	傷 正 偏 官 財 印
長生	臨官	帝旺	養
劫 孤 煞 辰	干 月 祿 德	羊 桃 大 刃 花 耗	華蓋
乙丑	丙寅	丁卯	戊辰	己巳	庚午	辛未	壬申

1、庚金生在酉月，羊刃格。自坐祿，祿刃交集，缺乏對等的官殺平衡，傷官食神三見，印綬不惶多讓。大運巳午未，官殺來的巧。

2、辛未運與辛巳時柱三會官殺，庚午運與庚申日柱夾未，官殺運。己巳運火地官殺，戊辰運雙合月柱，與年柱天剋地刑，互有找補。

3、大耗、桃花、羊刃同柱，三十歲前有錢花，晚年孤辰、劫煞、羊刃透干，破敗。

例2、女命月柱傷官，夫緣有虧，日刃格。

傷官	日主	傷官	食神
己亥	丙午	己未	戊午
甲　壬	己　丁	乙　丁　己	己　丁
偏印　七殺	傷官　劫財	正印　劫財　傷官	傷官　劫財
絕	帝旺	衰	帝旺
天乙　劫煞　大耗	羊刃　將星		羊刃　將星
辛亥　壬子	癸丑　甲寅	乙卯　丙辰	丁巳　戊午

1、丙午日是孤鸞日，孤鸞日有甲寅、壬寅、乙巳、丁巳、丙午、戊午、戊申、辛亥、壬子等；夫星均在絕位。

2、午未合兩組，等於地支羊刃三見。火土太旺，火土夾雜，庸庸碌碌。戊午、丁巳、丙辰等運不見財星。《滴天髓》：「身弱而傷官旺者，見印而可見官，身旺而傷官旺者，見財而可見官；傷官旺而財神輕，有比劫而可見官。日主旺，傷官輕，無印綬而可見官。傷官旺而無財，一遇官而有禍。傷官旺而身弱，一見官而有禍。傷官弱而見印，一見官而有禍。大率傷官有財，皆可見官。傷官無財，皆不可見官。……傷官用印，無財不宜見財，傷官用財，無印不宜見印。」

337

例 3、乾造，傷官格、偏印格，月時雙沖。

傷官	日主	正印	傷官
戊申	丁卯	甲寅	戊辰
戊 壬 庚	乙	戊 丙 甲	癸 乙 戊
傷官 正官 正財	偏印	傷官 劫財 正印	七殺 偏印 傷官
沐浴	病	死	衰
劫煞	將星 天德	亡神	
壬戌　辛酉	庚申　己未	戊午　丁巳	丙辰　乙卯

1、原局傷官五見，傷官格；又寅卯辰三會木，印透天干，正偏印四見，偏印格，印剋傷官。

2、原局木土兩局，雖以火居間調停，然而副作用在奪財。大運在中年進入巳午未火地，緩和印剋食傷，以流年庚、辛、申、酉最利。卯申合不動寅卯辰。

3、月時雙沖，根基一定空，晚年見好就收。

八、正財

正財是日主陰剋陽，陽剋陰之十神。

日主	甲	乙	丙	丁	戊	己	庚	辛	壬	癸
正財	己	戊	辛	庚	癸	壬	乙	甲	丁	丙

正財在錢財而言，是很穩定之財源，例如定期薪資、存款利息、房租、退休金等。即是可預見之財源。正財，在論命的重點，卻是以正財代表妻星而言。有錢不怕沒有女緣，妻財之旺衰取決於刑冲合會，以及財根之坐祿坐絕。

正財詩訣

年上正財父業傳，安享歲月守家園。
若有財官來相扶，品格有位可升遷。
男女婚姻皆如意，只怕月上有比肩。
財旺通根更有福，年紀輕輕會賺錢。
月上正財時占先，須靠正印扶日年。
若有官食更有利，食祿無虞有聲名。
財旺又見日坐祿，自身有財又有權。
日柱不受他柱冲，穿金戴銀有宅園。
日坐正財財自來，亦主夫妻二恩愛。
初年入學有成效，所學亦帶名利來。
正財最喜見食神，中年即有事業成。
財坐長生或入庫，依然近貴有福哉。
時上正財命最長，不見冲刑晚景良。
財帛俱足又近貴，亦得生有才兒郎。

若有印祿來相助，穩坐堂前福壽長。

時干正財頭胎子，時見長生子孫旺。

正財有下列之主要特徵：

1、正財多者，為人端正，重諾守信，勤儉治身持家。

2、在年柱上，正財透出天干，主家庭出生小康之上，但不利母親，因為財剋印。

3、自坐正財有佳妻，但不能冲，又忌比劫，忌合，但不怕正偏財混合，要日主強。

4、正財在月支當令，不遇冲刑，必得有助力之妻室，若帶驛馬更真。亦主母親與妻子不和。生活儉樸端正，善於理財。若帶桃花，二度紅娘。

5、正財坐三刑女人留不久。正財帶合，例如壬日主合丁財，先私後公，對錢從寬。

6、正財天干二見以上者，則財源多歧，可兼營幾種生意。做生意有搶流行的毛病。財太過者易受愚，財過多則財理不清。財官格貴在旺，而不要多見，多見反而分散。官多不貴，財多不富，貴多反賤。

7、四柱無財，一生清雅。財重帶刑傷父母。財臨殺位，月干偏財，月支七殺，父先亡。財當令的男人會有好女人。

8、正財多而浮見天干者，虛富而不踏實。

9、天干無財地支財入庫，錢花不光，一輩子不缺錢也沒大錢。

10、正財多而有根，日主不在生、旺、庫之位，即是身弱，主懼內，妻子有權。

11、正財與正官，並行透出於年干月干者，書香門第、世家之流。

12、財旺身輕，得財亦是異途。財為比劫所伏，乃是他人之福。

13、財在地支當令，不入格，不出天干，亦有一時之福。

14、財成格，最忌比劫居首尾。

15、日支專位坐正財，即是戊子日，不見冲刑，可得勤儉持家的賢淑家世。

16、財無官殺，耗散多端。財星被合，財不自主。財在天干三見，須墓庫收藏。

17、日、時地支坐專位正財，又透正官者，獨立有成。

18、日主自坐財、官、印者，為祿馬同鄉，未見刑冲，事業有成。壬午日、癸巳日二日，日主地支自坐正財、正官、正印。

19、財在四柱俱無，論財則取七殺當財星。財疊財二度作新人。

20、財若入庫，妻不宜出場露面。財入空亡乃婚姻大忌。

21、時干正財個性急，口快心直，不喜拖泥帶水，如有刑冲，則有浮燥、不耐久之不良傾向，若無刑冲以及羊刃坐時支者，主得佳妻。正財在時支坐專位者，時效延後。

22、時支專位正財者，男命恒常作二子之論斷，例如庚日卯時，丙日酉時。正財主妻又主財，財可以分，妻不能分。故正財合、剋，以陽日主比肩剋合正財，即甲日剋己正財，丙日剋辛正財，戊日剋癸正財，庚日剋乙正財，壬日剋丁正財。甲見己既是甲木剋己土，也是甲木合己土。又剋又合，在金錢意象，就是財不能自主。在夫妻之事，則主男方心中若有所思，滿腹苦水。女掌財經奪男權。

23、女命之正財，在月支上坐祿旺之地支，在婚姻方面，考量現實。女命一財得所，紅顏失配。

24、女命月干正財，若與驛馬同一柱或者其他地支之中，恰好也是驛馬，女命勤儉，為家庭奔波。

25、財字被冲僅老婆被冲，財格被冲是事業被冲。

26、財星伏於正印之下，橫財無緣，一生財勢半數為他人所得，得財艱辛。

27、正財坐桃花者，不吉。出生於甲戌日或乙亥日者，自坐空亡，主遲婚。

28、男人三合會比劫，女人離，財散身弱。日主剋大運天干雖為財，但必須看地支刑冲合會，六合則財留住。

29、食傷拱財最好，官殺拱財財帶是非。

30、財坐空亡，財不穩定，落袋有限，七折八扣，富中有虛之現象。

31、財旺透官殺，對男命而言，是指妻壓夫。財坐絕、墓者，不利婚姻。

32、財在月柱，透天干而入格者，基於比劫剋財，四柱大忌有羊刃，亦忌羊刃大運。四柱干支無正財，即使入財旺之運，亦不受惠，在男命亦主婚姻甚遲。

例1，坤造，月柱官疊官，正財格，財生官殺。

偏財	日主			正官	正財		
壬子	戊寅			乙卯	癸未		
癸	戊	丙	甲	乙	乙	丁	己
正財	比肩	偏印	七殺	正官	正官	正印	劫財
胎	長生			沐浴	衰		
大耗	大耗			桃花	天乙		
癸亥	壬戌	辛酉	庚申	己未	戊午	丁巳	丙辰

1、原局戊土生在卯月，調候用神丙、甲、癸。財官居多，正偏財三見，正財格年干通時支，人生簡省度日。官殺四見，正官格。比劫印綬四見，身弱。

2、月柱正官天透地藏，離婚命。初運丙火家庭優渥；辰運比劫扶身；丁巳運得用神；戊午運雙合年柱，與時柱水火既濟，身殺兩停。己未運扶身，庚申雙合月柱，土金傷官忌見官，大忌。

3、原局殺重用印，由南方轉進西方，洩土生水，不免困塞，時上偏財，身弱，月時互換空亡，看得見吃不到，靠流年進帳。

例 2、乾造，自坐正財正官，假從，缺食傷，財無源，正偏財五見，桃花濫。

偏財	日主	正財	劫財
丙午	壬午	丁巳	癸酉
己　丁	己　丁	庚　戊　丙	辛
正官　正財	正官　正財	偏印　七殺　偏財	正印
胎	胎	絕	沐浴
將星	將星	天乙　亡神	
己酉　庚戌	辛亥　壬子	癸丑　甲寅	乙卯　丙辰

1、壬水生在巳月，調候用神壬、辛、庚、癸；柱中金水齊聚年柱。年上劫財，出身不論清苦，酉金生水，用神護身，還有幾番榮華。月柱正財通根偏財，正偏財五見，偏財格。日時天剋地刑。

2、財官雖多，無奈身弱，財源雜進，將相本無種，多能鄙事。四柱不見傷官食神，財無後援，更糟無庫可藏。《滴天髓》:「假從者，如人之根淺力薄，不能自立；局中雖有劫印，亦自顧不暇。而日主亦難依靠，只得投從於人也；其象不一，非專論財官而已也；與真從大同小異，(當)四柱財官得時當令，日主虛弱無氣，雖有

比劫印綬生扶，而柱中食神生財，財仍破印，或有官星制劫，則日主無從依靠，只得依財官之勢，財之勢旺則從財，官之勢旺則從官，從財行食傷財旺之地，從官行財官之鄉，亦能興發……。然假從之象，只要行運安頓，假行真運亦可取富貴。何謂真運？如從財有比劫紛爭，行官殺運必貴，行食傷運必富。有印綬暗生要行財運；有官殺洩財之氣，要行食傷運。如從官殺，有比劫幫身，逢官運而名高。有食傷破官，行財運而祿重。有印綬洩官，要財運以破印。謂假行真運，不貴亦富。」換言之，原局宜行火土運，初運乙卯、甲寅助火平順。癸丑、壬子、辛亥官殺水地，困蹇。

例3、乾造，正財癸水臨官，日主魁罡，月時互換空亡。

食神	日主	偏印	劫財
庚申	戊戌	丙子	己亥
戊 壬 庚	丁 辛 戊	癸	甲 壬
比 偏 食 肩 財 神	正 傷 比 印 官 肩	正財	七 偏 殺 財
病	墓	胎	絕
文 驛 昌 馬	華 寡 蓋 宿		劫煞
戊辰	己巳	庚午	辛未	壬申	癸酉	甲戌	乙亥

1、戊土生在子月，調候用神丙、甲。丙火在於子月寒冷，甲木備位在於戊己土多，原局比劫不弱，缺甲難成大器。時柱食神生財，坐驛馬、文昌，晚景可期。

2、年上劫財，出身清苦。乙亥運助暖無力，疏土無功，天剋地刑。甲戌運，甲木逢戊土，燥土不生木，生機蕩然。癸酉壬申運，何勞金水？行運不臨財殺，徒呼奈何！

九、偏財

偏財是被我所剋，陰剋陰，陽剋陽。

日主	甲	乙	丙	丁	戊	己	庚	辛	壬	癸
偏財	戊	己	庚	辛	壬	癸	甲	乙	丙	丁

偏財在親屬這一方面，是指父親與偏妻、情婦、小三等。基於這種重疊的六親定義，偏財在四柱的位置，在年柱指父親。偏財透在月柱者，則以父親與女友、偏妻、小三，兼而論之。人生在養成教育前，背景優劣決定於父親所提供之財力。過了二十歲至死亡，與異性之交往佔一生的二分之一，同時偏財是人生養命之源，因此，論偏財必然是父緣、女緣、金錢三者合論。偏財格出手大方，言談有趣，禁得起開玩笑。反之，走背運，吹牛不打草稿、牽鱉入甕、虛張聲勢、信口開河等。其次，偏財格顧名思義，賭性堅強，以小搏大，出險招，信奉「富貴險中求」信條。成也偏財，敗也偏財。

偏財詩訣

年上偏財得家祿，日干亦旺出英豪。
運歲再入財旺地，平步可入貴人堂。
日主無根反為禍，刑剋長親多阻磨。
若是年時又逢劫，一起一伏多變幻。
月上偏財眾人抬，兄弟姊妹靠得來。
不宜守家喜在外，末學手藝做買賣。
月上偏財是外財，貴人手下求得來。
偏財臨月夜怕劫，財多婚姻自有災。
時上偏財自己財，身旺兒孫福自來。

切忌比劫來分奪，傷妻損子福見敗。
流年最喜會偏財，金銀不缺有田宅。
時上偏財怕比劫，刑妻剋子亦多災。

　　偏財特性如下：

1、事業成就豐盈時，推己及人，吃完飯帶頭付帳。事業憂虞，有吸金之能力，接近者有一定之風險。
2、偏財多者為人慷慨，一諾千金，對金錢揮灑自如，提得起放得下。
3、偏財是指運用智慧所得之財產，大抵是以掮客、代理商、經紀人等為標準之偏財。而不全指不勞而獲之財，諸如賭博等之財。
4、偏正財露出天干，輕財好義喜奉承，好說是非，嗜酒貪花，坐比劫更甚。
5、成大事不拘小節，只在大處著眼，不喜在小事上討價還價，不持久不耐磨。
6、食神與財同根透，食神生財，不逢刑冲好命。
7、個性寬宏，輸得起、放得下的性格，見虧損，淡然處之。
8、偏財在年好家庭，偏財在月御眾女，桃花更甚。
9、時柱偏財、正官、羊刃建祿，日祿歸時，時上七殺等都不甘退休。
10、財星在地支無旺位，最宜地支財六合。財局無食神，必須天干明見官星方有望。
11、喜自由開放，不拘小節，總有些異性噓寒問暖。
12、財星坐空亡，縱有一時之利，背時仍無力遠圖。
13、以自己對人之喜好，決定相助之大小。善於應用機會、心理、形勢。
14、財坐貴人見驛馬，商事有利還遇貴。財星逢刃，切勿因財與人爭訟。

15、言辭雖很明朗、樂觀，但聽者有意，認為是誇張而不務實。

16、生活作息，有時會晨昏顛倒，生理時鐘較敏感。

17、流年偏財運，比肩拱比肩，財難落袋。

18、從商意志堅定，勝則得隴望蜀，雖屢敗而屢戰，太陽永遠從東邊升起。

19、有錢大家賺，皇帝不差遣餓兵。

20、財拱於地支，而天干透比劫，主得財艱辛。

21、偏財在時支獨立創業。財官印全，要有調候。財逢食傷更妙。

22、男命手頭大方，容易與異性對話。

23、偏財在時支獨立創業。財逢食傷更妙。

24、天干財多的人到處炫耀。

25、財殺同根透不缺錢，錢和是非連在一起，男人財殺同根透，女人方面有麻煩。

26、日主自坐偏財30餘歲就有錢。偏財通到時支不缺錢。

27、衣食享受水準之上，長袖善舞，而財力旺衰是另一回事。

28、偏財坐於日支專位者，為同居等之性質。偏財在時柱透干時，是以作偏妻、細姨、女友而認別之。

29、偏財根透年柱，主家世良好，且能承受產業，尤其是通根於時支。

30、偏財坐專位羊刃、劫財，父去他鄉。

31、日時地支，坐專位偏財者，例如丁酉日、酉時。只要不見刑冲，時干不是比肩、劫財，大運也沒有比劫、刑冲，主晚年有成。

32、偏財出天干，又與天、月德貴人同一天干者，在年、月有好名聲之父親。在月、時可以視為有賢慧之紅顏知己。

33、凡偏財多者，若無食神出干洩掉比劫、羊刃，時柱見之大忌。

34、年月比肩、劫財，而時干透出偏財。祖業凋零之後，再創新事業。

35、偏財七殺年月天干並立,財生殺,地支又有根者,殺強剋日主,間接來自於父親之壓力,父子外和心不和。將偏財生七殺改在日、時,則作女友難相處。

36、天干二、三財,虛華歲月,入不敷出為錢愁。

37、偏財俱皆明見於天干者,不論地支有無財根,喜歡表露財富於外表。恐有隨身不離之女友。有意無意誤導他人高估財力。女性若在時柱偏財多,則解釋為善於理財之女性,進入時柱,建立自己的專業領域。

列1、乾造，年上羊刃，日祿歸時，偏財格。

正印	日主	偏印	偏財
辛亥	壬寅	庚寅	丙子
甲　壬	戊　丙　甲	戊　丙　甲	癸
食神　比肩	七殺　偏財　食神	七殺　偏財　食神	劫財
臨官	病	病	帝旺
干祿　劫煞	文昌　孤辰	文昌　孤辰	紅艷　羊刃　月德
戊戌　丁酉	丙申　乙未	甲午　癸巳	壬辰　辛卯

1、壬水生在寅月，調候用神庚、丙、戊，可惜併排。亥子水旺，庚金看似閒神。正偏印無根，難有萱堂遺蔭。偏財格在年干，自坐劫財，家道中落。丙火偏財成格，壬辰運與日柱壬寅拱卯，傷官生財；運干劫財，七折八扣。癸運坐火，劫財無力，巳午未財官得地。

2、〈四言獨步〉：「先財後印，反成其福；先印後財，反成其辱。」先填飽肚子，再談道德。偏財坐劫財，父去他鄉父緣薄。丙申運比劫旺，一申沖二寅。

351

例2、乾造，財印成格，各自為政，門面漂亮。

正印	日主	正財	偏財
己卯	庚辰	乙亥	甲午
乙	癸 乙 戊	甲 壬	己 丁
正財	傷官 正財 偏印	偏財 食神	正印 正官
胎	養	病	沐浴
	華蓋 寡宿	文昌 亡神 天德 大耗	月德

癸未	壬午	辛巳	庚辰	己卯	戊寅	丁丑	丙子

1、庚金生在亥月，食神當令，水冷金寒；調候用神丁火煉庚，丙火暖寒，年柱甲午，火勢烜焰；午亥暗合，年柱財官印，正偏財坐天德貴人，豪門世家。正印正財通根，正印格。正偏財五見，偏財格。

2、四柱無刑沖，合多人緣好。財印成格，分居於日主兩側，隔位不相剋。日主無根，行運東方，財不落實，怕逢比劫。

352

例3、坤造，時上偏財，年月比劫。年時雙合，四柱一旬。

偏財	日主	比肩	劫財
己卯	乙亥	乙亥	甲戌
乙	甲　壬	甲　壬	丁　辛　戊
比肩	劫財　正印	劫財　正印	食神　七殺　正財
臨官	死	死	墓
干祿　將星　大耗	天德　孤辰	天德　孤辰	月德
丁卯　戊辰	己巳　庚午	辛未　壬申	癸酉　甲戌

1、乙木生在亥月，調候用神丙、戊。柱中不見丙、戊，原局又無格
　局。乙木亥水兩見，有財剋印，比劫洩水，無虞水泛木漂。

2、早運甲戌雙合己卯，用神得地坐月德貴人，好身世。癸酉雙冲時
　柱，壬申旺水漂流，家道中落。辛未運天剋地合，先官後比，先
　旺後衰。庚午、己巳運剋合太多，冲財戊土格局崩陷。年時雙合，
　可見天子，日祿歸時，乙亥夫星空亡。

353

十、正官

正官是剋制日主之神，陰陽相制，剋制有情。

日主	甲	乙	丙	丁	戊	己	庚	辛	壬	癸
正官	辛	庚	癸	壬	乙	甲	丁	丙	己	戊

　　財、官、印，三者望文生義，總是受人喜愛。古時讀書人一生以官祿為追求目標，正官是陰陽相制有情意。正官不能獨用，須要財、印適度之配合，即財生官殺，官殺生印；忌孤官無輔與冲刑。

正官詩訣

年上正官添祖蔭，長上有德留名聲。
更佳天干獨見官，此人必定早握權。
年上正官怕傷官，遇此定然添麻煩。
中年要入正官運，日主有旺職位升。
月帶正官是貴人，日祿有根有權名。
正氣官星通月支，官星不可破了格。
為人正直明事理，更忌行入傷官運。
猶防煞刃同時來，酒色之災定傷身。
日坐正官正當時，職名遠播有位勢。
男女皆有配偶助，日坐官星主名利。
有福之人財入庫，無冲無破是清福。
日官更喜透官印，獨自一品即佳命。
時帶正官大吉昌，財祿扎根在命上。
子女賢孝又得力，子孫有職人丁旺。
時上正官在時支，得財全在貴人扶。
只要不冲亦不刑，一世無憂盡風光。

正官特性如下：

1、正官多者，愛面子，不沾鍋，虛名虛利視為人生觀，為人性格溫和、篤實；正官過多，作七殺論。

2、正官在年柱，透出天干者，出生於書香門第家庭，而且頭胎機率大。露官論官，露殺論殺。

3、正官在時柱，坐專位地支者，男命主有得力之子息。例如，戊日主生於卯時。

4、男命忌見年干、時干為正官，為兩頭掛，對頭胎子息不利，正官七殺也不妙。

5、月柱正官坐七殺，問題少年。女命正官坐庫中七殺，兩男取捨。

6、正官獨透天干成格，而四柱天干不透財、印者，則是篤實守本分。

7、身弱之官殺混雜，喜用比劫扶身，因忌財生官殺攻身更急，比劫既可扶身，又能剋財，以免財滋煞。官露殺藏心意難測，殺露官藏忠義仁慈。

8、正官與傷官，二者同時是在同根透出天干，又無別的格局通關，不自量力，昧於現實判斷，重者失荊州，輕者事倍功半，吃力不討好。女命傷官見官，婚姻不美滿，親緣稀疏。傷官傷盡，精明能幹，冷酷無情。

9、官殺三見，官不成官，殺不成殺；家庭之事爭合不定。

10、陰日主合正官，例如丁火以壬水為正官，為夫效力，因感情之執著而操煩。

11、年月柱之官殺混雜，對青少年而言心裡煩悶，混幫派跡象，女命尤忌。

12、正官坐七殺，男命多受責斥，恐有訴訟之災，女命大不利於婚姻。女命正官坐七殺在月柱，主三十二歲以前，有雙重感情糾結。在年柱無時效性。在時柱則從輕而論。

13、正官坐羊刃，因為正官制身，其勢不如七殺，羊刃冲奔，以小圖大，男女均為力不從心之現象。

14、缺官殺耐心不足，只能為他人理財，對自己反而不會理財。

15、女命自坐官印，又官印透干，有品味，忌刑冲空亡。

16、女命財生官殺，有幫夫命，忌刑冲空亡。

17、正官坐日主之臨官祿位即可，若坐羊刃、帝旺之位，則正官無法剋制配有羊刃之日主。

18、正官坐正印或者是同根而透出者，不論男女，只要不見刑冲合會，皆作吉祥之論。

19、女命正官坐寅巳申，丑戌未三刑，終究姻緣有虧，逢冲、空亡更甚。

例 1、乾造，傷官見官，有財通關，印弱有比劫。

正官	日主	傷官	正印
癸巳	丙申	己丑	乙巳
庚　戊　丙	戊　壬　庚	辛　癸　己	庚　戊　丙
偏財　食神　比肩	食神　七殺　偏財	正財　正官　傷官	偏財　食神　比肩
臨官	病	養	臨官
干祿　劫煞	文昌　孤辰		干祿　劫煞
辛巳　壬午	癸未　甲申	乙酉　丙戌	丁亥　戊子

1、正官月支透出時干，正官格。月干傷官通根月支主氣傷官，食傷五見，火土傷官忌見官，宜行財運；喜見巳申晚運合水。原局傷官旺，印弱制不住傷官，宜洩不宜剋。年時祿位，身強。

2、《滴天髓》：「傷官用財者，日主旺，傷官亦旺宜用財，有比劫而可見官，無比劫有印綬，不可見官(反之，印弱有比劫可見官)。」初運水地，戊子化火無傷。丁亥雙冲時柱。丙戌拱酉喜見傷官生財。乙酉、甲申運，財地順遂。癸未運，冲出雜氣官，比劫相遇，水火既濟。

例2、坤造，正官疊七殺，午午自刑，官殺生印；缺財行財地。

正印	日主	正官	傷官
戊戌	辛酉	丙午	壬午
丁 辛 戊	辛	己 丁	己 丁
七殺 比肩 正印	比肩	偏印 七殺	偏印 七殺
冠帶	臨官	病	病
	紅艷 干祿 將星	天乙 桃花 月德	天乙 桃花

戊戌	己亥	庚子	辛丑	壬寅	癸卯	甲辰	乙巳

1、辛金生在午月，調候用神壬、己、癸；壬水在年干，金水緲然無根。月上正官，官殺四見，論七殺格；論十神定位，官透先論官。日主辛合丙，正官坐七殺，晚年七殺入庫，婚姻不穩。原局無財。

2、甲辰運雙沖戊戌，雜氣財透出；辰酉合落空。癸卯、壬寅食傷生財得利。辛丑、庚子運比劫生食傷得利。

358

例3、乾造，正官、正印同根透，官印雙清，門面清新。

正印	日主	正官	食神
己卯	庚寅	丁未	壬午
乙	戊　丙　甲	乙　丁　己	己　丁
正財	偏印　七殺　偏財	正財　正官　正印	正印　正官
胎	絕	冠帶	沐浴
桃花		天乙	將星

乙卯	甲寅	癸丑	壬子	辛亥	庚戌	己酉	戊申

1、庚金生在未月，調候用神丁、甲；用神得地。日主無根，有印怕
　官殺，要帶比劫。大運戊申、己酉、庚戌，比劫護身帶印，制官
　殺。辛亥運比劫生食神，亥運三六合財地，先否後泰。壬子、癸
　丑食傷運，財逢食傷有利。子運刑沖害，吉中帶凶。
2、年月雙合，木火相生，自有一番風情。正官疊正官，有婚必離。
　桃花配寅午透丁壬，午未合火，花香千里。

十一、七殺

　　七殺是剋制日主之同性相制，即陽剋陽，陰剋陰，其剋無情。天地之數逢七而絕，七殺給人直觀之感覺是小人、凶暴、惡鬥等。然而命格高低在於成格之條件，反而掌權之人，大有七殺格之存在。七殺又稱偏官、七煞，例如壬水剋丙火，癸水剋丁火，壬水就是丙火的七殺，癸水就是丁火的七殺。

日主	甲	乙	丙	丁	戊	己	庚	辛	壬	癸
七殺	庚	辛	壬	癸	甲	乙	丙	丁	戊	己

　　七殺喜食神制殺，殺印相生，身殺兩停、羊刃駕殺等。即使不以格局而言，干支七殺之鄰位十神，或者是干支自坐之十神，大抵也是依此四項為原則。例如食神坐七殺，七殺坐正印，七殺坐羊刃等，也可以主一柱十五年之吉祥。以一般十神定位的範圍，並不是以七殺格為主，而是以七殺周邊干支位序，而論斷六親十神等現象。

七殺詩訣

年上七殺命不佳，上剋爹來又剋媽。
父母命硬剋不動，凶險之事身上加。
七殺有食曰偏官，煞刃會印有實權。
身弱劫多又是病，七殺會透多傷殘。
月帶七殺犯小人，小人引得是非臨。
要是七殺見冲刑，不免災禍會傷身。
煞刃兩全是威風，煞印相逢有職名。
官殺混雜反為敗，煞梟相會有天貧。
日坐獨殺是人才，性嚴剛毅有氣魄。

七殺有食衣祿足，殺印相逢人豪邁。

七殺怕冲又合會，冲合多主病與災。

七殺也畏劫財臨，男女均主婚不順。

時上七殺一位真，日旺合刃富裕人。

時殺不怕冲與合，制殺太過反傷身。

時逢七殺本無兒，食傷太過會夭損。

身強殺旺事事可，身弱財多主貧困。

1、七殺最怕刑冲，其餘十神也忌刑冲，唯七殺性暴，冲刑之後反應激烈。

2、女命七殺為夫，只要喜歡談得來即可，不在乎條件如何。

3、七殺怕在地支多根，也就是指四柱地支，每一個地支都有官殺，即主一生嚴重犯小人。

4、忌日主坐七殺之祿位，稱為天元坐殺，例如乙酉日、己卯日等，等於躺在炸藥箱上睡覺。

5、年上七殺，早年一場凶。七殺坐在年干，出生於清貧世家，或者是幼年多疾，或是性格頑劣。七殺多又無制合者，性格剛強。扶弱抑強，見義勇為，固執不易聽人勸言。

6、七殺最忌與正官齊見天干。

7、年干七殺，年支羊刃先喪母。天干多七殺，殺年見疾。地支多七殺，殺年見凶。

8、七殺透干，地支有根，日主地支最宜有羊刃扶身。若日主有羊刃之地支，則為身殺兩停，七殺反為日主所用。

9、天元坐殺者，若無食神、羊刃制合，則性急伶俐，心巧聰明。對人不信任，神經兮兮懷疑心，出干成格身弱，鬼靈精。天元坐殺於專位者，只有二天，即是出生於乙酉日、己卯日。忌日支所坐

361

之七殺透出於月干,否則要有食神、羊刃制合,否則恐體弱多病,
甚或夭壽。

10、無官殺者不聚財,財無去處難成大業。

11、七殺浮見於年、月天干者,性好變易,三十歲前無定性。

12、七殺坐桃花,又逢刑冲者,視為桃色引禍。男命、女命俱皆同
論。七殺坐桃花者,只有三天,即是丁亥、丁卯、丁未日。又
生於子時,大忌午運。

13、七殺不喜與財同根透出,是非金錢糾結。

14、七殺坐在時干,不論是否成七殺格;也不論時干七殺引於月支
,是強是弱,俱皆作性直不屈,有不計困難、堅持己見的性格。

15、時上七殺一位方為貴,年月日時又有,反為辛苦勞力,日主身
強更妙。

16、七殺在年干、時干各別一位之時,稱之為七殺兩頭掛。七殺兩
頭掛,在男命為頭胎子息有困難。在女命則視為婚姻有障礙,
相似於官坐官,殺坐殺。官殺兩頭掛,有子難留。

17、月、時天干俱是七殺者,主體弱多病,身強可免。

18、女命七殺地支,坐入三刑,或對冲,俱皆作夫妻不合之論。

19、七殺坐空亡,夫緣薄。

20、官殺混雜在天干,容易合掉。藏於月支者難去。

21、五陽日甲丙戊庚壬,食神能去殺,又能留官,甲日主食神丙火
,丙火制庚金七殺,丙又能合住辛正官。

22、傷官能除去正官,不能留七殺,必須合羊刃,方能留七殺。五
陰日,傷官能去正官,亦能留七殺。

23、食神制殺,食神能去除七殺,而不能留正官。去正官留七殺,
平生機巧,不輕易信任他人。

24、七殺必須帶食神、印綬。七殺成格最為貴，官殺俱被剋，反不
成權。

25、正官七殺相連四位以上就是殺。食神四位就是傷官。官星疊見
只論殺。

26、年月日時或有四位官殺，明見官，用官；明見殺，用殺。

27、《三命通會》：「六乙生逢巳酉丑。局中卻忌財星守。忽然行運至
金鄉。管取平生壽不久。……庚日全逢寅午戌。天干透土始為祥。
重重火旺身名顯。命理休囚忌水鄉。……六丙生人亥子多。殺星
歸印反中和(四見)。東方行運功名顯。運至西方事轉磨。……陰
水多逢己土傷。殺星須要木來降。縱然名利能高顯。只恐平生壽
不長。乙木生居莫逢西。莫逢全巳丑，富貴坎離宮，貧窮坤兌守。」

28、七殺格要成格有用，有殺印相生、食神制殺、身殺兩停、羊刃
駕殺等，非此族類，七殺很難用。

363

例 1、乾造，食神制殺，日月天剋地刑，四柱全陽，偏財坐絕。

偏財	日主	七殺	食神
甲申	**庚午**	**丙午**	**壬申**
戊　壬　庚	己　丁	己　丁	戊　壬　庚
偏印　食神　比肩	正印　正官	正印　正官	偏印　食神　比肩
臨官	沐浴	沐浴	臨官
干祿　驛馬	將星	將星　月德	干祿　驛馬
甲寅　癸丑	壬子　辛亥	庚戌　己酉	戊申　丁未

1、庚金生在午月，調候用神壬、癸。年干壬水通根年支與時支，食神格。月干七殺，地支午火兩見太旺，當論七殺格。金水與木火，即比劫食神與財殺對抗賽，勢均力敵。

2、《淵海子平評註》:「煞旺食強而身健，極為貴格。……煞旺食強，陽干陰干不同，陰干不畏殺旺，指須食制;陽干必須身健，否則剋洩交加，非用印不可。……殺用食制，不要露財透印，以財能轉食生殺;而印能去食護殺。然而財先食後，財生煞而食以制之;或印先食後，食太旺而印制之，格成大貴。」

例 2、乾造，殺印相生，精明滑頭，年上七殺，早年頑燥。月柱專立正印，母愛光輝。

正財	日主	正印	七殺
丁未	壬申	辛酉	戊辰
乙 丁 己	戊 壬 庚	辛	癸 乙 戊
傷官 正財 正官	七殺 比肩 偏印	正印	劫財 傷官 七殺
養	長生	沐浴	墓
		桃花 大耗	華蓋
己巳　戊辰	丁卯　丙寅	乙丑　甲子	癸亥　壬戌

、壬水生在酉月，金白水清，忌戊己為病；調候用神甲、庚。壬水酉月沖奔，用甲洩水，無甲用乙，有大運甲、乙、寅、卯。用庚在於啟發水源，自坐申金帶月柱辛酉足矣。

、原局殺印相生，看似殺重印輕，然辰酉合七殺減一位。早運壬戌與日主壬申拱酉，不是母親桃花就是自己可愛。癸亥運水旺，自我中心。甲子運食神得地有佳音。乙丑運雜氣財出干。丙寅運食神生財沖申，定有斬獲。

例3、羊刃駕殺，食神生財，日月換祿，自坐正財。

七殺	日主	偏財	食神
甲寅	**戊子**	**壬午**	**庚寅**
戊　丙　甲	癸	己　丁	戊　丙　甲
比肩　偏印　七殺	正財	劫財　正印	比肩　偏印　七殺
長生	胎	帝旺	長生
驛馬	將星	羊刃	驛馬
庚寅　　己丑	戊子　　丁亥	丙戌　　乙酉	甲申　　癸未

1、戊日主生在午月，羊刃格；調候用神壬(財星)、甲(官殺)、丙(印綬)。月干正是壬水，寅中甲丙，甲木透干足矣，用神得所，時勢造英雄。戊子、壬午，水火既濟互換祿。

2、《三命通會》：「羊刃偏官有制，膺職掌於兵權。……羊刃入官煞，威震邊疆。」原局年月干食神生財，財生殺，殺生印。日主羊刃格，身強。七殺三見帶財，殺強；原局堪稱羊刃駕殺。金水大運洩日主，喜印比流年。

例4、身殺兩停，《造化元鑰》例，辛透癸藏，身強殺旺，方伯。

偏印	日主	七殺	傷官
辛酉	癸酉	己巳	甲辰
辛	辛	庚 戊 丙	癸 乙 戊
偏印	偏印	正印 正官 正財	比肩 食神 正官
病	病	胎	養
將星 天德 大耗	將星 大耗	天乙 孤辰	
丁丑　丙子	乙亥　甲戌	癸酉　壬申	辛未　庚午

1、癸水生在巳月，調候用神辛。巳月癸水幾絕，調候用神很彆扭，
　　因為癸水很弱，壬水喧賓奪主，只能用金生水，喜見辛母，無辛
　　用庚，但不自然。原局辛金印綬三見，恰好化去官殺三見。

2、原局年月兩柱化土，火生土，官殺旺；日時兩柱金生水，全局卦
　　象火土與金水，土生金。壬申、癸酉運制殺為用。甲戌天比地沖，
　　木洩土滯，癸水必有災蹇。陰日主七殺合傷官，恰為我用。

367

十二、偏印

　　偏印是日主五行，同性相生，陰生陰，陽生陽。不如異性相扶的自然親切。行禮如儀般的有理無情，也像官僚單位的照本宣科，照章辦事，敷衍交代責任。因此，不論男女，偏印成格或坐旺祿者，生活中少有感情融洽的感受。然而當事人並非故意，生性如此而已，忌見刑冲，否則因個性而徒生事端。偏印之性格，有藝術、文學、哲理、宗教之才華，對非現實性的領域，領悟力甚高。

日主	甲	乙	丙	丁	戊	己	庚	辛	壬	癸
偏印	壬	癸	甲	乙	丙	丁	戊	己	庚	辛

偏印詩訣

年上偏印為不祥，命上犯上妨爹娘。
月有偏財先妨父，年支偏印母不祥。
父母命硬剋不動，是非口舌自遭殃。
梟印最怕來奪食，貧困潦倒自身傷。
月上偏印要坐旺，多才多藝也高強。
若有刑冲加奪食，性情懶惰又放浪。
逢食兄弟皆無緣，多學少成人緣荒。
梟刃若再見印星，子女亦恐並有傷。
自坐偏印性雖孤，卻對事業下功夫。
透官也是有名位，只是心情多猜疑。
日下偏印有天賦，聰明之智不可估。
但怕婚姻不和順，雖有愛情心不足。

1、偏印過多者主性格孤僻,含蓄而不致力於表達,有些執著拘泥。遇事不稱心之時,則出言譏諷或以牙還牙。在感情與事物的看法是先斟酌負面的。

2、丁日卯時即偏印,夫災子寡。偏印帶冲性格惹禍。

3、心情上是趨近於提不起,放不下;做事有始無終。第一時間不肯認錯。

4、偏印多者,沒有下台階,不願意輕易改弦易轍。必須給足面子、曉以大義,才願意認錯。

5、偏印坐時支旺,論女命子息遲。

6、女命自坐偏印不合群(坐病)婚姻不佳。庚子、乙亥日(坐死,空亡)女命婚緣不美。

7、梟印當權使心機,始勤終惰,多學少成。

8、偏印劫刃,出祖離家,外向謙和滿口仁義,內無慈惠之心。

9、偏印透殺靠公權力,流年同論。例如財化印破財,得他人相助。食傷化財,喧賓奪主。食傷化食傷,暗中之財。

10、庚日地支申子辰成傷官格,遇戊辰流年化印,印剋食傷,弄巧成拙。

11、先設想到過程的困難,考量下一步驟,雖然算細心,想得多作得少,凡事先作悲觀預測。

12、時上偏印遇官殺,沒小孩。

13、偏印在月柱上討厭帶小孩。

14、喜歡遇到偏財,因為偏財制偏印。因為偏印代表異路,另須帶天、月德貴人,否則性格消極封閉之心態。

15、女性偏印多,基於心高氣傲,不願先開口,喜歡別人揣摩心事。

16、偏印透比劫,傾家蕩產。偏印透食傷,文才出頭。

17、偏印在月柱坐專位，集中在十五－三十歲，這正是人生最重要的階段。三十歲前想靠藝術、宗教成大業，機會很少。四柱全陰，則恐有言清行濁之弊。再帶凶煞，女子恐有失聲譽。

18、偏印在年柱，干支俱透，不利於長親。以十神定位觀念而言，偏印就是偏母，偏母在年上當令，則正母無權。恐有領養、認契、庶出、同父異母等之現象。

19、日支坐偏印於專位，不論男女，姻緣俱有苦衷。遇刑冲尤不吉祥。日支坐偏印專位者，只有二天，即是出生於丁卯、癸酉二天。

20、偏印專位在月支，以藝術、文學、技藝等異路專長為業。月支是二十二歲至三十歲之間，人生家庭職業定型時期，婚緣遲。

21、干支偏印坐月柱，專位入格局者，雖巧無福，有貴人可解。

22、偏印坐在絕位，或遇天干壓偏印於絕支等蓋頭截腳現象，事倍功半，努力與收益不對等。

22、天干三偏印者，婚姻遲滯，亦兼論為家族人口日稀。天干明見二偏印、三偏印，地支之中有偏印，更甚。

23、女子偏印多者，或在時柱根重者，子息少，也不喜歡帶小孩。因為偏印剋食神、傷官。故此，偏印多，皆主與子息緣薄。偏印是異途怪咖，怕吵而喜孤獨清靜之氣氛，不喜歡孩童喧鬧。

24、月柱專位之偏印成格，崇尚藝術，美其言淡薄名利，缺乏積極進取之人生觀。

25、日支自坐專位偏印，即是丁卯、癸酉二日，坐旺又見冲刑者，不論是否偏印格，應防口舌鬥氣意外之災害。

26、偏印過多，又與傷官同時透出天干者，對女命最為不利。以偏印制子息，傷官制官星。有偏財與天月德貴人相助可免，偏財透干，自坐貴人更妙。

例 1、乾造，印剋食傷，子息稀少。

正印	日主	七殺	偏印
戊子	辛丑	丁丑	己丑
癸	辛　癸　己	辛　癸　己	辛　癸　己
食神	比　食　偏 肩　神　印	比　食　偏 肩　神　印	比　食　偏 肩　神　印
長生	養	養	養
文昌	華蓋	華蓋	華蓋

己巳	庚午	辛未	壬申	癸酉	甲戌	乙亥	丙子

1、原局辛金生在丑年丑月丑日，正偏印五見，偏印格。地支食神四見，接近食神格。《子平粹言》：「旺者喜洩，印太旺宜行比劫之地，以洩印之旺氣；以全局氣勢為主，其理故一貫。……四柱無一點財星，不能用財破印，乃母旺(印綬)子衰(比劫)之局。」甲運正財孤掌難鳴，無力制印。戊運厚土埋金滯水，前不著村，後不著店。癸酉、壬申運金水洩土，五行順生，通樂。辛運入丑庫，空轉。未運一未沖三丑，天翻地覆。

2、《神峰通考》：「重逢生氣若無官，常作清高技藝看；官殺不來無爵祿，總為技藝也孤寒。」原局無財官運，作清高技藝看。

371

例 2、乾造，自坐偏印，乙丙丁三奇貴人，比劫五見，缺金水財官。

劫財	日主	偏印	劫財
丙午	丁卯	乙未	丙寅
己　丁	乙	乙　丁　己	戊　丙　甲
食神　比肩	偏印	偏印　比肩　食神	傷官　劫財　正印
臨官	病	冠帶	死
干祿	將星	紅艷　華蓋　大耗	亡神
癸卯　壬寅	辛丑　庚子	己亥　戊戌	丁酉　丙申

1、原局正偏印四見，比劫五見，身強。《神峰通考》：「印星偏者是梟神，柱內最喜見財星，身旺遇之方是福，身衰梟旺更無情。」初運申酉財地蓋頭，無功。戊戌運食傷旺，原局無財不受用。己亥運乍看濕土洩火，無奈午亥暗合，寅亥合木，亥卯未三合，梟印太旺傷身。庚子運財生殺，用神雖好，刑沖太濫，賓士車駛入荊棘地。

2、《三命通會》：「日祿歸時，青雲得祿；月令財官，遇之吉助。」，原局無財官。又說：「歸祿得財而獲福，無財歸祿亦須貧。」前三柱太旺，時祿反而壞事。

372

例 3、乾造，年柱偏財格，偏印格在月柱，食神格，四柱全陰。

食神	日主	偏印	偏財
癸巳	辛巳	己丑	乙卯
庚 戊 丙	庚 戊 丙	辛 癸 己	乙
劫財 正印 正官	劫財 正印 正官	比肩 食神 偏印	偏財
死	死	養	絕
孤辰	孤辰	華蓋 寡宿	

辛巳	壬午	癸未	甲申	乙酉	丙戌	丁亥	戊子

1、原局偏財，偏印，食神，三格鼎立。以月柱偏印帶正印最強。《神峰通考》：「印綬生月利官運，畏入財鄉，蓋財乃破印之氣。……然四柱印星太旺，日主有氣，印疊生身，如人元氣本旺，再服補藥，生可存乎？此則必用見財以破印也，四柱財少，必須運上財神則吉。又若日主根清，印星又弱，最畏財星，謂之貪財損印。」

2、原局有食神生財，與印生比劫對抗之趨勢，但因為正官通關，故用偏財制偏印落空。丁亥運天剋地冲日時兩柱，雖「金水傷官要見官」，但橫生波瀾。丙戌運官殺旺，殺印相生。《神峰通考》：「月逢印綬喜官星，運入官鄉福必清。」乙酉、甲申運，財星坐比劫，冲合太多，無利可圖。癸未運冲月柱雜氣財，地支合殺，必有斬獲。

373

例4、乾造，偏財剋偏印，年時天剋地刑，日主無根。

偏印	日主	正印	偏財
辛酉	癸未	庚戌	丁酉
辛	乙　丁　己	丁　辛　戊	辛
偏印	食神　偏財　七殺	偏財　偏印　正官	偏印
病	墓	衰	病
	華蓋　寡宿		

壬寅	癸卯	甲辰	乙巳	丙午	丁未	戊申	己酉

1、原局日主無根，身衰；正偏印五見，偏印甚強；偏印用偏財剋制，偏財三見，偏財格。食神入庫在日支。《神峰通考》：「印星偏者是梟神，柱內最喜見財星；身旺遇之方是福，身衰梟旺更無情……偏印能益壽延年，身旺遇之吉，若身弱逢梟旺，則為禍矣。」

2、《造化元鑰》：「九月癸水，戊土當權，癸水失令無根，專用辛金，次用癸水甲木，甲木；癸有辛，乃有母；有癸，甲乃有根。」調候用神辛、甲、壬、癸。

十三、正印

　　正印生日主，陰生陽，陽生陰，生扶日主有情。犧牲自己，照亮別人。木生火，木要自焚為灰，才有「火」之形成。不會因利害而影響，由直覺發出感情，不問成敗。成格與否，在於四柱有無正官七殺通關，否則財剋印，正印須順生不可剋制。印是文質彬彬，須配有正官七殺，其力方顯。

日主	甲	乙	丙	丁	戊	己	庚	辛	壬	癸
正印	癸	壬	乙	甲	丁	丙	己	戊	辛	庚

正印詩訣

年上正印有祖蔭，父母對其恩愛深。
安守祖上舊家業，何必自己多費心。
正印更喜官來生，官印相生富貴真。
死絕空亡皆不利，食祿長生是貴人。
月上正印有文才，品貌安祥有氣質。
智高見遠能成事，主張不用他人介。
官印二見更見貴，若逢空絕必有災。
月上正印能守財，賢妻孝子命中帶。
日坐正印福氣長，智力人皆稱許諾。
妻賢子吉名聲有，日主有祿更為妙。
日弱便須印相生，日坐印見官最好。
另怕財星明剋破，流年也怕傷官到。
時帶正印自己福，到老不會有辛苦。
子女賢孝事到老，晚年平靜又有福。

若與正官同相遇，一生常有貴人扶。

時上正印頭胎女，刑冲空墓傷父母。

1、正印成格，或正印多見者，有明顯的謀士、文人氣質。

2、正印坐正財，一步一腳印，勤勉中得利。

3、天干二、三印，自鳴清高，自我設限。

4、正印不怕日主坐死絕，反而怕日主太強。見臨官帝旺，而又正印太多，反而孤疾，並視錢財如糞土。

5、羊刃天干浮印綬，身太旺殘疾在身。

6、正財正官正印當令出天干，量力而為小氣。

7、正印坐正印，辛勞與妻母不和睦。正印坐七殺，事忙而家庭圓滿。

8、正印坐偏財，受人尊敬。正印坐食神，過分自信而引是非。

9、正印坐羊刃，身心多傷。正印坐正官，交廣有財。正印坐偏印，欲望難滿足。

10、正印坐傷官，名利有望不利母。正印坐比肩，朋友多而如意。

11、時柱正印，子女仁慈有孝。

12、正印坐正官在月柱，書香門第儀容端莊。

13、正印在干坐天月德貴人，淑女賢婦吉命。

14、正印坐傷官，婚緣薄，有藝文宗教思想，坐羊刃同論。

15、女命自坐官印透官印，有雍容品味。

16、男正印好命要帶官殺，有權的文人。

17、正印代表母親，如果自坐死絕，或者天干正印而地支有冲刑，皆是主不利於母親，在時柱者，不作此論。

18、正印在年，書香門第。正印在月，仁慈健康聰明少病。

19、正印坐正財，專位在時柱，年近五十歲始有正常之婚姻。因為時柱地支代表晚年，因此青年、中年之感情生涯，必無結局。正印格帶財，賺錢不理財。有官殺通關，財有官殺控制，能得異性理財之助。沒有官殺通關者，財剋印，女人中飽私囊。

20、單獨的正印多，並不主有大的福業，只主秀氣、藝術、文才之氣質，必須正官、七殺也出天干，官殺生印、印生身，一氣呵成。

21、正印七殺入庫掌權。正印坐正財，辛勞所得僅一半落袋。

22、正印成格者一生都受母親在性格上直接、間接的影響。

23、日主自坐正印甲子等，無刑沖，妻賢慧。

24、財生官殺、官殺生印，官殺又可以制比劫奪財。如此，正印格不受財剋制，又有良好妻室，關鍵在四柱要有通根之官殺，官殺混雜，也總比沒有官殺好。

25、正印坐劫財，有財而失親友。正印在月年，地支對沖，母家凋零。

26、正印怕財，有比肩、劫財在地支之中，反而可以制財，以免財去剋印之弊。正印坐比肩，或者坐羊刃、劫財，有家族人口不多現象。

27、正印多者，喜有比肩在天干剋財，或有正官七殺在天干洩財星。

28、女命正印坐正印在月支專位，與公婆難合，婚緣薄，子息少，丈夫體弱或處世能力差。

29、財星之根非祿旺之位，不甚忌諱。

30、財印同出天干，旗鼓相當，須財在前，而印在後。《星平會海》云：先財後印，反成其福。先印後財，恐增憂辱。先財後印者，有現成之福業，常得貴人相助。

31、正印多者，為人聰明有謀，善於隱藏心思，善體人意、識時務。正印坐貴人，靠媽媽，賣清高，出家人有大護法。

32、正印多，又不見正官、七殺化殺為權，則為人個性，一板一眼，不輕易改弦易轍。工作生活穩定，言辭溫和，不製造摩擦，自保兼顧圓融。

33、月柱正印坐正印者，月柱代表事業，替自己制定生涯規畫流程。女命則是感情內斂之人，恐有遲婚之虞。正印坐專位正印，不論男女，母長壽。

34、月柱正印通根日、時地支，女命子息遲，頭胎恐有流產之虞。

35、四柱沒有正官、七殺者，女命婚姻薄。男命文藝棲身，從商不聚財，孤寡更驗。

36、正印坐專位偏印，職業有多角化現象。正印坐專位偏印者，特徵如家庭不吉、眷屬有疾、特殊嗜好、子息遲。女命游移反覆。

37、正印坐傷官，自恃才學，曲高和寡，不喜沾鍋。傷官見官，印剋食傷，婚緣不美。

38、正印、七殺、羊刃全者，女命乃神佛之緣，否則獨身。七殺、正印、羊刃自視甚高而恃才傲物。身體恐有隱疾。性格偏狹缺乏應有之耐心。

39、男命有七殺、正印、羊刃全者，自鳴清高，挑剔而婚緣薄，口說條條皆理，行之處處阻礙。

40、正印坐羊刃身太強，特徵缺乏自處之道，身心俱疲，溫良恭儉讓，設地自限。

例1，坤造，正印格，桃花交疊貴人多，正印有書香氣質。

正印	日主	比肩	正官
壬午	**乙亥**	**乙酉**	**庚子**
己 丁	甲 壬	辛	癸
偏財 食神	劫財 正印	七殺	偏印
長生	死	絕	病
紅豔 文昌			天乙 桃花 月德

丁丑	戊寅	己卯	庚辰	辛巳	壬午	癸未	甲申

1、月上比肩人漂亮，乙庚明爭合，老公不常在家，外面有競爭者。庚旺在酉，老公儘挑些條件優越者。月上比肩破財自坐絕，破財有節制。桃花交疊貴人多，正印有書香氣質，正官端莊大器。正印格化官殺，男人吃這套。

2、年柱正官、月德、桃花、天乙等，書香門第。時支食神生偏財，晚年富裕。壬午運伏吟時柱冲子，子、午、酉、亥年有煩惱。寅年不合亥(比)，即合午局桃花，不生風韻，即有風波。辛巳運雙冲日柱，丑年殺伐；未年好風情。庚辰運雙合月柱，上下官殺一團和氣。己卯運雙冲月柱，卯戌暗合，會齊子午卯酉。

379

例 2、坤造，傷官用印，建祿與時祿，不見財官。

正印	日主	傷官	食神
丁 巳	戊 子	辛 巳	庚 申
庚　戊　丙	癸	庚　戊　丙	戊　壬　庚
食　比　偏 神　肩　印	正 財	食　比　偏 神　肩　印	比　偏　食 肩　財　神
干　劫 祿　煞	將 星	干　劫　天 祿　煞　德	文　月 昌　德
癸 酉	甲 戌	乙 亥	丙 子	丁 丑	戊 寅	己 卯	庚 辰

1、戊土巳月，調候用神甲、丙、癸。無甲，有丙火癸水。原局食傷五見，傷官格。正偏印三見，正印透干，傷官佩印，身強。食神格到底，熱心管閒事到老。

2、建祿格，天干不見財官；日祿歸時，行北方水地。《三命通會》：「如八字內外元有財官，引旺得地，官星有助，運臨官星有氣之地亦貴。財星有助，運臨財旺之地亦富；財官俱旺，乃富貴之命。若食逢財庫，運至財鄉，必主晚年大富。年上財官有助，必享祖蔭。若四柱元無財官，縱運行財官之地，亦只虛花而已。」

3、戊寅大運，辛卯年與原局辛巳夾辰，申子辰合出財局，三會木合出官殺局，拿錢消災？因財惹禍？男人包養？被男人拐財？寅卯辰即用神甲木，得之甚幸，將消災惹禍扣除；夾出辰中癸水用神為財，財為喜用，扣除被拐財。夾辰三月有火山孝子，申月沖寅，酉月沖卯，夾不住辰，傷官旺又逢傷官流年，酉月男人不買單。

380

例3、乾造，正印多成偏印格，丁丑運壬辰年問合夥開店。

偏印	日主	正印	正印
乙巳	丁亥	甲戌	甲子
庚　戊　丙	甲　壬	丁　辛　戊	癸
正　傷　劫 財　官　財	正　正 印　官	比　偏　傷 肩　財　官	七殺
帝旺	胎	養	絕
驛　大 馬　耗	天乙	寡宿	桃花
壬午	辛巳	庚辰	己卯	戊寅	丁丑	丙子	乙亥

1、丁火生在戌月，調候用神甲、庚、戊。甲木不缺，印綬合計五見。早運官殺之地，印受用，祖上有遺蔭。原局水木重，最宜行火運比劫通氣。其次庚辛金以財星剋偏印，然運行東北不受用。晚年驛馬大耗，跑到哪花到哪，傷官生財也有幾分風光。

2、偏印格帶子戌拱亥沖巳，雜碎囉嗦，不好相處，檯面下主意很多。為人容易自我清高，自我設限，徘徊在理想與現實之中，多學少成。丁運入庫，五年空轉；丑運官殺旺，丁丑丁亥拱子七殺，壬辰年會齊辰戌巳亥。癸巳年雙沖日柱，帶暗沖亥。

381

例4、坤造，天干壬、癸、辛，人中三奇，潤下格。

正印	日主	劫財	劫財
辛亥	壬寅	癸亥	癸亥
甲　壬	戊　丙　甲	甲　壬	甲　壬
食神　比肩	七殺　偏財　食神	食神　比肩	食神　比肩
臨官	病	臨官	臨官
干祿　劫煞	文昌　孤辰	干祿　劫煞	干祿　劫煞
辛未　庚午	己巳　戊辰	丁卯　丙寅	乙丑　甲子

1、《三命通會》：「壬癸日見申子辰全，忌引卯巳死絕之地，三刑四
　　沖之鄉，死(卯)絕(巳)則不流，沖刑則橫流。歲運同。或曰水太
　　泛，須柱有土神一兩位制之，得成堤岸。既有土，怕會木為凶；
　　如有木傷土，要金印解救；終是一生成敗，運喜西方，不宜東南。」
　　原局丑運後進入東南運，不利。

2、壬水亥月人算聰明，正印讀過幾本書，但劫煞、劫財多，不會理
　　財，又無普通格局可取。壬辰年交丙寅運問感情，三會木局傷官，
　　卯是桃花洩身，無利於感情。癸巳年巳亥沖，羣劫爭財。

382

第伍章、八格性質與喜忌

順用、逆用

　　八字的格局有正官格、七殺格、正財格與偏財格(併稱財格)、正印格與偏印格(併稱印綬格)、食神格、傷官格、羊刃格等，這八個格是指普通格而言，並沒有包括各種特別格(羊刃格也有併入特別格者)。以八個普通格而言，每一個格都有著它自己的喜、忌，而其喜、忌的主要條件，即是依清・沈孝瞻氏所訂定的順用、逆用為基本之立論。格局之所以要歸分出順、逆二用，它的首要條件，是在於日主與格局有強、弱懸殊的情形存在。

　　格局與日主之間的強、弱差距，一般雖然強者剋、洩，弱者生、扶。論述命格高低，無非是日主與格局二者均衡，不論是採取剋日主、洩日主、剋格局、洩格局等，俱皆作相同之論；如果原局失去均衡，但在大運之中得以平衡，不失富貴之命，僅或許在人生歲月中起伏跌宕，如洗三溫暖一般。

　　順用的格局，有四種，即正官格(不宜傷官剋正官)、正印格(不宜財剋印)、食神格(不宜梟印奪食)、正財格(不宜比劫剋財)等。若日主弱，而格局強，只能用洩格局，而不可以用剋格局；例如正官格的格局強，不可以用傷官制正官，只能用印來洩弱正官的強勢。

　　逆用的格局，也有四種，即七殺格、傷官格、偏印格、羊刃格。這四組格，習稱之為逆用，實際上是順、逆二用。不過，同樣的四個格局中，如果是採取逆用，其命格要比順用者為高。例如食神制殺，傷官配印，偏財剋偏印，羊刃駕殺等。逆用是指若格局比日主強得太多之時，則格局是可以受剋制，而達到中和。

例如，七殺格之七殺強，則可以用食神制殺來平衡之。傷官格是可以用印來制之，稱之為傷官配印。當然也可以殺生印之殺印相生，或者傷官去生財的順用公式。逆用的特色是順、逆二用，順用則只能洩而不能反剋。沈孝瞻氏認為格局的本身，並無高低之分，只在於當順則順，當逆則逆。

一、正官格喜忌

正官者，以日主為自身，所謂「官」即「管」與「制」的意思。凡剋我之五行而陰陽與我相反者，例如日主甲木，辛金就是正官。因為陰陽之剋有情義存在，所以正官在年柱與月柱出現，往往視為出身世家，年干正官，長子機率很高；年上七殺，上有兄姊。忌孤官無輔，官多成殺。

> 《星平會海》云：夫正官者，六格之正氣忠信之尊名。雖治國齊家之道只喜一位。多則論煞不宜入格，惟月內有官星者為正，時上兼有財星者真貴人也。但有冲，忌見傷官、七煞，大運亦然。喜印綬、喜身旺、喜財星，歲運同。

1、女命官殺混雜，合夫無妨。喜正官坐桃花。

2、正官坐正印或同根透出，男女若不見刑冲，皆視為吉祥。

3、同一地支同時財、官、印透出，有福氣之人，忌刑冲合會。

4、女命以正官為夫，坐長生夫貴有才，坐沐浴風流倜儻，坐絕坐死夫不如己。

5、女命以正官為夫，喜歡體貼甜言蜜語，不介意善意謊言。以七殺為夫喜歡有才華，令自己欽佩，不介意霸氣。

6、如果女性正官七殺俱有，同時又透出天干，即是官殺混雜；論體弱有病或有礙婚姻。男性正官七殺俱有且身旺，則有財。

7、女性正官在月柱坐墓、絕之位，主遲婚，得天月德貴人生活條件可解。坐墓、絕再有刑冲更難解。夫星入庫表示老夫少妻，不是常見的婚姻狀態或丈夫保守內向。

8、官殺多又身弱，四柱、大運、流年合會出官殺者必凶。

9、獨官一貴，女命賢淑，丈夫事業有成，不見刑冲，皆作吉命。

10、日坐正官專位，氣質出眾之淑女。正官坐傷官，女命婚姻有礙。

11、女命正官坐驛馬在月柱，人際關係好，到哪裡都是規矩好。

12、月柱正官坐專位正官，注意婚變，年柱、時柱不論。

13、正官多合，嬌媚坎坷人緣好，職業婦女不忌，家庭婦女不宜。

14、月支正官當令，而在其他干支之中卻成傷官格，難成正妻。

15、女命以官為夫，逢大運七殺，主夫妻不合另有隱情。以七殺為夫，大運行正官，刑夫。

16、年月正官成格，而在日時地支中，卻見有專位之七殺，恐梅開二度，再兼坐驛馬、桃花更確。

17、正官格月柱透出者，最為得宜。

18、正官格用比劫扶身剋財，作官撈不到錢。

19、正官格是屬於順用的格局，因此，格局若比日主過強之時，是不可以用傷官來制正官。而只宜用印洩官氣以扶身，即官生印、印生身的途徑。

20、正官成格，雖無刑冲，而四柱不見財、印出天干，或者是財、印坐專位的地支，也不能視為高命，只是篤實守本分的一種命格。

21、正官格有本身的喜忌，\有喜神固然是佳，然而只要沒有忌神，或是有忌神，卻有剋制之道，也不失為中產階級、小康之命。

22、正官格之喜，是喜透財佩印，財、官、印俱全，即是好命。

23、正官格忌見傷官出干或鄰位，以及正官地支坐專位傷官，稱之為傷官混官。其次，忌見七殺出干或鄰位，以及正官地支坐專位七殺，稱之為官殺混雜。

24、正官格怕被合，任何格局俱皆忌本格被合。被合是指格局在月，合神在年。而日干合格局者，並不是重要之事，只忌爭合。

25、忌見刑冲，格局忌見刑冲，凡神煞、十神、調候俱同。

26、正官格忌日主弱，印格不忌。任何格局都不喜見日主太弱。日主弱，扶強，總不外乎比、劫、祿、刃、印。綜述正官格忌傷官、七殺、合官、刑冲、身弱等。

27、正官格為順用，因此不宜剋制。傷官混官以四柱透財，財生官，或者大運為財運，以達通關效果。財作為中間橋樑，以避免傷官直接去剋正官。其次，以四柱透印，或者大運值印運，以作制傷官之用。以四柱或者大運，合去傷官的這個天干。

28、官殺混雜，在女命就是明夫、暗夫並見。其次，正官、七殺齊見於天干，剋制日主太甚。日主有臨官祿位與正官格，勢均力敵。日主之帝旺位與七殺格，平分秋色。因此，官殺混雜同時成格，要祿刃交集，日主與格局始得均衡。或將七殺之天干合去，稱之為合殺留官。

29、正官格強，相對就是日主弱，以祿扶身，比劫剋財，羊刃太旺，印洩官氣。

30、正官格官強身弱，不能用傷官制官，先要印化官且印能護身，其次劫刃幫身。

31、身弱正官格配印，大運喜比劫祿刃幫身。正官格見傷官，用正官生印制伏傷官，不用財通關。正官格配印，身旺印重大運喜財生正官格或食傷洩日主。

32、正官格被比劫扶，比劫剋財，作官撈不到錢。印扶則是清官不想撈，所以僅剩財生官最好。

33、正官格忌見刑沖是一般之常法，大抵刃合格局俱皆見有刑、沖，唯有藉三合、六合可以解輕其刑、沖之力。尤不喜見於時上正官格，又見刑、沖。而特別格中之雜氣財官，不忌刑、沖。

正官詩訣

> 正官須在月中求，無破無傷貴不休。
> 玉勒金鞍真富貴，兩行旌節上皇州。

正官格以月柱天透地藏最佳，因少年得志總比老來得官有較長的享用時期。並與年支日支無冲破、無傷官剋官，無官星被合，無七殺相混等情形。若官星清純，日主偏強則富貴權柄之人，為皇家所重用。

> 正氣官星印上推，無冲無破始為奇。
> 中年歲運來相助，將相公侯總可為。

沒有刑冲合會，官殺混雜的正官格，「印上推」，觀察是否配上正印偏印，正官以搭配正印為佳。又以時干正印優於年干月干正印。正官在月柱最佳，中年歲運走印地就是高命。

> 正官仁德性情純，詞館文章可立身。
> 官印相生逢歲運，玉堂金馬坐朝臣。

清純的正官格性情篤厚，學問氣質文筆都是優點。正官格最好地支有臨官、帝旺，而不可坐死絕之地，以身強為好，喜逢官印相生的歲運流年。

> 正官大抵要身強，氣弱須求運旺方。
> 歲運更逢生旺地，無冲無破是榮昌。

正官格要偏強又不可太強，四柱中有臨官、長生、正偏印通根即好。如果臨官、長生、帝旺、印綬、比肩劫財重見就是日主太強。若正官格身弱，而大運扶助日主，且無刑冲合會官殺混，即是佳期。

> 日官為主透官星，需要提綱見丙丁。
> 金水相生成下格，火來拘聚旺名財。

「日官」為主是指丙子日，癸水為正官又透出天干，就需要對等的丙丁火，即生在丙丁月，天干有比肩劫財扶日主。「提綱」指月柱。金是財星，水是官殺，財生殺，一堆財生殺，就是格局強日主弱，日主弱就要印綬相生。

> 辛日透丙又逢寅，格局返化發財根。
> 官星不許重相見，運到冲刑怕酉申。

辛日主透出丙火，丙火就是正官，寅中又藏丙火，正官格成立。辛日主合丙，丙火正官格就被合走，一旦合的情況出現，日主旺就不化，不論日主化與不化，牽扯中正官格就不純。「發財根」，指水生木，木為財，財生殺，失去平衡。如果帶有刑冲合會的正官格，在流年大運官星重見，或比肩劫財之地，或要化不化之類都是凶咎。例如：甲申、丙寅、辛酉、丙申。癸卯、辛酉、甲申、丁卯。

> 八月官星得正名，格中大破卯和丁。
> 若是柱內去其忌，運亦如之貴亦臨。

八月為酉，甲木正官。戊癸年是月柱辛酉，正官格坐祿，喜年干有正偏財或印綬。忌相鄰地支卯冲，或天干丁火剋。若有，則須歲運冲合忌神。八月官星得正名，例如：戊子、辛酉、甲寅、癸酉。大破卯和丁，例如：癸卯、辛酉、甲申、丁卯。

例 1、乾造,正官格,官多變鬼,孤官無輔。

劫財	日主	劫財	正官
戊辰	己亥	戊辰	甲午
癸 乙 戊	甲 壬	癸 乙 戊	己 丁
偏財 七殺 劫財	正官 正財	偏財 七殺 劫財	比肩 偏印
丙子	乙亥	甲戌	癸酉	壬申	辛未	庚午	己巳

1、己土生在辰月,先丙後癸,再用甲木疏土。年干正官通根日支,
  正官格,官多變鬼。孤官無輔,為人耿直,不知變通。日月互換
  空亡,日時互換空亡,惟年日雙合可解,為人無憂患意識。

2、年上正官,出於書香門第。月柱劫財天透地藏,三十歲前妻財兩
  空。透官論官,個性溫吞。劫財在天干兩見,不宜早婚。正偏財
  都在地支,比財交錯,財來財去。

3、癸水歸辰庫,癸酉大運空轉五年,時支偏財歸庫,私房錢也怕劫
  財。官殺四見變七殺格,比劫五見身旺,身殺兩停。早運南方火
  地有庇蔭。五行缺金,早運庚辛,中運申酉戌,傷官生財,比劫
  在天干,財源斷斷續續。

例 2、正官格，坤造，調候用神得地，時上偏財。

偏財	日主	比肩	正官
癸酉	己酉	己巳	甲寅
辛	辛	庚　戊　丙	戊　丙　甲
食神	食神	傷官　劫財　正印	劫財　正印　正官
辛酉　壬戌	癸亥　甲子	乙丑　丙寅	丁卯　戊辰

1、巳月己土，調候為急，先以癸水為主，癸水又以辛金發源；丙火挹注己土，化年柱正官。年上正官通根年支，正官格出身好，時上偏財，《三命通會》：「時上偏財一位逢，不遭冲破享榮豐；比肩劫財還無遇，富貴雙全比石崇。」

2、月上比肩，以地支半合，便見爭夫，己巳己酉高下立判。正官坐祿，不見冲刑，夫星旺。時上食神坐專位，子息混得好。酉酉自刑，不免有家庭事業壓力。

3、初運戊辰，雙合時柱，得力於家運。丁卯運雙冲時柱癸酉，家運有變，自身發憤圖強。丙寅運木火通明，掌握機運。乙丑大運三合傷官，傷官生財，不在話下。

例3、正官格，坤造，羊刃格，正財格，官殺混雜。

正財	日主	正官	七殺
乙酉	庚午	丁酉	丙辰
辛	己　丁	辛	癸　乙　戊
劫財	正印　正官	劫財	傷官　正財　偏印
己丑　庚寅	辛卯　壬辰	癸巳　甲午	乙未　丙申

1、庚金生在酉月、酉時，月上羊刃，時上羊刃，兩支羊刃身太強。正財格可以維持經濟條件。正官格自坐正印，帶月德貴人，夫妻相貌堂皇。

2、年上七殺，早年一場凶。月干正官通根成格，正官格，官殺混雜，帶羊刃格，辰酉合，官殺攪和，感情生活複雜。無婚勝有婚。晚年正財坐劫財，落袋一半。

3、癸巳大運辛卯年，雙沖月柱與時柱，沖剋太多。壬辰年雙合月柱，因禍得福焉？癸巳年伏吟大運，巳酉半合金氣旺，不破財定然傷身。甲午年與日柱天剋地刑，財生殺，三翻四覆。乙未年與日柱雙合，柱運歲三合官殺局，奔波不息，奉勸自我忍耐。

4、《三命通會》論女命：「不宜身旺重疊，暗藏夫神，及傷官七殺魁罡相刑，羊刃太重，合多有情，皆主不美。」

例4、《造化元鑰》例，正官格帶偏印格，秀才，年上正官，印重官輕。

偏印	日主	劫財	正官
己丑	辛酉	庚寅	丙辰
辛　癸　己	辛	戊　丙　甲	癸　乙　戊
比　食　偏 肩　神　印	比 肩	正　正　正 印　官　財	食　偏　正 神　財　印
戊　　丁 戌　　酉	丙　　乙 申　　未	甲　　癸 午　　巳	壬　　辛 辰　　卯

1、辛金生在寅月，先用己土強身，次用壬水淘金，庚金扶身。丙火照暖，年干通根月支，正官格。正偏印四見，偏印格。不具調候壬水，辛金秀氣不流通，故無官職。

2、年日干支雙合，年上月德貴人坐正官，食神偏財加持，正官隔位不合，出身定然襄助有力。比劫多有兄弟，時柱偏印格，印重少子。五行流通，四柱無刑冲，一生災難少，官印同根透，輕財重譽，愛惜羽毛。

3、官輕印重，日主比劫祿印不缺，中運行南方火地，近官殺科名，缺壬水亥運，上有打壓，下有支撐，格局近官印雙清。年上正官，長子或家世清高。

392

例 5、《造化元鑰》例，正官格，貴命，年日互換空亡，驛馬逢沖。

食神	日主	正官	正印
丙寅	甲申	辛酉	癸未
戊　丙　甲	戊　壬　庚	辛	乙　丁　己
偏財　食神　比肩	偏財　偏印　七殺	正官	劫財　傷官　正財
癸丑　甲寅	乙卯　丙辰	丁巳　戊午	己未　庚申

1、甲日主生在酉月，木衰金旺，庚、丁、丙都用，申金丙火，用神
　得宜。酉月地支辛金透出月干，正官格。天干正印、正官、食神，
　門面清秀。

2、正官格清純，時柱食神格，丙辛隔位不合，正官、食神各正性命
　。寅申沖，七殺不雜正官，官印雙清，財暗滋官。前半生官印相
　生，後半截食神生財，一生格局氣勢暢通。

3、中運南方火地以食傷剋官殺，火土同位論財，故財生官，官星閃
　亮。日祿歸時，寅申沖大不妙，殊不知驛馬逢沖帶貴人，食神生
　財。《三命通會》:「背祿者，甲以辛為官為祿，甲生春夏金絕，則
　無官矣，故為背祿。」

例6、《三命通會》例，正官格，偏財格，天元坐祿，學士。

正財	日主	食神	正官
庚子	丁巳	己酉	壬申
癸	庚 戊 丙	辛	戊 壬 庚
七殺	正財 傷官 劫財	偏財	傷官 正官 正財
丁巳　丙辰	乙卯　甲寅	癸丑　壬子	辛亥　庚戌

1、丁火酉月病死墓之地，急需甲木助燃，四柱無甲，日支巳火為用。正官格在年柱，正偏財四見，財格透出時干。天干正官、食神、正財，年日雙合，四柱無刑冲，門面清新，為人清爽俐落。

2、己土為壬水正官，丁火為庚金正官，財官皆有「管」。庚金為壬水偏印，丁火為己土偏印，因此正官有印，食神有印。壬水旺在子，己土與丁火旺在巳，庚金祿在申旺在酉，四柱換祿。初運庚戌與時柱拱亥冲巳困蹇，辛亥運雙冲日柱，壬子運官殺當權，癸丑運七殺承權，必有顛簸。甲寅、乙卯運官殺用印，補足缺印遺憾，定有佳音。

3、日主帶文昌坐天乙貴人，有才學。四柱換祿，年日雙合，日時互換空亡，雖有家聲奧援，虧在子息無緣；時柱財生殺，空亡即空轉，事業未竟。

列7、坤造，正官格，羊刃格，日月雙冲，水火既濟。

偏印	日主	偏財	正官
庚戌	壬午	丙子	己亥
丁　辛　戊	己　丁	癸	甲　壬
正財　正印　七殺	正官　正財	劫財	食神　比肩
甲申　癸未	壬午　辛巳	庚辰　己卯	戊寅　丁丑

- 壬水生在子月，羊刃格，水旺先取戊土，次取丙火。正官由年干通根日支，正官格。偏財通根地支是正財，財格。時柱偏印通根地支是正印，印綬格。

- 日干月德貴人，《三命通會》：「甲戊庚見刃，逢冲發禍；壬丙逢刃見子午冲，多無禍。以丙見子，壬見午，俱為正官。」因為水火相冲是既濟。

- 《三命通會》：「比肩羊刃格非常，要見官星與煞鄉；元辰若無官殺制，再行比劫禍難當。」指日主旺上加旺有災。又說：「劫財羊刃不堪親，四柱無財一世貧；出性歸宗還俗客，不然殘疾亦傷身。」

395

例 8、坤造，正官格，孤鸞日，子午沖，問婚姻。

正官	日主	比肩	偏印
癸巳	丙午	丙子	甲寅
庚 戊 丙	己 丁	癸	戊 丙 甲
偏財 食神 比肩	傷官 劫財	正官	食神 比肩 偏印
戊辰 己巳	庚午 辛未	壬申 癸酉	甲戌 乙亥

1、丙火生在子月，冬至後一陽來復，弱中復強，先壬後戊；原局不見壬水，戊土不透，地支唯一癸水透干，正官格。年柱偏印格，洩壬水，小時未必佳造。祿刃印俱全，月上比肩人漂亮，有信心，帶孤鸞，女命忌身旺。

2、癸酉大運己丑年，好流年三合財；壬辰年底有風韻之聲，癸巳年巳申合水，看似和樂融融，豈知伏吟；甲午年印比之地，午火得甲木，豈容官殺。辛未運雙合日柱，爭財一場空靠流年點滴，庚午運沖提綱，刑沖太多，自求多福。

3、子午沖，孤鸞日，一夫一妻難到底。比肩坐沖，寅食卯糧，花錢不手軟。正官格，孤官無輔，偏財來得晚，比劫四見，一路無財。時柱正官坐天德貴人，偏財小確幸，知足就好。

二、七殺格喜忌

　　七殺格四柱有食神剋制，稱為「偏官」，本書一律以七殺統稱。食神、財格、正官格、正印是屬於順用的格局。至於七殺格則是屬於順、逆二用的格局，而逆用的命格，經常比順用者為佳。例如七殺格順用為七殺生印、印生身。七殺格逆用則是食神制殺。七殺是陰剋陰、陽剋陽，最忌殺強身弱。七殺剋我之神，有制為福，七殺有制，謂之偏官。七殺格與偏官在格局中分得不很清楚，有的命書將偏官、七殺統稱為偏官格或七殺格。該格局以七殺出現在時柱上，且只有一位為吉。所謂時上七殺是偏官，有制身強好命看。制伏喜逢殺旺運，三方得地發何難。又云：元無制伏運須看，不怕刑冲多殺攢。若是身衰官殺旺，定知此命是貧寒。

> 《星平會海》云：夫偏官者，即七煞有制，謂之偏官也。輔有偏印、偏財、身煞兩停，為大富貴之命也。若逢制神太過官煞混雜之地，則去官退職，多致凶死。煞星若重官制伏，運入煞鄉不死而窮。如月令中有煞，喜時與年干透印方貴。日上無根煞重藏必死，如乙日見酉多之類也。

、七殺格忌日主弱以外，即使日主強的七殺格，也忌財殺齊出天干，至於合殺、刑冲等均為不喜之事。七殺格除了在格局中之逆用特色以外，由於七殺即使不成為格局，但在六親方面，代表女命之夫星，以及男命之子星，屬於論命的重要內容。

、七殺格在四柱中，同時能有食神天透地藏者為食神制殺。食神制殺只是七殺格所喜，一旦七殺格已經形成食神制殺之情形，即放棄七殺格的喜忌層面，而再依食神制殺的這一個單項層面，再論只屬食神制殺的喜忌用神。這種二次分析之喜忌用神，稱之病藥用神。

3、食神在七殺之後，由於食神制殺效力太遲，多有追悔莫及之事。

4、七殺格、食神格同根出現在地支兩位，稱重犯雙根，主二次創業。食先殺後能全終，殺先食後晚年漸衰。七殺帶財最喜見食神。

5、食神制殺成格後，不可又見印綬化殺的情形出現。因為食神制殺或者是殺印相生，二者其一即可符合七殺格之用。如果二者並見則適得其反。印去剋制食神，七殺無處洩，則無情攻擊日主，印與食神兩敗俱傷。而使七殺無制。

6、露殺藏官只論殺，露官藏殺只論官。身強遇此多為貴，身弱逢之禍百端。

7、財殺同根透天干，錢與是非連在一起，女人方面有麻煩。

8、年上七殺，出生時家世平凡，上有兄姐。

9、男七殺入庫有隱藏權勢。身殺兩停，不畏艱難，貴而不久。

10、化殺為權，七殺格帶印，殺印同根透出天干最佳。但殺印相生只能單獨用，不可再見食神制殺。也不宜又見四柱帶有羊刃。因為羊刃用途在駕殺，然而在殺印相生時，七殺已經為印綬所化，羊刃無用武之地，羊刃扶日主，印又生，身太旺，過猶不及，弄巧成拙，成中反敗。

11、殺印相生宜露殺藏印，傷官生財宜露傷藏財。

12、男命財生殺黨，女人帶來是非麻煩。女人財生殺，為男人調頭寸，焦頭爛額。

13、七殺成格，但無殺印相生、食神制殺、身殺兩停、羊刃駕殺等，難成大器。

14、坐死的官殺剋不到日主，女命官殺坐死，管不動老公。殺印相生，剛強忍性，艱辛謀算。

15、官多變鬼，吉命也帶枝節。殺印相生同根透，精明能幹。食神制殺具體解決生涯規劃，食神過多，制殺太甚則畏事。

16、七殺無制若不生病，財物亦有失，眷屬不和，易生官非。

17、官殺剋比劫，比劫太強反剋官殺，指女人愛情泡湯。

18、七殺格逆用，財格生七殺格，難成大器。

19、身殺兩停是以日主本身之強勢，來對抗七殺之制衡。除了金火二局、木金二局的二行制衡，或甲寅日對庚申月，丙午日對壬子月等，因為甲祿在寅，庚殺祿在申。丙刃在午，壬殺刃在子等，七殺與日主各自有祿刃之對等情況。

20、身殺兩停，貴而不久，因為羊刃逢冲合之機率甚高。

21、身殺兩停是屬於雙冲之干支，大凡干支雙冲俱皆少作吉祥之論，唯獨甲寅冲庚申、壬子冲丙午，俱在正東、正西、正南、正北，稱為正氣無刑冲，越冲越發。大運、流年之中同論。例如丙午日逢壬子年。

22、身殺兩停，如能再有食神制殺，則羊刃冲激失效之時，食神仍有作用，則氣象可久。

23、羊刃者，天上之凶星，人間之惡煞，喜七殺、印綬、忌反吟、伏吟、魁罡、三合等。羊刃喜見七殺，七殺喜見羊刃，兩凶互相制伏，猶如正官喜正印。

24、羊刃駕殺是指日主屬於陽干，地支有羊刃帝旺，同時又成七殺格。羊刃即是劫財，七殺是制比、劫之神，由於五陽干之甲丙戊庚壬，都是劫財合七殺，諸如：甲乙劫財合庚七殺。丙丁劫財合壬七殺等。因此，五陽干之劫財合七殺，稱之為羊刃合殺或者是羊刃駕殺。

24、羊刃駕殺喜七殺在前，羊刃在後。食神、七殺、羊刃全，其排列順序是食神最前，七殺居次，而羊刃居後。

25、所忌者，羊刃在前，七殺在後。七殺羊刃同時居於月柱。不宜有刑冲。印綬同時出天干，化去七殺。七殺的這一柱，兼帶有桃花、亡劫等神煞。月支是七殺的庫位。譬如：丁火為七殺，而月支是戌等等。

26、殺印相生，逢事機智化解。印多虛偽，忌四柱透食神與坐羊刃，亦忌入食神運。

27、身殺兩停有一時機運。七殺格月令七殺，當令會財殺，大凶。

28、四柱無七殺，資財難聚、兄弟拖累、財無主張、離祖外居，宜過無拘束之生涯。

29、七殺坐七殺，六親福薄時柱不論。月時天干二見七殺與日主較量根重，日主受剋體弱。

30、女命七殺地支坐入三刑或對冲，夫妻不合。七殺坐空亡夫緣薄。官殺混雜天干透者易去，月支藏者難去。

31、四柱與七殺對冲，如果日主弱就無法剋制七殺之暴。七殺格有成者，例如：乙巳、壬子、丙午、戊戌，以印綬化殺，食神制殺。身殺兩停例如：癸卯、庚申、甲寅、丙寅。身弱破格者，例如戊子、辛酉、乙酉、辛巳，一生困蹇，凡事波折。日主坐絕而七殺坐臨官帝旺。

七殺詩訣

> 偏官如虎怕冲多，運旺身強豈奈何。
> 身弱虎強成禍患，身強制伏貴中和。

七殺格個性急，遇上刑冲容易暴走，引上官司刑訟。「印旺身強」，

若身強或大運印綬比肩之地，尚能制化。固然以日主旺能制服七殺為貴，然而應恰到中和，不可剋制過重。

> 偏官有制化為權，白手登雲發少年。
> 歲運若行身旺地，功名大用福壽全。

「制」，食神制殺。「化」，印綬化官殺。例如：丙申、庚寅、甲辰、壬申。「發少年」，必須七殺格在月柱來的早。仍須走身旺印綬比劫之地，自然功名富貴。

> 偏官不可例言凶，有制還化衣祿豐。
> 干上食神支帶合，兒孫滿眼福無窮。

七殺不一定全然論凶，有食神與印綬的制化就是貴格。「干上食神支帶合」，食神是子息，透出天干地支三合六合，應驗在兒孫滿堂；例如：丙午、庚寅、甲戌、壬申，食神丙火坐寅午戌。

> 陰鬼多逢巳子傷，殺星須用木來降。
> 雖然名利升高顯，爭奈兒孫不久長。

「陰鬼」，乙丁己辛癸五陰日出生之人，七殺也是陰干。「巳子傷」，指水火對立，包含金木交戰。「殺星須用木來降」，七殺太強可以用傷官合，如癸日主月干己土，地支殺黨。年上甲木傷官。「爭奈兒孫不久長」，指男命七殺正官當子息，被合對子息不利。

> 六丙生人亥子多，殺星拘印反中和。
> 東方行去興名利，運到西方爭轉磨。

六丙日指丙子、丙寅、丙辰、丙午、丙申、丙戌。火日主亥子多就是七殺多，印星是甲乙木，用木洩水，化殺為權。運行東方木，名利有准。反之，運行西方地，金生水，財生殺，輾轉折磨之地。例

如癸亥、甲子、丙寅、戊子，丙日主以壬癸為官殺，大運行甲乙丙丁、寅卯辰、巳午未之地，均屬佳境。此造以男命初運在癸亥、壬戌、辛酉、庚申而困蹇；若女命則乙丑、丙寅、丁卯，而早入佳境。

> 春木無金不是奇，金多猶恐反遭危。
> 格中取去中和氣，福壽康寧百事宜。

甲乙木生在春天寅卯，不是臨官就是帝旺。「金多」就是官鬼多，雖然有臨官帝旺還是怕雙拳難敵四手。「中和氣」，指日主與官殺勢均力敵；例如戊子、庚申、甲寅、甲子，甲木得到子水，庚金得到戊土後援。又例如：癸酉、庚申、甲寅、壬申，甲日主有寅木、壬水、癸水撐腰，但七殺庚有兩個臨官，一個帝旺，殺強身就弱，殺重印輕，七殺強過日主。

> 偏印偏財最難明，上下相生有名利。
> 四庫坐財宜向貴，等閒平步出公卿。

財是養命之源，有時爭財不擇手段；印是學問品德，守法就財不豐盛，兩者互楨。對於七殺而言，財可以生殺，宛如有錢就可以酒色財氣，吃喝嫖賭；印可以化殺，宛如導之以正軌。因此日主弱官殺強，以印化殺；日主強官殺弱，日主剋財以生官殺。「偏印偏財最難明」是指用印用財必須先辨明身強身弱。「上下相生有名利」，是必須辨明天干地支的生剋制化，以判斷何者強弱。例如需要財生殺，財的地支坐羊刃就不妙，坐食神傷官恰到好處。七殺格強，行運不要遇正官與七殺。「四庫坐財宜向貴」，財星在天干必須地支墓庫收藏，有天德月德貴人更佳。

戊己若逢見官殺，局中金水更加臨。
當生有火宜逢火，火退愁金怕木侵。

戊己日主官殺是甲乙木，金是食傷洩日主；水是財，生官殺剋日主，結果是剋洩交加。「當生」指原局，火是印，有印就不怕官殺太強。「火退」，指印綬被剋被合，或大運轉入食傷或官殺，木星官殺直接攻身。

例 1、坤造，七殺格，營業展示員，官殺兩頭掛。

七殺	日主	正財	正官
乙亥	己未	壬申	甲辰
甲　壬	乙　丁　己	戊　壬　庚	癸　乙　戊
正官　正財	七殺　偏印　比肩	劫財　正財　傷官	偏財　七殺　劫財

甲子	乙丑	丙寅	丁卯	戊辰	己巳	庚午	辛未

1、己土生在申月，申宮金水生旺要有丙火暖土，以丙火溫暖癸水，丙火癸水俱無，正財由月支通根時支亥水，正偏財四見，偏財格。正官格通根時支，七殺格通根三見，己土生未日難從官殺。身弱拖不住財官。官殺兩頭掛，不利婚姻。

2、官殺混雜，財星透干，原局偏印丁火，初運火地有背景，庚辛不利，起伏不定，未見顯達。己巳運與日柱拱午，三合火局，化殺得用，自有一番風光。

3、《三命通會》：「人命官煞俱有，謂之混雜。只取財印為用，柱元有財，運行財發，大要身強，勝任其財方可。身弱官殺混，多夭貧，身旺有制亦好。無制成印局化煞亦可。詩曰：官煞交加用命推，箇中消息要詳之；得時身旺分輕重，貴賤分明辨別之。」日主偏弱不得財，四健會專員，中運印地，官印不缺。

404

例 2、七殺格，食神格，乾造，孤官無輔。

正官	日主	偏印	食神
己酉	壬寅	庚午	甲辰
辛	戊　丙　甲	己　丁	癸　乙　戊
正印	七殺　偏財　食神	正官　正財	劫財　傷官　七殺
戊寅　丁丑	丙子　乙亥	甲戌　癸酉	壬申　辛未

1、壬水生在午月，丁旺壬弱，先以庚發水源，次取癸水輔助，有庚無癸常人，守成之局面。命造以官殺四見轉七殺格，因正官透出，地支不冲，其人敦厚；孤官無輔。五行齊全，四柱無刑冲，年時雙合，晚年仍有機運作為。

2、食神格帶財，中年西方金地，行運不如意。金地化官殺，凡夫持平，自保有餘。日主自坐文昌，透出年干甲木，文筆亦有光輝。時柱正官、正印坐大耗，晚年發錢顧面子。

3、乙亥大運雙合月柱庚午，流年庚寅雙合大運乙亥，平安如意。辛卯年冲酉，尚無事。壬辰年與日柱壬寅拱卯，三會傷官，冲酉，由去年瑕疵帶來今年所引發。

例3、七殺格，坤造，官多變鬼，日主無根可以從殺。

七殺	日主	比肩	偏印
壬辰	丙子	丙子	甲子
癸 乙 戊	癸	癸	癸
正官 正印 食神	正官	正官	正官
戊辰　己巳	庚午　辛未	壬申　癸酉	甲戌　乙亥

1、丙日主生在子月，冬至陽生，弱中生旺，先壬後戊，以甲木洩旺水。天干偏印、比肩、七殺，「印見艱難殺見災，若見比劫是非來。」五行缺金缺財八字全陽，不讓鬚眉，一根腸子通到底。七殺是月德貴人，男人帶來好處。

2、三子婚事重，時上歸庫，同居不結婚；月上歸庫，低調同居，不欲人知。年上偏印，生母不當權。月上比劫人漂亮，花錢不手軟。時上七殺，晚年有男人作陪。子辰半合，男人攪和在一起。

3、甲戌大運拱亥水七殺，癸酉大運辰酉合桃花，壬申大運三合官殺，辛未大運丙辛爭合，子未害。丙火有壬水帶印，辛苦的好命，感情反覆。癸酉大運壬辰年，與時柱爭合，新對象出現。

4、《三命通會》：「時上偏官身要強，羊刃沖刑煞敢當；制多要行煞旺運，煞多制少必為殃。」本例時上七殺身弱，格局不美。

406

例4、七殺格，乾造，水火兩局，身殺兩停，民意代表。

正官	日主	七殺	比肩
癸巳	丙寅	壬辰	丙申
庚　戊　丙	戊　丙　甲	癸　乙　戊	戊　壬　庚
偏財　食神　比肩	食神　比肩　偏印	正官　正印　食神	食神　七殺　偏財
庚子 己亥	戊戌 丁酉	丙申 乙未	甲午 癸巳

1、丙火生在辰月，火氣漸炎，專用壬水，土重以甲木為輔，七殺格透干，調候全，富貴在天。官殺四見七殺格。地支食神四見，慎勿透干制殺。水火兩局，身殺兩停。

2、七殺坐庫，正官通根入庫，丁酉運轉戊戌，慎防辰巳地網。晚年政息人平安，仍是堂皇官冕，威風猶在。年柱驛馬、文昌衝力十足，申巳合水坐正官，比肩通時支，不服老。七殺自坐天德、月德貴人，早年從政有人提攜。寅巳申隔位三刑，不宜再逢。

3、戊戌大運食神透干根又重，制殺太過，氣運時不我予。《三命通會》：「月中遇煞命元強，黑頭將相。……七煞多根，須忌始終剋害(財為七煞之根)……七煞如逢財助，其煞愈凶。」中運西方財地蓋頭，為財奔波。

例5、七殺格，坤造，三會桃花，地支連茹。

傷官	日主	傷官	七殺
己亥	丙申	己酉	壬戌
甲　壬	戊　壬　庚	辛	丁　辛　戊
偏印　七殺	食神　七殺　偏財	正財	劫財　正財　食神
辛丑　壬寅	癸卯　甲辰	乙巳　丙午	丁未　戊申

1、丙火生在酉月，日近黃昏，丙有餘光，存於湖海，仍用壬水輔映，不可無比劫印綬生扶。年上七殺通根日支與時支，七殺格；年干七殺，早年一場凶，上有兄姊。

2、地支申酉戌三合偏財不透干，財格，財不透干，比劫扶身可入袋。月支正財，一財得所，紅顏失配，傷官蓋頂，生財有力，莫問婚姻。天乙貴人在月支時支，桃花三會，艷名遠颺。原局食神傷官四見，傷官透干就算傷官格。

3、身弱，丁火作根。七殺格用印化殺，印綬無力，中運行火地帶印綬，運好就是命好。女命傷官坐絕，有志難伸。地支連茹，氣偏一方，終身勞碌。傷官生財，財生殺，男人總愛伸手。

例6、七殺格，乾造，官多變鬼，離婚。

正官	日主	正財	正官
戊午	癸亥	丙辰	戊申
己　丁	甲　壬	癸　乙　戊	戊　壬　庚
七殺　偏財	傷官　劫財	比肩　食神　正官	正官　劫財　正印

甲子	癸亥	壬戌	辛酉	庚申	己未	戊午	丁巳

1、癸水生在辰月穀雨後，雖用丙火，宜以辛金輔佐。天干正官正財門面清新，年上正官，出身好家世；地支正官七殺，官殺五見當七殺格。

2、月干正財，通根時支偏財，得天干戊癸化財庇佑，財格。正官兩頭掛，有子難留。日時雙合外緣好，一夫一妻難到底。

3、初運丁巳用神得地，呼應正官家世。戊運合癸，午運合未，一路順遂。己未運七殺臨身，官鬼太旺。庚申大運印綬化煞，保平安無進展。辛酉大運雙合月柱，流年壬辰，丙辛合，辰酉合，壬丙沖，用神被合帶衰。流年癸巳，雙合戊申，合時干戊土，沖日支亥水，吉中帶凶，水火無情，比劫剋財帶是非。

409

例7、乾造，傷官格為主，七殺格為輔，羊刃兩見透干，身強殺輕。

傷官	日主	比肩	七殺
己亥	丙戌	丙午	壬午
甲　壬	丁　辛　戊	己　丁	己　丁
偏印　七殺	劫財　正財　食神	傷官　劫財	傷官　劫財
甲寅　癸丑	壬子　辛亥	庚戌　己酉	戊申　丁未

1、丙火生在午月，羊刃格，比肩劫財四見，食神傷官四見，火土兩旺身強。壬水年干通根時支，七殺格。原局火炎土燥，壬水為調候用神，缺庚金為壬水之源，又辛金氣弱，洩土生水力有未逮；身強格局弱。

2、大運戊申、己酉、庚運等滋養壬水；辛亥、壬子、癸丑等運，七殺聲援有功。大運行金水之地，財生殺，雖非無財之人，惟以兩午羊刃合戌土正財，剋妻難免。七殺引到時支亥水坐祿，有貴人，子息必佳。原局偏枯得行運中和，

3、年柱七殺，上有兄姊；《三命通會》：「年上陽刃與時上陽刃最重，年上主破敗祖基，不受父母產業，平生施恩反怨。時上主剋妻子，晚無結果，四柱再逢，手足災疾，月上稍輕，日上又輕。人命月日干支帶財多，日干衰弱，時帶陽刃無害。月帶七殺，時帶陽刃，日主有氣，大貴。」原局傷官要生財，羊刃比劫要剋財，人生豈能得意？貴人多，不無小補。

例 8、乾造，七殺格，官多變鬼，傷官格為輔。

正官	日主	傷官	七殺
乙卯	戊戌	辛未	甲寅
乙	丁 辛 戊	乙 丁 己	戊 丙 甲
正官	正印 傷官 比肩	正官 正印 劫財	比肩 偏印 七殺

己卯	戊寅	丁丑	丙子	乙亥	甲戌	癸酉	壬申

1、戊土生在未月，先要癸水，如身弱用丙火，疏土則用甲木。地支正偏印三見，比劫三見，即非身弱。官殺五見，正偏印三見，殺重印輕，尚能局部化殺。

2、初運壬申、癸酉金水之地，挹注原局缺水遺憾。甲戌運前五年，七殺帶貴人有功，戌運拱火必然迍邅困蹇。乙亥、丙子等運戊日主得水為財，必有佳績，唯原局缺財，傷官雖巧，財不落袋。卯戌合火，妻財為難。

3、官殺五見，七殺格。官殺兩頭掛，有子難留。晚年正官疊正官，子息出路不差。甲木天月德貴人在年干，戊土得日主喜神，出身也有一番風光。

例9、七殺格，坤造，官殺混雜，從殺不貴

偏印	日主	七殺	正官
丁卯	己未	乙亥	甲寅
乙	乙 丁 己	甲 壬	戊 丙 甲
七殺	七殺 偏印 比肩	正官 正財	劫財 正印 正官

丁卯	戊辰	己巳	庚午	辛未	壬申	癸酉	甲戌

1、己土卑濕，生在亥月，濕泥寒凍，需用丙火。地支亥卯未三合官殺透干，一點丁火難以消受，夫星透干，攪和一籬筐。原局寅亥合木化洩壬水，靠一點丁火滋土，身弱不堪論假從殺。

2、己土面對亥水汪洋，喜在寅亥暗合木，雖有風韻之聲，不缺貴人相助。年柱甲寅正官成格，官坐祿位，出身豪門官邸。七殺貼身，正官一旁站，正是女命大忌。

3、五行缺金，即官殺無制，申酉之地食傷制官殺，接續庚辛，以庚運順遂合殺留官。南方巳午未化殺有功。《三命通會》：「正氣官星第一格，財官兩旺亦同說；官星帶合兼坐祿，女命逢之真有福。官星桃花是良人，帶合兼煞便不同。」

412

例 10、坤造，假從殺格，桃花氾濫，登明足豔。

偏財	日主	正官	正官
辛丑	丁亥	壬子	壬戌
辛 癸 己	甲 壬	癸	丁 辛 戊
偏財 七殺 食神	正印 正官	七殺	比肩 偏財 傷官

甲辰	乙巳	丙午	丁未	戊申	己酉	庚戌	辛亥

1、丁日主生在子月，丁火微寒，專用甲庚，用庚劈甲，以甲木引出丁火。原局庚甲未現，天生機緣不如意。

2、地支亥子丑三合官殺，天干正官兩見，有財星生殺。桃花子水在月支剋日主，三合即氾濫。七殺坐桃花，朝結暮巴；忌天乙貴人多。壬戌、壬子夾亥，《三命通會》：「亥為入夜之時，巳為迎夜之候(風塵女的作息時間)，女命而得亥多者有姿，巳多者好色。」

3、辛亥運與時柱辛丑拱桃花在北方水地，自有早熟風情。庚運財生殺，風聲萬里。戌運土剋水，情場落寞。己酉、戊申運傷官生財，無秀可洩。丁亥日柱天干地支合官，丁壬合官，地支亥子丑桃花官殺混雜，天干易除，地支難去，一生為情所困。正官疊七殺，莫問婚姻。

例11、坤造，七殺格從殺，日主無根，離婚，情路坎坷。

正財	日主	七殺	七殺
甲	辛	丁	丁
午	卯	未	巳
己　丁	乙	乙　丁　己	庚　戊　丙
偏印　七殺	偏財	偏財　七殺　偏印	劫財　正印　正官
乙卯　甲寅	癸丑　壬子	辛亥　庚戌	己酉　戊申

1、辛金生在未月，己土當權，滋扶太過，恐污金不耀，專用壬水淘洗。原局既無壬水，巳午未官殺拱合透天干，又有甲卯木財生官殺，從殺格。

2、初運戊申、己酉運，土生金扶日主，必有爭搏困頓。庚運金在熔爐，無濟於事；戌運卯戌合火，必有順境。辛亥、庚子、癸丑等運北方水地，傷官剋官又是折騰。時柱正財貴人齊聚，溫飽無虞。七殺又天乙貴人多，感情就是糾結。時柱天德與月德貴人帶天乙，德蓋七殺化印，財官印俱全，所求何事？往事如煙，前塵事一筆勾銷。

3、假設從殺格成立，申酉戌比劫之地，身強反而亂了套，必然衰運；亥子丑則殺格進入煞地，還是衰。若不從殺則申酉戌之地，身殺兩停；亥子丑之地有壬水淘洗，故從或不從有天壤之別。

414

印綬格(正印與偏印)

三、正印格喜忌

　　日主身弱，行運財、官臨身，但身弱不能托財官，也是徒呼奈何。唯獨印格不忌身弱，反而忌日主太強。因此，正印格在格局上的喜、忌，略異於其它格局。正印格是順用的格局，基本上喜正官、七殺來生。經云，月逢印綬喜官星(官在年干)，運入官鄉福必清。死絕運臨身不利，後行財運百無成(先印後財，滿嘴清高轉勢利)。

> 《星平會海》云：夫印綬之格，四柱喜見官星、七煞及運行官煞。身旺為禍，大忌柱中財、傷、印綬，如行運去便發。比刼去財，四柱純印生孤辰丑，不忌木未戌宮，有丁火能化木，辰丑土印逢財則破，辰丑中有癸水，能生其木旺，為害大要生旺忌死絕。但月上印綬，最喜行官印運便發。

1、正印格忌財剋印，正印格屬於順用的格局，當然不喜財剋印。然而財既是錢財，亦是妻妾，而妻、財二字，正是男命所追求。因此，正印格必須要有調停財與印之間的關聯。

2、正印格四柱天干有正官，或者七殺透出。如此，得到財生官殺、官殺生印的順序，即是以正官七殺作通關用神。

3、正印格天干有比肩，地支沒有比肩。雖然比肩剋財，但因為浮財無根，所制恰如其分，財也不致於有損於正印。

4、無根之財星，其力不猛，制印有限，不甚忌。

5、日主地支自坐之財星，只要不透出天干，也不會有損於正印格。例如戊子日自坐正財，正財位於妻宮，恰如其分，並不會破正印。

6、合財以留正印，例如壬水正印格，合住丁火妻財。若日主中和，正印格有官殺來生，財又生官殺，財官印俱全，就是人生勝利組。

7、正印格少病、吝財、忌財星。透干拱祿、拱貴尤佳。印多者清孤。印，入庫則夭。最喜天月德貴人。印、官在冲刑之地，意亂心忙。

8、正印格見財坐實，又多透天干，言清行濁，更忌傷官出干，正印坐實成格，務必要帶官殺，方論吉。

9、正印格被鄰柱對合，則格局不純，因為正印格本質是扶生日主。不過正印格之被合，若四柱之中，並沒有任何第二個格局，而是單獨成正印格；如此即使是正印格被合，僅算福分減分而已。

10、月柱上是正印格，而在時柱上又成財格，依據財剋印的原理，本來是可以用官、殺來通關；然而，月柱的正印卻與年柱帶合。如此，即不以「正印格」為主，而視為合印留財。望文生義，喜忌用神均以財格為主。合印留財，見利忘義。

11、女命全印局，因後天性格與子女無緣。

12、正印格仁慈不計小事，聰智敦厚，平生少病，作事踏實，理財安分少奢欲。

13、正印格，忌刑冲，有明顯的差異。

14、正印格有官、殺化印，而遇刑、冲者，名利須經一番阻逆始得，官印在刑冲之地，意亂心忙。正印格無官、殺化印，則為有學養不沾鍋的寒儒名士。

15、七殺格用印，印格則是用七殺，因為印怕財剋，財來可用七殺化，而後再生印稱通關，即七殺保護印格，七殺本身不必然要成格。

16、日主強的含義，是指正印格與羊刃格併在一個八字之中。印本
　　來是生扶日主，而日主已經有羊刃，再成正印格，則顯然身過
　　強。正印格與羊刃格，在四柱之中同時併見，身體經常有病，
　　性格孤傲，無法協調而缺少親合力。

17、女命最忌印格與羊刃同時見於八字之中，婚姻不美。正印格又
　　帶羊刃者，即是身強用印，應以食傷洩日主，四柱有食、傷出
　　天干者佳局。或入食、傷大運，亦主有二十年之吉運。

18、正印格與羊刃、七殺同時透干成格者，不易調停。僅可在五合
　　六合、大運流年中，尋找機會。

19、印透、傷透、比透，樣樣都要管，有格局才有真本事。調候得
　　天時，而格局決定是否有本事。四見正印，易露聰明，平庸少成。

20、雜氣印綬，辰戌丑未，天地不正之氣。開鑰者乃刑冲破害，財
　　多就貴。

四、偏印格喜忌

　　偏印又稱倒食、梟神、吞焰煞等，食神最忌見之。若命帶倒食，
福薄夭壽，須有制合，不能為害。或柱中不見食神，不能為害，則
稱為偏印。例如甲日見壬辰、壬戌，甲之偏印為壬水，壬水制住食
神丙火，連帶使甲之戊己土未能逢生，但辰、戌中有戊土，制住壬
水。總之，食神不喜見偏印，同根透天干猶忌。若逢刑冲，則做事
進退，身品瑣小，膽怯心虛，幼時剋母，長大傷妻，故曰：「梟神」。

1、偏印雖然與正印二者都稱之為印，但是二者性質殊不相同。由於
　　正印是可以扶日主，偏印則是以化殺為主，生扶日主之情並不明
　　顯。日主是坐絕之弱，用偏印來生扶，反為不佳。

417

2、甲丙戊庚壬五陽日之偏印，可以合傷官而生財。乙丁己辛癸五陰日之偏印，能自合財星。因此不能因為印能生日主，而不必考慮日主強弱。換言之，偏印格同樣需要日主在四柱之中有臨官之祿位。

3、《三命通會》云：梟神見官殺，多成多敗。偏印遇財星，反辱為榮。身旺為貴，身弱乃常。有傷官而平生豐潤，值食神而處世伶仃。丁逢酉日遇己土，乃旺相人士。梟神當權，使心機而始勤終怠，好學藝，而多學少成。偏印在年，破祖之基。

4、偏印格是屬於逆用格局，最喜偏財相制。偏印格身強又透財星，即可視為佳造，仍忌刑冲等。

5、偏印格最喜與天、月德貴人同柱，偏印格有偏財出天干，天干又見天、月德貴人，身強，不見刑冲，即偏印格之成就。因為偏印是藝術、哲理、宗教之趨勢，須貴人相助。

6、偏印格與食神格交叉混用，容易體弱意外傷害。若食神格為主，交叉透偏印，即梟印奪食，論凶。

7、偏印格走比劫大運，太旺不好。印三合透財，得財必有艱辛之文章。

8、三合或三會偏印運，遇三合三會流年偏印容易受傷。

9、偏印格不需扶身，要有殺洩財。丁日卯時，即偏印夫災子寡，偏印帶冲，性格惹禍。

10、偏印在時支剋食傷，晚年沒子息。偏印坐偏印，性格古怪，加三刑更怪。

11、印三合透食，問事先難後易。印三合透比劫，風雨不停，自身不吉。

12、偏印格不宜與羊刃格合在一個八字之中，因羊刃要去劫財，財則是偏印所須之神，因此，偏印、羊刃不宜並行。

13、偏印最宜自坐財支者，不會有損於食神。諸如：甲日壬辰、壬戌。乙日癸未、癸丑。丙日甲申、甲戌。丁日乙巳、乙酉。戊日丙子、丙申。己日丁亥、丁丑。庚日戊寅、戊辰。辛日己卯、己亥。壬日庚午、庚戌。癸日辛巳、辛未

14、偏印三合透印，因公文、文書之誤，而不吉。

15、食傷印三合，透食傷，人口大吉，女命前一年有喜。

16、印三合，透七殺，女命雖吉，是非中之艱辛而得。

17、財印三合，透財，財多吉，妻財同貴。

印綬詩訣

> 月逢印綬喜官星，運入官鄉福必清。
> 死絕運臨身不利，後行財運百無成。

「月逢印綬喜官星」，指正印格在月柱，最喜年柱與時柱是正官，其次七殺；以官殺之力化於正印，供日主本身所用。官殺為權勢，印綬是學術道德，兩者相輔為用。「運入官鄉福必清」，如果原局印綬重於官殺，則適合運行官殺之地，反之亦同。「死絕運臨身不利」，例如：甲日主印綬是壬癸水，大運行走到巳午未南方之地。「後行財運百無成」，財剋印，例如甲日主，財為土，水是印，大運是己未、戊戌之類。

> 印綬無虧享福用，為官承蔭有田園。
> 家膺宜敕盈財穀，日用盤纏費萬金。

印綬如果無刑沖，不坐死絕之地，原局有「為官承蔭」(有官殺來生)之象，就是家資萬金盈財穀。

> 印綬無虧靠祖宗，光輝宅產改門風。
> 流年運氣官運旺，富貴雙全步月宮。

「印綬無虧靠祖宗」，指印綬格六親代表長輩，無刑冲就是有很好的家世背景可以當靠山。「光輝宅產改門風」，印綬格以秀氣、藝術、文財為個人特性，申論至門風。「流年運氣官運旺」，流年與大運喜官殺生印。

> 月生日主喜官星，運入官鄉祿必清。
> 容貌堂堂多產業，官居廊廟作公卿。

大意與前述相同，不贅述。

> 重重生氣若無官，當作清高技藝看。
> 官殺不來無爵祿，縱為技藝也孤寒。

「重重生氣若無官，當作清高技藝看」，印綬在原局長生、臨官、帝旺等地重見，例如：壬癸日主地支申酉，甲乙日主地支亥子等，但官殺微弱，只是個清高以才藝謀生之人。大運不見官殺之地，爵祿無緣；才藝出眾仍是印重變梟，孤僻寡言。

> 重重印綬格清奇，一一支干仔細推。
> 支坐咸池干帶合，風流浪蕩破家兒。

印綬多格局清純，似乎鶴立雞群，實則八字不喜氣偏一方；「支坐咸池干帶合」，原局桃花三六合，透天干等，可能是風流倜儻，附會風雅的敗家子。

420

> 印綬干支喜自然，功名豪富祿高迁。
> 若逢財運來傷印，退職休官免禍衍。

「印綬干支喜自然」，指正印在地支，喜見官殺在天干；反之正印在天干，喜比肩劫財在地支。「若逢財運來傷印」，印怕財剋，故大運不喜財地，遇之，早點退職休官，「肥遯，无不利」。

> 印綬重重享成見，食神只恐暗相刑。
> 早年若不歸黃泉，孤苦離鄉宿疾縈。

印綬疊疊相見，印剋食傷稱「梟印奪食」，故「食神只恐暗相刑」，或食傷若旺相則生財剋印。食神在前，印綬在後，幼年艱辛，容易有長年隱疾。

> 丙丁卯月多官殺，四柱無根怕水廊。
> 濕木不生無焰火，身榮除非是南方。

丙丁火月支是卯木印綬，如果官殺壬癸水多，丙丁日主無根，怕走水地，以卯木無法洩化旺水所致。又卯木在水鄉不旺，無法庇蔭日主，所以行運宜南方之地。

> 壬癸逢身嫌火破，格中有土貴方知。
> 北方水運皆為土，如遇寅冲總不宜。

「壬癸逢身嫌火破」，壬癸水日主以庚辛金為印，財剋印，所以印綬怕丙丁火，只喜歡土來洩火生金，故稱「格中有土貴方知」。「北方水運皆為土」，壬癸水日主四柱土多，就是原局官殺旺，日主要靠申金生日主對抗官殺，所以怕寅地冲申，斷絕後援，且寅木又洩日主水氣。

421

> 木逢壬癸水漂流，日主無根旺度秋。
> 歲運若逢財旺地，返凶為吉遇王侯。

甲乙木以壬癸水為印綬，水多木漂；「日主無根旺度秋」，木無根走到金運，例如庚申、辛酉等官殺運。「歲運若逢財旺地」，例如己未、戊戌等運，土生金，財生殺，「返凶為吉遇王侯」，從殺格成立，乖乖跟著長官聽話辦事就是吉運。

> 貪財壞印莫言凶，須要參詳妙理通。
> 運若去財還作福，再行財運壽元終。

「貪財壞印莫言凶」，印綬格怕財剋是指強而有力的柱運歲財格，若原局財淺無根或隔柱則無妨。「運若去財還作福」，財被合也無妨，但怕再行財運，印被剋壽元有損。

> 印綬如經死絕鄉，怕財仍舊怕空亡。
> 逢之定主有凶禍，水火無情自縊傷。

印綬死絕之地，例如：甲日主印綬是水，大運行東南之地，而且還是坐空亡逢冲之類。「水火無情自縊傷」，只是形容霉運而已。

> 印綬不宜身太旺，縱然無事也平常。
> 除非原命多官殺，卻有聲名作棟樑。

「印綬不宜身太旺」，因為印綬是幫助日主，如果日主本身太強，印綬來就撐爆了。「除非原命多官殺」，指印綬化官殺剛剛好，上者國家棟樑，鷹揚風聲。

> 印綬干頭重見比，如行運助必傷身。
> 若言此格無奇妙，印入財鄉福祿真。

印綬強旺，天干又有比肩劫財就是日主強旺。「如行運助必傷身」，
若日主旺相，行運還是一再印比之地，撐爆就傷身。「若言此格無奇
妙，印入財鄉福祿真。」這種情況很簡單，遇見財運就發福。偏印
重就用偏財剋，帶貴人更佳。

> 印綬官星旺氣絕，偏官多遇轉精神。
> 如行死絕並財地，無救反為泉下人。

「印綬官星旺氣絕，偏官多遇轉精神」，指印綬旺盛而官星坐絕，就
是印重官輕。在遇到官殺柱運歲時，官殺就成為印綬的元氣。「如行
死絕並財地」，如果印綬還是死絕方，卻轉進財星旺地必凶咎。

423

例1、乾造，偏印格，暗拱傷官帶財，月時互換空亡。

偏印	日主	比肩	比肩
壬申	甲寅	甲戌	甲辰
戊　壬　庚	戊　丙　甲	丁　辛　戊	癸　乙　戊
偏財　偏印　七殺	偏財　食神　比肩	傷官　正官　偏財	正印　劫財　偏財
壬午　　辛巳	庚辰　　己卯	戊寅　　丁丑	丙子　　乙亥

1、甲日主生在戌月，甲寅、甲戌拱午傷官，不透干，傷官格。先三合寅午戌，後寅申沖，先好後壞；先沖後合，是非甚忙。甲不離庚，庚不離丁，用神落空。日主比劫、印綬多，身強可以托財官。

2、年柱比劫出身清苦，不是老大；天干重見比肩，地支辰戌沖，偏財無用，三十歲前難言穩定。時柱申金驛馬帶財，晚年奔波無息，月時互換空亡，事倍功半，莫問晚年事業。

3、四柱全陽，壬甲不出頭。地支辰戌沖，寅申沖，既非財官，又無換祿，庸碌忙半生。地支偏財四見，婚緣迷離，比劫重號稱三妻之命。戊寅運天干沖剋，地支二寅沖申，事情多。己卯運，天干合正財，地支卯戌合火，卯申合，寅卯辰湊出三合比劫，羣劫爭財。剋合齊來，合不攏甩不掉。

424

例 2、坤造，正印格，羊刃透干，水木二局。

比肩	日主	劫財	正印
甲子	甲辰	乙卯	癸亥
癸	癸 乙 戊	乙	甲 壬
正印	正印 劫財 偏財	劫財	比肩 偏印

癸亥	壬戌	辛酉	庚申	己未	戊午	丁巳	丙辰

1、甲日主生在卯月，羊刃格；年干正印通根時支、日支，正印格。水木比劫多根，八字缺金，《三命通會》：「凡觀陰命，先推夫子興衰……印綬重逢，不死別即生離之婦，刑沖羊刃，惡狠無知。」己未運羊刃一合一沖。

2、水木兩局，女命無事不可傷，私生活豐富。《三命通會》：「六甲日逢乙卯凶，辛卯吉；甲申、丁卯不為刃，申中有庚，合卯中乙木為財，若有財露亦凶。」原局劫財出干，羊刃力道更甚，修養差。

3、《三命通會》：「羊刃喜見七殺，七殺喜見羊刃，兩凶互相制伏，……殺無刃不顯，刃無煞不威。」庚申大運，雙合月柱，七殺大運合刃，也有十年好光景。月德貴人日時兩現，華蓋大耗坐日支，宗教藝術花錢不手軟。

例3、坤造，正印格，正偏印五見轉偏印格，土厚埋金。

正官	日主	正印	比肩
丁丑	庚寅	己丑	庚戌
辛 癸 己	戊 丙 甲	辛 癸 己	丁 辛 戊
劫財 傷官 正印	偏印 七殺 偏財	劫財 傷官 正印	正官 劫財 偏印
辛巳 壬午	癸未 甲申	乙酉 丙戌	丁亥 戊子

1、庚金生在丑月，丑為濕泥，先用丙火解凍，次取丁火煉金，甲木可雕鑿。原局無丙，土厚埋金，但丁火成格，日支寅木就是甲。甲不離庚，庚不離丁，丁不離甲。

2、日干與時干均天德與月德貴人，時支與月支天乙貴人。華蓋在年支，15歲前與異性寡言。年柱比肩通根劫財，正官入庫，家道不顯。劫財入庫，兄弟各自為政。月柱正印30歲前幹一行換一行，通往偏印三十歲後一行幹到底。正印有官，為人清流。

3、官輕印重，土厚埋金，丁亥大運，丁火煉金，寅亥就是財，傷官生財。丙運帶火用神得地，戌運半刑加重。乙酉運，乙庚合金，酉就是羊刃，半合丑土，定然不利。甲申雙冲庚寅，甲己合換祿不成。癸未第六大運當然雙冲月柱，莫言無事，時柱丁丑又逢雙冲，丑戌未太濫，必有爭鬥。

例 4、乾造，偏印格為主，偏財格為輔，偏印用偏財剋。

劫財	日主	偏印	偏財
壬戌	癸巳	辛亥	丁酉
丁　辛　戊	庚　戊　丙	甲　　壬	辛
偏財　偏印　正官	正印　正官　正財	傷官　　劫財	偏印
癸卯　甲辰	乙巳　丙午	丁未　戊申	己酉　庚戌

1、癸水生在亥月，亥月水旺秉令，氣候轉寒，專用丙火調候，見壬水出干，宜兼用戊土。偏印月干通根年支，正偏印四見，主格偏印。偏財丁火通根日支正財，時支偏財，偏財格為輔。

2、四柱換祿，大有可為。印比皆旺，水勢滔滔；宜用天干戊土，其次木洩水，火生土。庚戌、己酉大運助長水勢，無功無祿。戊申大運雙合日柱，前五年有利可圖，後五年吉不掩凶。丁未、丙午、乙巳，一路順風。

3、月支驛馬在亥，坐劫財傷官，馬頭帶箭，天剋地冲，好動無功而返。丙午大運與月柱雙合；庚寅年，三合火局帶財。流年辛卯，合動驛馬、財官，卯酉冲出是非。壬辰年雙合年柱丁酉，與時柱天比地支冲不動，好運結束。

427

例5、坤造，正印格，正財格，先印後財。

正財	日主	正印	七殺
癸丑	戊子	丁卯	甲午
辛　癸　己	癸	乙	己　丁
傷官　正財　劫財	正財	正官	劫財　正印
己未　　庚申	辛酉　　壬戌	癸亥　　甲子	乙丑　　丙寅

1、戊土生在卯月，先丙後甲癸次之，用神不缺。月干丁火通根年支，正印格，天干七殺生印。時干正財通根日支，正財格，月支正官當令，故財生官。

2、日時雙合，人緣好；年日雙冲，主本不合，靠自己努力，女命帶雙六合，一夫一妻難到底，尤其時支為桃花。辛金入丑庫，女命傷官入庫，子女緣薄。夫星是調候用神，不忌官殺混雜、傷官見官、夫星帶合，帶貴人更驗。同理，食神坐天月德貴人靠小孩。

3、年上七殺，早年一場凶。體弱多病，脾氣暴躁，或家庭破敗。日支正財，晚年經濟沒問題。壬戌大運癸巳年三合傷官局，合桃花。甲午年，子卯午酉會齊，兩年有感情問題。

428

例6、正印格,師範文學博士,正印格入庫,身強不畏三刑,最好甲木。

正印	日主	比肩	正印
乙未	丙午	丙戌	乙丑
乙　丁　己	己　丁	丁　辛　戊	辛　癸　己
正印　劫財　傷官	傷官　劫財	劫財　正財　食神	正財　正官　傷官

戊寅	己卯	庚辰	辛巳	壬午	癸未	甲申	乙酉

1、丙火生在戌月愈衰,忌土晦光,先用甲木,次取壬水。正印年干與時干通根未土入庫,正印格。獨見正官癸水,印重官輕,大運不行水地,次取申、酉、壬、癸運。

2、地支食神傷官四見,不透干,驕氣收斂。四柱不見甲木,乙木擔綱總嫌力薄,初運乙甲勉力剋制戌土,以酉申洩火土燥氣,文才鼎立。癸壬官殺生印,必有佳音。午運火旺透羊刃不利。過此,辛巳運水火既濟,氣象一新。

3、原局正印格最喜月德、天德貴人加持,甲申運甲申年,甲木疏厚土,文昌貴人重疊進北大;乙酉年得紅粉知己,丙戌年伏吟知己無疾而終。正印入庫,家庭書香門第,為人敦厚寡言,有家聲,父母俱為教師。

429

例7、坤造,正印格,徐娘豔姬,親切多合。

正官	日主	食神	正印
丙申	辛卯	癸亥	戊戌
戊　壬　庚	乙	甲　壬	丁　辛　戊
正印　傷官　劫財	偏財	正財　傷官	七殺　比肩　正印
乙卯　丙辰	丁巳　戊午	己未　庚申	辛酉　壬戌

1、辛金生在亥月,金白水清,容光煥發模樣恰恰好。先用壬水,次取丙火。正印三見,通根時支,取正印格;印剋食傷僅一女。食神、正官無根不成格。正印格合食神,印格合到食神,業精於勤,荒於嬉。

2、天干地支多合,人親切。食傷三見論天干食神性質,從事推銷服務業。丙丁官殺引到亥月,夫坐絕,老公沒辦法,寧可夫星入庫。日時雙合,不利婚姻;合到老公大家用,或公家用人家老公,時柱更驗。

3、丁巳大運七殺通根,丁旺在巳,男人貼得緊。有小孩的男人獻殷勤。丙辰運拱子,丙是正官,三合食傷,六十多歲生不出小孩,官星拱桃花子水,所以小孩是男人的;有小孩的男人兩個爭著上門照顧,丙辰勝丙申,後來先到。日主自坐將星、大耗,花錢慷慨大方,人緣好。

430

例 8、乾造，偏印格，土厚埋金，醫師。

偏印	日主	偏印	比肩
戊寅	庚辰	戊寅	庚子
戊 丙 甲	癸 乙 戊	戊 丙 甲	癸
偏印 七殺 偏財	傷官 正財 偏印	偏印 七殺 偏財	傷官

丙戌	乙酉	甲申	癸未	壬午	辛巳	庚辰	己卯

1、庚金生在寅月，木氣漸旺而剋土，土難生金，且金之餘氣未除，先用丙火暖庚，次用甲偏財疏土，以免厚土埋金。庚金兩現，不見丁火，貴氣無存，許富不許貴。

2、原局厚土偏印五見，偏印格喜偏財制，雖土多埋金，但日主無根身弱，無法托偏財之福。身弱則傷官無力生財，以寅中甲木偏財兩見直接生出官殺，卯運三會偏財直接剋偏印為用，庚辰運幫身，濕土生金。辛運平實，巳運火地暖庚順遂。壬運梟印奪食。午運正官當道，癸運合火，一路順風。

3、魁罡日庚辰聰明達理。一財得所，會賺錢，留不住錢。偏印太多不會享福，話不多。八字全陽，兩干不雜，按部就班。醫師手術屬於偏印技藝。癸未運庚寅年會出偏財運，丑未冲，子卯刑，子丑合，父喪。癸未運癸巳年會七殺，子午冲有是非；隔年甲申運甲午年雙冲庚子，未是天乙暗中有乙木財庫助陣。

例9、坤造，偏印格用偏財格制，帶貴人吉命。

偏財	日主	偏印	正官
壬戌	戊午	丙戌	乙亥
丁　辛　戊	己　丁	丁　辛　戊	甲　壬
正印　傷官　比肩	劫財　正印	正印　傷官　比肩	七殺　偏財
甲午　癸巳	壬辰　辛卯	庚寅　己丑	戊子　丁亥

1、正偏印四見透出月干，偏印格。戊土生在戌月，先取癸水，次用甲木疏土，年柱官殺，剋不動火黨土眾，藉財生殺，偏財壬水成格有利。偏印格逆用，偏財格帶月柱天德、月德貴人，吉命。戊午孤鸞日，不利婚姻。

2、丁運火入戌庫，五年沉悶無氣。初運亥子丑北方水地財生殺，來的巧。中運庚金合官，不利正官。寅運三合寅午戌，財印交戰，事業不利；寅亥合木，暗中生七殺，無病即有風韻。

3、身旺不利木火運。辛運合水喜氣洋洋。卯運合火宜防火病。戌土比肩，兩會羊刃午火，暗中損財。辛卯運雙合月柱，水火交融，也有一時快意，壬辰運偏財逢冲，身強就是福氣。

432

例 10、乾造，偏印格，四柱無食傷，帶貴人天乙月德。

正官	日主	正印	正印
庚辰	乙亥	壬子	壬子
癸 乙 戊	甲 壬	癸	癸
偏印 比肩 正財	劫財 正印	偏印	偏印

庚申	己未	戊午	丁巳	丙辰	乙卯	甲寅	癸丑

1、乙日主生在子月水旺，急需丙火為用神；正偏印六見，偏印格。
庚金生水，水勢狂濫，乙日主合庚金不化，水多金沉，但連帶免除水泛木漂之憂。

2、《子平粹言》：「旺者喜洩，印太旺宜行比劫之地，以洩印之旺氣。母旺子衰，宜助其子。」故癸丑運不喜水泛，必困塞。甲寅運洩水生木，桃花兩見作正印，必有學術生機。乙卯運接續生發。丙運壬水為官殺，庚金為財星，勿因財惹禍。辰運以丙火生辰土，偏財剋偏印恰到好處。丁巳運火土之地，如魚得水。戊午火土運，雙沖年月兩柱，水火交戰，焉知退一步海闊天空。

3、年月兩柱天乙貴人與月德貴人四見，正印偏印交織，其家源應為母系參雜，家聲裴聞。偏印格默然少語；時上正官得有地支財源，晚年以專業而有優渥之生機。印剋食傷，人生終有缺陷。

433

例 11、乾造，月柱正印格，正偏印多，偏印格，問運勢。

偏印	日主	正印	七殺
庚戌	壬寅	辛酉	戊申
丁　辛　戊	戊　丙　甲	辛	戊　壬　庚
正財　正印　七殺	七殺　偏財　食神	正印	七殺　比肩　偏印
己巳　戊辰	丁卯　丙寅	乙丑　甲子	癸亥　壬戌

1、壬水生在酉月，金白水清，地支申酉戌隔位三合，庚辛金透出天干，偏印格。七殺四見，七殺格透出年干，殺印相生，殺輕印重；然而原局氣偏殺印，交織不清明，精明未必能幹，能幹未必富貴所許。年上七殺，必有兄姊。

2、年日雙沖，主本不合，年上七殺，出身艱難。四十三歲丙寅大運壬辰年，卯申合，卯酉沖，卯戌合，寅卯辰三會傷官，拱桃花沖正印，八月輕則口舌毀謗。癸巳年合會寅巳申三刑，困擾於舊事。甲午年柱運歲三合寅午戌財運，眉開眼笑。

3、正印格在月柱，必有專業領域，兼母壽有餘蔭；天德月德貴人在日時加持，四柱無刑沖，一生少災。驛馬在年支坐七殺，跑跑跳跳，跌跌撞撞。自坐文昌，食神生偏財，搖搖筆就有進帳。時支正財入庫，印綬格挺立，生活順心優渥。

財格（正財與偏財）

　　財格即是正財、偏財，二者俱皆作相同之喜、忌而論。正財與偏財在六親、性格等方面雖有不同，但以正財格、偏財格單獨一格，論及格局的喜、忌，幾乎皆近似。不過在取認格局之時，另有一些需要注意的事項，首先，天干有正財，地支沒有正財，卻有偏財，且不能入其它的格局，仍稱作財格。其次，正財透干而成格，偏財也透天干成格，如此，當正偏財同時俱透出天干之時，作偏財格而論。此外，地支之中三合財。例如：戊日主，地支有申子辰、亥子丑的三合、三會，組成財局之時，作偏財格而取認。因此以財格一併論述。財格的喜、忌，是以日主強旺為第一優先，因為財為日主所剋。正財格最喜身旺有官星，忌七殺，倒印（偏印），身弱比肩和劫財。但身強財旺者逢財看煞，見官更好。經云：<u>財星忌透只宜藏，身旺逢官大吉昌</u>。怕逢比劫來相會，一生名利被分張。

五、正財格喜忌

《星平會海》云：夫正財者，喜身旺、印綬。忌官星、忌倒食、忌身弱、比肩劫財不可見，官星恐盜之氣也，或帶官星者，運行財旺生官之地，更可發福。若柱中財多身弱，行財旺鄉反成禍矣。或柱中行日主生旺之地，或三合扶身，勃然而興發達。財神宜藏，藏則豐厚，露則浮蕩，用財不喜比肩，運行比劫分財權，恐命元傷盡，運行遷此，乃為災禍。

六、偏財格喜忌

《星平會海》云：如時上偏財與時上偏官相似，只要時上一位，而三處不要再見財。卻怕沖，與月上偏官一般，偏財要財旺運。

1、財格身強用官殺，原則上是喜用正官，而不可以輕易用七殺，因為七殺攻身甚強，財生殺，殺攻身，提油救火。

2、財格用印，必須先財後印，不宜先印後財。財格不甚忌正、偏財混合而成格，因為財不嫌多。

3、不喜天干明見太多的正財、偏財，財多不富，官多不貴。最宜地支有財庫收藏。

4、財成格，最忌比劫居首尾。財在地支當令不入格，不出天干，亦有一時之福。財星在地支無旺位，最宜地支財六合。

5、正財格或是偏財格，忌比肩、劫財透出於時柱；或者時支是日主的專位比肩、劫財。財格不喜四柱中，遇比、劫出天干，又或者是坐專位，可藉食神傷官在天干，或三合三會之食神傷官，則比劫生食傷，食傷生財而通關，如此比劫不去剋財。

6、四柱之中有正官、七殺任何一位出天干，或者是地支有三合、三會之官殺，如此，官殺可以制比劫，使比劫不剋財。

7、財為養命之源，財格的這一柱，最忌為非日主的一柱所合，例如，財格透出在月柱，而為年干所合。財星若為日主所合，只要不是同時合入不良的神煞，大致無甚影響。

8、格局在四柱之中，有沖刑總是不美，得有六合解沖刑，則可以解輕其因刑沖而受之損害。沖刑之中，干支俱沖，則須雙合方能完全解除刑沖。如此之雙合，則是將財格雙沖，財格變更為沖中合的情形，比純粹的雙沖為輕。

9、天干有沖剋，地支沒有刑沖。大凡刑沖之事項，在天干沖剋者，比在地支上遇刑沖輕微。地支有沖刑，而天干沒有沖剋，如此，則要同時兼顧受刑沖的地支，是否同時帶有神煞。

10、扶日主之神，總以比、劫、祿、刃、印為主要的範圍。以財格論，除非四柱有食傷，或者官殺出天干，則食傷可以洩比劫，官殺剋比劫，始可以用比劫扶身，免除比劫剋財之副作用。。

11、祿是日主的地支所屬的臨官位。財格最宜用日主之祿來幫身，沒有副作用。

12、羊刃即是陽干之劫財。財格在四柱之中，又遇到陽日主之羊刃，即是所謂逐馬。也是必須要在四柱之中，有食傷或者是官殺，方可勉強用羊刃以扶日主。

13、財格配印，須財印隔柱，身弱喜印，身強喜官。

14、財印並柱，印重喜官殺，印輕喜比劫。財格逢食神，不論日主強弱皆忌傷官。

15、印之扶身，須考慮財剋印。因此，財格用印扶身者，須財在前，而印在後，否則印無法發揮印生日主的效果。

16、財格帶傷官，不論日主強弱喜財、忌官殺印。財格帶七殺，不論日主強弱，不論合制七殺，喜比劫印食傷，忌官殺財。

17、財格的喜忌，通用於正財、偏財，故此，正財格與偏財格，二者在格局上的喜、忌俱皆相同。

18、年月天干正偏財齊透，幼運吉。日主自坐偏財中年後事業賺錢。

19、財格成於時柱兼日主自坐財庫，雙妻命均賢。財坐劫財之庫大凶。財坐日支旺位，時支為羊刃，一生主有小疾，多是非。

20、《星平會海》云：雜氣財官四庫中，還須破害與刑沖。天干透出財原格，財多身旺祿相同。

正財詩訣

> 正財無破乃生官，身旺生財祿位寬。
> 身弱財多徒費力，輕財分奪禍多端。

正財不遇沖刑，財生官，日主坐臨官帝旺足以托財，財也必須坐祿旺，例如丙午日柱，庚申月柱。身弱則奔波求財，「輕財分奪禍多端」，指日主身弱走比肩劫財大運，財被剋，群劫爭財，禍事多端。

> 正財得位令當權，日主高強得萬千。
> 印綬方來相濟助，金珠滿匣祿高迁。

正財坐長生、臨官之位，日主身強得財，身財兩停，走入印綬之地，招財進寶。財印相剋，為何進入印綬之地反而榮昌，因為制財用比劫反而壞事，用財生官殺，官生印，如此財官印氣順可用。

> 正財還與月官同，最怕支干遇破沖。
> 歲運若臨財旺地，便教富貴勝陶公。

財能生官，月柱有財官無刑沖，就是富貴可許；最怕原局與柱運歲沖破。歲運若行財運，或是身強行官殺運就是富貴有許。

> 身弱多財力不任，生官化鬼反成憂。
> 財多身強方為貴，若是身衰禍更臨。

日主坐衰絕之地，無法勝任剋財，一旦走入財生官殺的大運衰敗。總之，身強才能享受財星的優點。

偏財詩訣

> 偏財生旺是英豪，羊刃無侵福祿高。
> 結實有情性慷慨，若還身弱漫徒勞。

偏財格坐在生旺方，順運時性格豪邁，慷慨大方，背運時倒錢也不手軟。偏財最怕羊刃劫財，尤其財無根，若財入庫則守住。身弱財多有官殺，適當的比劫可以使日主強旺守住財氣，就像請保全雖然要花錢，但守住更多的財富。但至少一個官殺制住比劫。

> 月偏財是眾人財，最忌干支兄弟來。
> 身強財旺仍為禍，若帶官星方妙哉。

月上偏財是眾人財富，指財富聚散無常。若天干偏財，地支劫財；或地支偏財，天干劫財；或天干偏財，劫財來剋；地支偏財劫財相沖。身強就是比劫剋財有力，財旺就是聚財快，財散財聚還是禍端，來個官殺制住比劫好。

> 凡是偏財遇劫星，田園有破事有困。
> 傷妻損妾多心煩，食用相資困在陳。

凡是偏財(格)遇見比肩劫財，家園破敗，事業困頓。「財」也是「妻」的概念，古時有財不怕沒妻。所以財格不走比劫運，大概孔子困在陳國時就是走比劫流年吧！

> 若是偏財帶正官，劫星重露禍相連。
> 不宜劫財重來併，此處方知禍百端。

偏財可以生官，固然是好事，但「劫星重露」是指比劫天透地藏，四柱、大運與流年合出比劫，此時官殺的力量就制不住比劫。劫財重重而來，禍事難免。

> 偏財身旺要官星，運入官鄉發利名。
> 兄弟名來分奪去，功名不遂禍隨身。

如果日主強旺，偏財成格，行運進入官殺之地，有利官運。反之，
進入比劫之地剋財壞官，禍事隨身而至。

例 1、乾造，財格，傷官格，正印格，先財後印，辰戌丑未缺甲木。

正印	日主	傷官	偏財
辛丑	**壬辰**	**乙未**	**丙戌**
辛　癸　己	癸　乙　戊	乙　丁　己	丁　辛　戊
正　劫　正 印　財　官	劫　傷　七 財　官　殺	傷　正　正 官　財　官	正　正　七 財　印　殺
衰	墓	養	冠帶
	華蓋	寡宿	

癸卯	壬寅	辛丑	庚子	己亥	戊戌	丁酉	丙申

1、壬水生在未月枯竭，己土當權，先用辛金蓄源，以正印格生身，用神有力，一生不缺機運。次用甲木制己，以傷官代用，財源點滴可成。八字土金水木火，逆生輪迴有氣，一生晚年才是佳境。

2、原局時柱正印格入庫，通根年支，一生喜學術。年柱丙戌，日柱壬辰，雙冲之故不得長輩助援。偏財透在年干，幼時家境優渥，及長自力更生，以日月互換空亡，中年必有事業與家庭波折。

3、28 歲(63 年)至 29 歲罹癌，45 歲動手術。69 歲大運拱三會木，70 歲丙申、壬寅互換長生吉祥。71 歲丁酉雙合日柱。72 歲戊戌雙冲日柱必然操心。73 歲亥卯未三合木吉祥。壬寅年用神得地，慎防機會多而失誤。

例 2、乾造，偏財格，地支專位，卯酉冲，午午自刑，妻財兩敗。

偏財	日主	正財	正官
丙午	壬午	丁卯	己酉
己　丁	己　丁	乙	辛
正官　正財	正官　正財	傷官	正印
胎	胎	死	沐浴
將星	將星	天乙　桃花	

己未	庚申	辛酉	壬戌	癸亥	甲子	乙丑	丙寅

1、壬水生在卯月坐死絕，日主無根，天干無印，身弱。二月寒氣悉除，冰化為水，無需用火，用戊土為堤岸，辛金發源。四柱僅己土三見，自制力不足。

2、天干財官並列，門面好看；正官格與正財格天透地藏，身弱無用。甲運合官，曇花一現。子運冲午，羊刃破財。癸亥運水旺，午亥暗合，生機盎然。壬戌大運雙合月柱，辛酉大運雙冲月柱，上下震盪。

3、年柱起算，午是桃花；月柱時柱起算，卯是桃花；天干正財偏財兩見，結婚離婚當兒戲。傷官逢冲，賺錢事想得多，成的少。日時兩柱，天剋地刑，酉運中自刑帶冲，一生女小人快意人生。

例3、乾造，日時雙合，不利婚姻；年日雙合，有餘蔭。

正財	日主	偏財	正財
癸亥	戊寅	壬戌	癸亥
甲　壬	戊　丙　甲	丁　辛　戊	甲　壬
七殺　偏財	比肩　偏印　七殺	正印　傷官　比肩	七殺　偏財
絕	長生	墓	絕
劫煞	孤辰	華蓋　寡宿	劫煞

甲寅	乙卯	丙辰	丁巳	戊午	己未	庚申	辛酉

1、戊日主生在戌月，戊土當權，先用癸水，若土旺不用丙。原局四柱水多，其次土不弱，先用甲木疏土，甲木洩水疏土剛好。初運金生水進入南方火生土，原局土水兩旺，哪壺不開提哪壺。

2、天干正偏財三見，通根地支亥水兩見，財多身不弱。年柱癸亥日柱戊寅，年日雙合，日時雙合，年時伏吟，一生平淡無成。戊午運三合孤辰寡宿，暗合亥水，孤寡中奮進。丁巳運雙沖年時兩柱，前五年空轉，沖刑合會太多。丙辰運雙沖月柱，身強雜氣財透干，定有顯發。

3、年柱正偏財，祖上財源廣。日時地支寅亥暗合官殺，注意體內暗疾。日時雙合人緣好，不利婚姻。傷官無力財無源，靠祖蔭。

443

例4、坤造,偏財剋偏印,用神不靈靠格局。

偏財	日主	偏印	劫財
乙未	辛卯	己卯	庚申
乙 丁 己	乙	乙	戊 壬 庚
偏財 七殺 偏印	偏財	偏財	正印 傷官 劫財
衰	絕	絕	帝旺
華蓋 寡宿	將星 大耗	將星 大耗	劫煞 天德
辛未 壬申	癸酉 甲戌	乙亥 丙子	丁丑 戊寅

1、辛日主生在卯月,陽氣發於外,壬水為尊,忌見戊己土多滯水,調候用神壬、甲。原局宜以庚申扶身,壬水淘金。

2、正偏印三見,偏印格。偏財四見,偏財格。年柱劫財天透地藏,出身清苦。偏印格用偏財剋,神煞大耗、將星帶偏財,財聚財散。丙子運與日柱干合支刑,感情不利。乙亥運合原局「一財得所,紅顏失配」。四柱無刑冲,平易近人。晚年偏財入庫透干,偏印七殺在時支,也有一番榮景。

3、《星平會海》云:「時上偏財一位佳,不逢冲破享榮華。敗財劫刃還無遇,富貴雙全比石家。」時支寡宿、華蓋、偏印,潛學玄理、藝術、宗教。

例5、乾造，財格，天元坐殺，時上羊刃帶傷官。

傷官	日主	食神	正財
丁卯	甲申	丙子	己酉
乙	戊　壬　庚	癸	辛
劫財	偏財　偏印　七殺	正印	正官

戊辰	己巳	庚午	辛未	壬申	癸酉	甲戌	乙亥

1、甲日主生在子月，寒木凍土，先丁後庚，丙火輔佐，用神不缺，格局不美，五行均衡，中等好命。年干正財通根到日支是偏財，一生錢財來源不只一項，財格只到日支。

2、四柱無刑冲，年柱正財正官，家庭有背景。月干食神自坐正印，福神洩氣，但錢來的不辛苦。冬水不生木，步步為營，任勞任怨，成就來的慢。時上羊刃，既不認輸又不服老，傷官力挺到底不生財，財源逐漸衰微。

3、壬申大運雙合時柱丁卯，流年庚寅雙冲日柱，寅申冲，丙庚冲，冲合太多，必有一失。流年辛卯，卯酉冲，子卯刑，卯申合，瑣碎事傷神。流年壬辰與大運壬申拱子，三合水局，流年不利。年柱酉金桃花坐正財正官，甲己合，拿老婆沒辦法。時柱傷官、劫財，老運堪憂。

445

例6、乾造，正財格，七殺格，偏印格，晚年出借五百萬元，亢龍有悔。

七殺	日主	正印	正財
癸卯	丁未	甲申	庚辰
乙	乙 丁 己	戊 壬 庚	癸 乙 戊
偏印	偏印 比肩 食神	傷官 正官 正財	七殺 偏印 傷官
壬辰　辛卯	庚寅　己丑	戊子　丁亥	丙戌　乙酉

1、丁火生在申月退氣，專用甲木，月干甲木，年干有庚金正財劈甲，丁不離甲，甲不離庚，庚不離丁，人生自有一番氣象。

2、正偏印四見，以月干正印為用；七殺格年支透出時干，殺輕印重，亥子丑水地殺運，自然發達。初運乙酉雙合年柱庚辰，年柱不見比劫，出身仕賈門第。丙戌運雙沖年柱，出外求學。丁亥運拱合印綬，碩博士經歷。

3、年干正財通根月支，恰為用神，出身優渥。由教職積累財富，三格鼎立，正財格當令，既無偏財，碰外面女人就是破財了事。晚年重利，輕信暄言五百萬打水漂。時柱七殺生印，天德坐將星，晚年權勢死不放手。

446

例7、坤造，年柱正財格，三合七殺格透干，問適合保險金融與感情。

食神	日主	七殺	正財
壬午	庚寅	丙戌	乙卯
己　丁	戊　丙　甲	丁　辛　戊	乙
正印　正官	偏印　七殺　偏財	正官　劫財　偏印	正財

甲午	癸巳	壬辰	辛卯	庚寅	己丑	戊子	丁亥

1、庚日主生在戌月，先以甲木疏土，以免土厚埋金；次取壬水淘洗
。乍看乙卯代甲，壬水孤懸時干，豈知日支寅木三合午戌透干成
七殺格。壬水在時干丁壬合木有暗財，年柱乙卯，卯戌又化火，
原局財生殺黨。

2、三合寅午戌透干，夫星夾雜；天月德貴人，合多貴眾帶桃花，感
情世界多采多姿。財生殺，男女關係帶鈔票。初運丁亥雙合時柱
壬午，呼應年柱正財，出身好家庭。戊子有水土與時柱壬午互換
祿旺，生活優渥。

3、己運混濁壬水，合化偏財甲木，衰運。丑運降溫氣色好。己丑大
運辛卯年雙合月柱，男人帶來好處。壬辰年雙冲月柱，戀情如江
水；壬辰壬午拱七殺，舊的不去新的不來。中運庚寅、辛卯，比
劫剋財，原局財生官殺旺。

447

例8、乾造，正財格通根，偏印格為主，財多身弱，日主無根。

傷官	日主	偏印	正財
癸未	庚寅	戊寅	乙卯
乙 丁 己	戊 丙 甲	戊 丙 甲	乙
正財 正官 正印	偏印 七殺 偏財	偏印 七殺 偏財	正財
庚午　辛未	壬申　癸酉	甲戌　乙亥	丙子　丁丑

1、庚金生在寅月木旺，寅宮火土同生，燥土不生庚金，故宜用辛金，日主虧在無根，托不住財，到處有女緣。原局土木兩行，庚金有甲乙木一堆，財印交戰，不宜早婚。丁火不透，庚金無制；土厚埋金；未見甲木，甲透者貴，甲藏者富。

2、年干正財通根時支歸庫，正偏財五見，四柱無刑冲，家世優渥。正偏印四見，偏印格透在月干為主。

3、乙亥大運桃花透干，雙合日柱庚寅，亥卯未三合，好運來太早，蔭到享樂而已。甲戌大運癸巳年拱午，暗合官殺，焉知禍福。甲午年三合官殺，女人帶來是非，遍火燎原。

4、日主無根，合正財，拿女人沒辦法。年上正財，家裡有幾個錢。乙亥大運財多身弱，合文昌，風流倜儻。酉運羊刃扶身，總有幾年好光景。《三命通會》：「日干無氣，時逢羊刃不為凶。喜羊刃者，身弱力不任財，故不忌劫奪。」

列9、乾造，財格與印綬格，四生之地。年日互換空亡，月時雙冲。

正財	日主	正印	比肩
癸亥	戊寅	丁巳	戊申
甲 壬	戊 丙 甲	庚 戊 丙	戊 壬 庚
七殺 偏財	比肩 偏印 七殺	食神 比肩 偏印	比肩 偏財 食神
乙丑 甲子	癸亥 壬戌	辛酉 庚申	己未 戊午

1、戊土生在巳月，建祿格；陽氣外發，寒氣內藏，先取甲木劈疏，次取丙癸，寅木代甲，丁火代丙，命格上有打壓，下有支撐。

2、正偏印三見，印綬格。正偏財三見，財格。《三命通會》：「先印後財，反成其辱。」劫煞、孤辰在亥，雙合之中不退休。年支驛馬食神生財帶比肩，祖上由盛而衰。

3、年日互換空亡，地支寅巳申三刑，寅亥合減輕三刑迫害。年柱比肩通根，出身平凡；比肩四見，無緣早婚。日時雙合，晚年發達；月時雙冲，根基一定空，人生不免起落無常。

4、初運戊午、己未，身強無需火土印比，呼應年日互換空亡。庚申、辛酉運，財逢食傷。寅申巳亥到處是驛馬，大膽闖禍，酉運駝財最發達。

例 10、偏財格，雜氣財，富婆，晚年辛金入丑庫。

正官	日主	偏財	比肩
丙申	辛酉	乙未	辛丑
戊　壬　庚	辛	乙　丁　己	辛　癸　己
正印　傷官　劫財	比肩	偏財　七殺　偏印	比肩　食神　偏印

癸卯	壬寅	辛丑	庚子	己亥	戊戌	丁酉	丙申

1、辛金生在未月，臨官帝旺加持，先取壬水淘金，身弱則忌土厚埋金，用庚金輔佐。月柱偏財天透地藏，偏財格。以年月地支丑未相冲，雜氣財透干。

2、比肩劫財四見，正偏印三見，身強，喜傷官壬水大運。四柱水不旺，戊戌運定然殘破不堪，己運平緩中，亥運騰達，庚子運財逢食神，財喜連連。辛丑運謹慎經營。壬寅運傷官生財，雙冲丙申，財進傷身。

3、《三命通會》：「雜氣從來自不純，天干透出格為真；身強財旺生官祿，運入冲刑聚寶珍。」幼年不宜逢墓庫，老年值此卻豐隆。刑冲破害要相當，太過不及皆為禍。辛金老行墓地，晚景悠悠。雜氣財天干要透財，否則自家人相冲自爽而已。

例 11、坤造,偏財格,傷官入庫不生財,困蹇之命,雜氣財。

劫財	日主	偏印	偏財
乙丑	甲子	壬戌	戊午
辛　癸　己	癸	丁　辛　戊	己　丁
正官　正印　正財	正印	傷官　正官　偏財	正財　傷官

甲寅	乙卯	丙辰	丁巳	戊午	己未	庚申	辛酉

1、甲日主生在戌月,木性凋零,需用丁火傷官,月支傷官入庫;需
　壬癸印綬滋扶,再用戊財庚殺。年干偏財通根月支,偏財格。原
　局四柱無刑沖,五行齊全,看似平順,實則日主無根,年日雙沖,
　日月互換空亡,月時互換空亡;原局缺陷太多。

2、己未大運雙沖時柱,與年柱干鄰支合,日柱干合支害,沖合太多
　,《三命通會》:「四季財官內伏藏,刑沖破害要相當;太過不及
　皆為禍,運入財鄉大吉祥。」

3、己未大運壬辰年結婚,會齊辰戌丑未。癸巳年柱運歲合火傷官,
　甲午年雙合己未運,天剋地刑年柱,日支子午沖。戊午大運雙沖
　日柱,伏吟年柱,乙未年離婚,刑沖合會太多。丁運丁火入戌庫,
　五年空轉。丙辰運沖雜氣財,濕土生甲木。

4、年柱傷官生財,出身家財興旺。時支正財、正官、正印,量入為
　出度日,正官入庫,夫妻少互動。

例 12、乾造，偏財帶貴人、驛馬；時柱正印、食神帶文昌、桃花。

正印	日主	七殺	偏財
戊子	辛卯	丁亥	乙巳
癸	乙	甲　壬	庚　戊　丙
食神	偏財	正財　傷官	劫財　正印　正官

己卯	庚辰	辛巳	壬午	癸未	甲申	乙酉	丙戌

1、辛金生在亥月，金白水清，調候用神壬、丙。原局巳亥冲，子卯刑，丁火剋辛金，偏財格；正印格透出時干，財印相隔，先財後印，反成其福。

2、年干偏財帶驛馬貴人，出身優渥。時柱食神、正印坐桃花、文昌，必有文名。癸未大運辛卯年，柱運歲三合財亨通。壬辰年平安。癸巳年拱午冲子，寧可子息無事傷桃花。

3、甲午年交壬午大運雙合月柱丁亥，雙冲時柱戊子，秋季前衰事見消。乙未年三合官殺拱午冲子，死灰復燃。丙申年雙合日柱，飛揚振發，多頭齊動。壬午運注意子午卯酉，辛巳運注意辰戌巳亥。命好還要運來配。

452

例 13、坤造，偏財格，時上偏財，雜氣財冲發。

偏財	日主	劫財	比肩
乙 未	辛 丑	庚 子	辛 卯
乙　丁　己	辛　癸　己	癸	乙
偏財　七殺　偏印	比肩　食神　偏印	食神	偏財
戊申　丁未　丙午　乙巳	甲辰　癸卯　壬寅　辛丑		

1、辛金生在子月，寒冬雨露，忌癸水透干，凍金困火，不離壬、丙
為用神。年月天干比劫剋財，三十歲前財難聚，莫問家世。

2、偏財格通根年支，子卯刑，財星賴乙木入未庫，財入庫，晚年必
然有錢。日主自坐庫，兄妹無助；偏財自坐庫，丑未冲，雜氣財
不冲發。七殺獨見時支，夫星坐絕在月支。

3、乙巳大運桃花、貴人，男人帶來好處，上不得檯面。丙午大運庚
寅年拱丑，又合又冲，點子多無進展。辛卯年拱寅，有暗財。壬
辰年不平靜，子月冲動夫星，且看明年；癸巳年三合火局，桃花
燎原，又是一番春情。

4、日主自坐寡宿、華蓋，婚姻遲。文昌在月支併食神，文采也有幾
分絢麗。唯一七殺，出現在乙巳運與時柱乙未拱午帶桃花，有錢
不怕沒男人，晚年感情穩定。

453

例14、坤造，偏財格，一財得所，時上七殺，身弱喜扶。

七殺	日主	偏財	傷官
癸卯	丁未	辛酉	戊戌
乙	乙　丁　己	辛	丁　辛　戊
偏印	偏印　比肩　食神	偏財	比肩　偏財　傷官
癸丑　甲寅	乙卯　丙辰	丁巳　戊午	己未　庚申

1、丁火生在酉月，專用甲木引火，庚金劈甲，原局無庚、甲，靠格局努力。年柱傷官帶財，月柱偏財格，偏財旺父孝女，媳婦偏財倒貼娘家。格局有成，自力更生。

2、年時雙合，可見天子，晚年機運尚存。一財得所，紅顏失配。時上七殺，《三命通會》：「時上一位貴，藏在支中是，日主要旺強，名利方有氣。」不帶用神身不旺。

3、丁巳大運三會火局，必有佳績。丙辰大運雙合月柱辛酉，合貴人桃花；庚寅年柱運歲三會印局，冲酉(桃花)破財。辛卯年餘波蕩漾。壬辰年與大運丙辰天剋地刑，壬辰年雙冲年柱，合出日柱空亡退財；丙辰運癸水七殺入庫，壬年劫財，男人與錢財之事。癸巳年拱辰爭合自刑帶冲，餘波未平心惆悵。

4、時柱七殺帶印，想退休也難。月支文昌貴人帶天乙貴人坐偏財，文藝宗教為行業。

例 15、坤造，偏財格，日時雙合，年月建祿，身強。

正財	日主	劫財	正官
辛卯	丙戌	丁巳	癸巳
乙	丁　辛　戊	庚　戊　丙	庚　戊　丙
正印	劫財　正財　食神	偏財　食神　比肩	偏財　食神　比肩
乙丑　甲子	癸亥　壬戌	辛酉　庚申	己未　戊午

1、丙火生在巳月巳年，建祿兩見，卯戌化火扶身，財官透出，身強可以托財官。巳月丙火先取壬水，次取庚金發源；原局無庚金壬水，靠格局努力。

2、以正官無根大運未逢，故年上正官，家庭規矩，弟妹尊重。正偏財四見，時干通根日支，帶上偏財轉成偏財格。地支正偏財，財源多角化；日時雙合，無法退休，外緣好就誘惑多，做事綁手綁腳，經常考慮人情包袱。

3、癸亥大運辛卯年爭合日柱，必有一失。壬辰年天羅地網，作繭自縛。癸巳年，三巳冲一亥，定然如坐針氈。年底換運甲子，桃花合正財正印，平安度日。

4、月上劫財人漂亮，華蓋大耗在日支，宗教神佛肯奉獻，正官坐亡神，時支桃花日時雙合，人緣好婚姻就不好。

七、食神格喜忌

　　食神格與財、官、印的性質不同，食神雖然是順用的格局，不過是屬於間接而用的格局。即食神格要帶財，成食神生財方為有用，否則，只是單純的食神格，適宜剋制七殺格。而八字沒有財星出干，終究不美。因此，食神格基本上是喜財星。食神格以身旺為好，忌印綬，官煞，比肩，羊刃（劫財）。《星平會海》云：「食神身旺喜生財，日主剛強福祿來。身弱食多反為害，或逢梟食主凶災。」

> 《星平會海》云：食神惟提綱有者，要身旺，食神旺，有財星。忌印綬、官煞、比肩、羊刃，忌刑冲破害。最喜日主旺，若無官煞混之月令只要一位。重犯乃傷官得此者，不宜印綬剋制，喜生財，食神旺運方可發福。

1、食神格忌偏印。偏印剋制食神，而食神又代表福祿與壽星。遇之破格，福業、功名有損。然而，食神格若遇偏印破格，則更可以視為有夭壽之虞。故此，食神格為了要保持不受偏印破剋的凶險，四柱能有偏財透出天干，即可以無憂矣。因為財剋印而保護日主。但不宜採用印生比劫，比劫生食傷，用比劫來化印的方式。

2、女命食傷格，適宜職業婦女。食神格視子女最優先。

3、食神生財適宜代理商、掮客、仲介商等。正偏財與食神同根，財務由異性控制，透干更明顯。

4、食神格獨喜財星，因為食神格是順用，正官也是順用，不宜見食神剋正官，或印剋食神之法，其次，陽日主是正官合食神，陰日主是正印合食神。因此，食神格忌合不宜與官、印併用，其原因即是合食神的緣故。

5、食神格遇正印格一生辛勤。食神生財,以食神先財星後較有效。時柱食神坐偏財,晚年有福。

6、月令偏財格、食神格,食神多根,食神生財。甲、乙日主食傷格,以火土同位,可以論為財格。

7、食神格帶刑、沖,指福份、名祿受損外,而且是體弱之象徵。女命之食神見刑沖於時支者,則兼論之為對子不利。沖中有合,則可以減輕其刑沖。

8、食神格在身弱之時,因為順用原因,只忌印剋食傷,所以不用印來生扶日主。換言之,在比、劫、祿、刃、印五者之中,比、劫、祿、刃俱皆可以幫扶日主。食神主要作用,是要取得生財之利益。財星本來是忌比、劫、刃的反剋財星之神。然而比劫刃卻是生食神,成為比劫剋財的通關用神。因此,食神格若是日主弱,則比、劫、祿、刃四種皆可對食神格,幫扶日主由弱轉強。

9、正印較偏印剋制食神略為輕些。食神與傷官,二者俱皆日主所生之神。食神格與傷官格二者同時成格之時,等於食神、傷官四見,作傷官格論,逆轉成逆用格局,不忌印。

10、地支三合、三會為日主所生之五行,作傷官格論之。例如,甲日主地支有寅、午、戌,或者巳、午、未等。天干、地支並沒有傷官,但是食神成格,而「食神」在四柱有四位以上之時,亦作傷官格而論,不作食神格之論。以食神過多,作傷官。凡食神過多作傷官時,喜忌要按傷官格的喜忌而推論。

11、食神坐沖可能流產。食神多根喜見印。食傷生財忌印與比劫沖。食傷遇刃忌七殺根重。食傷制殺忌比劫、不忌印。食神在前殺在後。月令值食神建旺,善飲食而資質豐滿。四柱有吉曜相扶堆金積玉。

食神詩訣

> 食神有氣勝財官，先要它強旺本干。
> 若是反梟來奪食，忙忙辛苦禍千般。

一般論命格以財官最為人所喜，話雖如此，八字還是以成格有用神最佳，所以日主身強的食神，也是權貴利祿的象徵。「若是反梟來奪食」，最怕原局偏印成黨或印運剋制食神，以至福氣衰微，庸碌平生。

> 食神無損格崇高，甲丙庚寅貴氣牢。
> 丁巳乙巳多福祿，門申孤矢出英豪。

「無損」，指食神格不遇偏印，崇高有望。「甲丙庚寅貴氣牢」，若甲日主年干丙，月柱庚寅，則甲木建祿格身強，生出年干通根至月支的食神格，將月干的七殺制伏。甲日主「丁巳乙巳多福祿」，巳中丙火是食神，雖然沒有成格，但丁與乙都是提供食神元氣，食神就達到生旺的條件，福祿可許。「門申孤矢出英豪」，申是甲木的七殺，「孤矢」，七殺獨見不成格，成格怕食神力有未逮。

> 甲人見丙火盜氣，丙去食戊號食神。
> 心廣體胖衣祿厚，若臨偏印主孤貧。

甲日主見丙火是食神，丙火見戊土也是食神，甲丙戊五行相生，即是食神生財或殺印相生，都是心寬仁厚而富貴。「若臨偏印主孤貧」，指梟印奪食。

> 壽元合起最為奇，七殺何憂在歲時。
> 禁凶制殺干頭旺，此是人間富貴兒。

「壽元」，指日主，日主帶合最佳。「七殺何憂在歲時」，食神格在月柱，七殺在年時都是剛好而已。「禁凶制殺干頭旺」，食神制殺還是要日主旺，才能登富貴。

> 食神居先殺居後，衣食再生富貴厚。
> 食神近殺卻為殃，終日塵寰漫奔走。

「食神居先殺居後」，食神年限要早於七殺，才算「食神制殺」。「食神近殺卻為殃」，指食神制殺不可食神在天干，七殺在地支，等於七殺蓋頭無用，塵寰奔波無成。

> 申時戊日食神奇，惟在秋冬福祿齊。
> 甲丙卯寅來剋破，遇而不遇主事疑。

「申時戊日食神奇」，戊日起五鼠遁是庚申時，食神坐旺。「惟在秋冬福祿齊」，如果在春天木旺，對戊土而言是官殺旺，屬於被剋。如果在夏天火旺是印綬重，怕「梟印奪食」，所以秋天剋官殺得用；冬天水為財得食神生財。「甲丙卯寅來剋破」，指戊日主遇到甲卯寅是官殺多，丙是印綬，官印旺盛對抗食神，兩者實力的對比決定命格高低。

459

例1、乾造，房產業，食神生偏財，八字全沖，差在日月互換空亡。

偏財	日主	七殺	食神
甲申	庚寅	丙午	壬子
戊　壬　庚	戊　丙　甲	己　丁	癸
偏印　食神　比肩	偏印　七殺　偏財	正印　正官	傷官
干祿　驛馬	孤辰	將星　月德	

甲寅	癸丑	壬子	辛亥	庚戌	己酉	戊申	丁未

1、庚金生在午月，庚逢敗地，專用壬水，癸又次之；壬子年先食後傷，祖上家運由盛而衰。食神傷官三見，食神格，七殺正官三見，七殺格。偏財時干通根日支，偏財格。庚不離丁，丁不離甲，甲不離庚，人生處處是機運。

2、壬丙沖剋，庚甲沖剋，子午沖，寅申沖，原局八字全沖，水火既濟互換祿；可惜格強身弱，道路顛簸還需引擎有力。食神制殺，財通關無用。財生殺用印化殺，印綬逢偏財無用。時柱偏財坐驛馬，正氣無刑沖，晚景悠然。月柱正官正印坐月德將星，工作堪稱風生水起。

3、戊申、己酉、庚戌運，一路土金生扶，工作有衝勁，逐水草而居，隨景氣而高低，酉運羊刃破財。庚戌運三合官殺，反制食神無功利。辛亥運雙合月柱，食傷生財。壬子運水火既濟，馬不停蹄。

例2、坤造，房地產業，食神生偏財；時支驛馬，多元人生。

偏財	日主	食神	劫財
庚寅	丙子	戊申	丁酉
戊　丙　甲	癸	戊　壬　庚	辛
食神　比肩　偏印	正官	食神　七殺　偏財	正財

丙辰	乙卯	甲寅	癸丑	壬子	辛亥	庚戌	己酉

1、太陽轉衰，日暮西山，土來晦火，惟日照湖海，專用壬水輔佐丙火，先壬，水旺則用戊土。原局無壬水，壬水是七殺，不可無印比；退求申金以偏財生七殺。食神三見，食神格體厚。時干偏財通根月支主氣，偏財格。

2、年柱劫財坐正財，出身清苦。初運己酉洩火，身弱自刑無攸利。庚戌運與時柱拱午沖子，比劫生食傷。辛亥運金生水，干合支半會，正是用神。壬子運一路發。癸丑運濕土降溫，日主身弱所忌。甲寅運雙沖月柱食神格，事業有難。

3、晚年時支驛馬生我，人脈暢通，大耗坐偏印，花錢贊助不手軟；比肩坐驛馬，跑到哪花到哪，曾經滄海難為水。《三命通會》：「只要一位不宜多逢，天元透出為妙，支內所藏次之(主氣)，柱有官印相助，日主建旺，便作好命看。大怕年月沖破，兄弟輩出，則福氣不全。」

461

例3、乾造，前半生食神格，後半生正印格，身弱用印，食傷難生財。

正印	日主	食神	劫財
癸酉	甲子	丙戌	乙巳
辛	癸	丁　辛　戊	庚　戊　丙
正官	正印	傷官　正官　偏財	七殺　偏財　食神
戊寅　己卯	庚辰　辛巳	壬午　癸未	甲申　乙酉

1、甲日主生在燥土戌月，秋深氣寒，不能潤水養木，四柱宜有丁火壬癸配合，見水則土潤，見火則木秀。原局無庚丁，以月干食神通根年支，食神格帶財。癸水時干通根日支，正印格。兩格不相干，人生三十才開始。

2、壬午大運庚寅年，三合傷官帶財冲子，謀事始吉終凶。辛卯年會齊子午卯酉，冲合之間諸事不順。壬辰年拱巳雙冲月柱丙戌，故此三年難有業績。

3、時柱正官正印，換不到鈔票，故晚年享有清譽受人尊仰。桃花剋我坐正官正印，沒錢也要妝扮場面。月柱天德與月德貴人併臨，前半生服務他人，有貴人提攜。日月地支皆為大耗，財可拋面子不可丟。後半生子息相依偎，為自己興趣操勞。

例4、坤造、食神轉傷官格，偏財格，調候甲木剋格局無吉凶。

傷官	日主	食神	偏財
戊申	丁未	己亥	辛酉
戊　壬　庚	乙　丁　己	甲　壬	辛
傷官　正官　正財	偏印　比肩　食神	正印　正官	偏財
丁未　丙午	乙巳　甲辰	癸卯　壬寅	辛丑　庚子

1、三冬丁火，甲木為尊，庚金為佐，戊癸權宜酌用。月干食神通根日支，食神格，傷官格在時柱，食傷四見，論傷官格。丁不離甲，亥水濕木無用。金旺水多，丁火淬煉庚金無力。

2、年上偏財坐天乙貴人，出身不窮。中年食神格篤厚，壬寅大運雙冲戊申，夕惕若厲，廣結散緣。癸卯大運雙合戊申，定有斬獲。甲辰大運前五年落空，辰運合財，傷官無處不生財。《三命通會》：「傷官用印宜去財，用財宜去印。」日月無財，身弱，進入乙巳大運轉身強，呼應原局食傷生財。

3、原局傷官生財，能作事。前孤後寡，婚姻有隱言。四柱無刑冲偏財格帶食傷，傷官格帶正財，商機高瞻遠矚，捷足先登。自己創業，食神變時柱傷官格，到老有生機，越老越精。

463

例5、乾造，食神格帶財格，拱亥冲巳，大耗三見。

比肩	日主	食神	正財
甲戌	甲子	丙子	己巳
丁 辛 戊	癸	癸	庚 戊 丙
傷官 正官 偏財	正印	正印	七殺 偏財 食神
戊辰　己巳	庚午　辛未	壬申　癸酉	甲戌　乙亥

1、甲木生冬月，先丁後庚，取丙輔佐，丙為格局通年支，坐享其成。庚丁不見，年支巳火暗冲亥水，平庸有福。年上正財，地支偏財，出身好家庭，產業不只一種。食神格通根年支為人厚道生偏財，晚年偏財坐比肩，財來財去。

2、八字帶夾拱(亥)，一生變化多端。甲戌大運伏吟時柱合正財，十年空轉。己丑年與己巳年拱酉，三合金局剋日主，由甲戌月帶到隔年庚寅，庚寅流月不利。辛卯年又合又刑，諸事不順。壬辰年，會齊辰戌巳亥，天羅地網；癸巳年冲亥，發生車禍。

3、大耗與將星在日月地支併臨，時支大耗坐比肩偏財，得母蔭。天德在年支坐正偏財，呼應祖上優渥，大家庭。

例6、乾造，食神格坐建祿，偏財無根。

劫財	日主	食神	偏財
辛巳	庚午	壬申	甲戌
庚 戊 丙	己 丁	戊 壬 庚	丁 辛 戊
比肩 偏印 七殺	正印 正官	偏印 食神 比肩	正官 劫財 偏印
庚辰 己卯	戊寅 丁丑	丙子 乙亥	甲戌 癸酉

1、庚金生在申月，剛銳至極，專用丁火鍛煉，次取甲木引火。原局甲木丁火不缺，無刑冲，命格不低，只嫌年上偏財無根，食神格生財不著力。建祿格，喜透財官。

2、月干食神通根月支，食神格；偏財無根，晚運東方木帶財，晚年發財。劫財合調候，食神格偏財無根，拿自己優點熱心幫忙，財難聚。建祿帶食神，有調候無刑冲，好命。癸酉大運辛卯年夾辰冲戌，與家長意見相左；壬辰年，拱子冲午，必有官非責難。甲戌運伏吟年柱，無功。乙亥運雙合日柱，順利亨通。丙子運雙冲日柱，奔波刑剋。

3、月支驛馬人好動，食神坐驛馬帶暗財，老實人也能風花雪月，暗結桃花。

例7、坤造，食神格帶財，缺官殺，耍個性。

比 肩	日 主	食 神	傷 官
辛 卯	辛 酉	癸 卯	壬 辰
乙	辛	乙	癸　乙　戊
偏 財	比 肩	偏 財	食　偏　正 神　財　印
乙 丙 未 申	丁 戊 酉 戌	己 庚 亥 子	辛 壬 丑 寅

1、辛金生在卯月，陽氣發於外，以壬水淘洗，故不宜戊己當道，戊戌運滯水發火，雙冲年柱，定有困厄。年上傷官用神，不當「父母不完」。天干壬癸辛三奇貴人，地支卯酉破格。月干食神通根年支食神格，偏財三見食神帶財，終身不愁沒錢。

2、問婚姻：月支偏財，一財得所，紅顏失配；比肩坐冲通根日支，爭夫。五行缺火無官殺，千山萬水我獨行。缺官殺不受管束，任性自我，修養差。日柱比肩坐大耗、將星，賺錢為了花錢。

3、丁酉大運雙冲月柱時柱，辛卯年流年大運雙冲，時柱與月柱雙冲，定有敗績。壬辰年雙合大運，風雨中寧靜。癸巳年與月柱夾辰，辰辰自刑，辰酉合，辰土制壬水，用神埋沒。

466

例8、坤造，問事業，印輕食神重，春潮暗雨合貴人。

比肩	日主	食神	正印
壬寅	壬午	甲午	辛亥
戊 丙 甲	己 丁	己 丁	甲 壬
七殺 偏財 食神	正官 正財	正官 正財	食神 比肩

壬寅	辛丑	庚子	己亥	戊戌	丁酉	丙申	乙未

1、壬水生在午月，先癸後庚辛；然壬水年支透時干，旺水無勞庚辛金，食神未逢梟印，食神格為人敦厚，人緣廣結。

2、戊戌大運三合財地，原局月支一財得所，午午自刑，不利婚姻，以陽干食神適合外勤式服務業。戊戌大運庚寅年，柱運歲三合財地，業績佳。辛卯年合火，尚稱如意。壬辰年辰戌巳亥會齊，天羅地網不利創業。癸巳年沖亥，餘波蕩漾。甲午年三合火適合自行創業。

3、日支與月支午火是大耗與將星，既有財官優雅風貌，又能花錢做人。年支天德亥水，暗合午火至寅木，暗中男性貴人不絕。午是將星，有管理金錢能力。時柱比肩透干爭夫，寅是孤辰、文昌，晚年自己安排興趣，正官分合無常，七殺也無妨。

467

例9、坤造，食神格不帶財，問婚姻與子息

劫財	日主	食神	七殺
庚子	辛巳	癸丑	丁巳
癸	庚 戊 丙	辛 癸 己	庚 戊 丙
食神	劫財 正印 正官	比肩 食神 偏印	劫財 正印 正官
辛酉　庚申	己未　戊午	丁巳　丙辰	乙卯　甲寅

1、辛日主生在丑月，氣寒水凍，先用丙火，次取壬水淘洗。食神月干通根時支，食神格；日主有丑土生庚金扶助，強弱中和，惟五行缺木，財不入庫(胎元：甲辰)。

2、丙辰大運壬辰年問子息，以食傷入庫，辰巳地網論無緣。問感情，丙辰運丙夫用神被合，丙辰壬辰天剋地刑，諸事不順。丁巳運伏吟年柱，夫星旺，癸巳年拱酉重感情，破財耗神。甲午年漸入佳境，辰月有喜，丑月破敗。乙未年財星入庫，夫星衝出。丙申年雙合日柱辛巳，丁巳落空，完成清場。

3、年時互換空亡，晚年不得親緣相助。晚年食神通根時支，子息緣深。時柱有大耗、文昌、天德、月德等神煞，不退休，玩性不減，到處有知己。

468

八、傷官格喜忌

　　傷官格是日主陽生陰，陰生陽，屬於可以順用，也可以逆用的
格局。傷官格主多才藝，傲物氣高，心險無忌憚。傷官無財主貧窮，
傷官無財可倚，雖巧必貧。順用是傷官生財。逆用即是傷官用印制，
稱之為傷官佩印。傷官格宜四柱不見正官，稱之為傷官傷盡。八字
中如傷官多，有財星，或行身旺運，或行財旺運，都是富貴發福之
相。《星平會海》云：「火土傷官宜傷盡，金水傷官要見官，木火見
官官有旺，土金官去反成官，惟有水木傷官格，財官兩見始為歡。」
傷官格中以四柱中無官星為好，傷官身旺無財則凶。總之，傷官生
財，傷官有才華，必然精明，性驕則不受情感羈絆，務於現實始得
生財。傷官在月支，因為傲氣容易樹敵。然水木傷官有人緣。

《星平會海》云：傷官者其驗如神，傷官務要傷盡，傷之不盡
官來乘旺，其禍不可言。傷官見官為禍百端。如月令在傷官之
位及四柱作合，皆在傷官之處，又行身旺鄉，真貴人也。人命
帶傷官多有財星，或行身旺運或行財旺運，發福富貴之論也。
身旺無財者凶，若一逢官運必然見禍，宜退身避職，病不死者
有之九，傷官只喜財及身旺，若行財衰及死絕之地，脫財無祿、
非官詞訟敗、喪病、死期至矣

1、女命缺食傷，因先天環境與子女無緣。

2、女命四柱缺食傷即七殺無制，同時就無法殺印相生。

3、食傷兼七殺格無財為貴命。因食傷剋制官殺，但入財運大凶，因
　　食傷生財，財生殺，殺無制，等於財通關壞事。

4、傷官格重在調候用神，重點不在於格局、病藥。例如調候用神是財，則以傷官生財為佳。調候用神是印，則以傷官配印為宜。調候用神是官，則傷官見官亦屬佳造。

5、甲乙日主，辰戌丑未是本氣財，因無強弱財不多，要以巳午丙丁食傷財為主。

6、傷官偏印無財，雖巧亦貧且孤獨。

7、傷官要生財要配印，偏印要偏財。食先殺後，品格高，EQ 好，脾氣能控制。

8、七殺格走七殺年，傷官格走傷官年，必衰，日主無根更驗。

9、傷官格在格局之中，若不考慮調候用神，傷官配印優於傷官生財。

10、傷官是日主所生之神，財星又是日主所剋之神，則日主既要生傷官，又要剋財，勢必日主荷負太重，卻又顧慮比、劫扶日主剋財之副作用，且單獨用日主的臨官祿位來生扶日主，顯然力有未逮，不足抵銷剋洩之勢。因此用印來生日主，然而印又為傷官所生之財所剋，必導致財剋印。因此，傷官生財，用印須陰陽相輔，即傷官生偏財，則配正印。傷官生正財，則配偏印扶身。傷官配印，如果同時生財，生偏財用正印，生正財用偏印。

11、火土傷官無效太乾燥。土金傷官若傷盡，因為土要甲乙木，傷盡就是沒有官殺，等於無調候用神，所以土金官來反成官。

12、傷官格最忌丑戌未三刑。傷官駕殺，無財論吉，因為傷官不去生財而去制七殺。

13、若傷官佩印，而又同時透出七殺者，則不能再生財，不宜有財星出天干。因為傷官格、七殺格同時成格的八字，財星通關，反而壞事。

14、傷官格是屬於食神過多的傷官格。諸如：八字之中有四見食神以上，屬於食神變德的傷官格。則仍以比肩、劫財幫身，不宜用重印扶身。換言之，因食神之本質，仍不宜視為逆用格局。

15、若屬於地支三合而形成之傷官格。不可以取傷官墓庫坐月支之傷官格。例如甲日主月支為戌，三合寅午戌傷官格，甲之傷官為丁火，而丁火在月支戌土入庫，稱為傷官入庫。傷官格與七殺格，如果是出於地支三合而成格者，俱皆不宜月支坐墓庫。特別格不拘。

16、傷官格中之五行傷官，即是指木火傷官、火土傷官、土金傷官、金水傷官、水木傷官，在這五種傷官格之中，以金水傷官、土金傷官、木火傷官這三種傷官格，命格較高。火土傷官，基於土炎火燥，必須先取用神，因此正官又何妨。水木傷官，喜財官兩見。

17、傷官生財，不喜與比、劫、刃同在八字之中。此即背祿逐馬，傷官所生之財，則將為比、劫、刃所劫，白忙一場。

18、傷官生財者，最忌日主弱。扶日主之神，既不能用比、劫、刃，只有祿位。

傷官詩訣

> 傷官傷盡最為奇，尤恐傷多反不宜。
> 此格局中千變化，推論須要用心機。

「傷官傷盡最為奇」，傷官剋正官，原局沒有正官就是「傷官傷盡」。「尤恐傷多反不宜」，指傷官太多也不好，不宜超過三位。傷官格變化很微妙，需要用心推敲。

火土傷官宜傷盡，金水傷官要見官。
木火見官官要旺，土金官去不成官。
惟有水土傷官格，財官兩見始為歡。

傷官剋官也不是甚麼嚴重的事，就像比劫剋財，財剋印之類；而是在於調候用神的關係。例如火土傷官，正官是水，土是傷官，水怕土來剋，土得水無益，土以木為官，以金為傷官，木畏金剋，金得木無益，所以火土傷官格忌見官星。金水傷官，金以水為傷官，以火為正官，水雖剋火，若金寒水冷不得火溫，難以濟物。

傷官不可例言凶，辛日壬辰貴在中。
生在秋冬方秀氣，生於四季壬財豐。

傷官未必為凶，例如辛日主三柱有壬辰，水旺生甲乙(辰中帶乙)木為財；如果生在辰、戌、丑、未月，日主夠強，火不可太旺，傷官就能生財。

木火多根土又連，或成甲月或成乾。
但行水中升名利，火土重來數不堅。

「木火多根」，木以火為傷官，如果又帶戊、己、辰、戌、丑、未土多見，木被火洩，土多剋不動，「甲月」木多，「乾」是戌，柱運歲容易合為寅午戌火旺，傷官旺就要「水中升名利」，即印剋食傷形成傷官佩印，若是行運還是火土，就是一堆食傷生財，失去中和之道。

472

> 傷官遇者本非宜，財有官無是福基。
> 時日月傷官格局，運行財旺貴無疑。

傷官並非財官印之篤實，「財有官無是福基」，指傷官作用最宜生財，不宜見到官運相剋。「時日月傷官格局」，指傷官在年柱是祖源破敗之象，宜出現在月日時三柱。行運到了財地發富發貴。

> 傷官傷盡最為奇，若有傷官禍更隨。
> 恃己凌人心好勝，刑傷骨肉更多悲。

原局只有七殺沒有正官，傷官傷盡不可再行傷官運，否則洩日主元氣太過，則刑傷骨肉，氣勢凌人。

例 1、乾造，傷官格，偏財格，傷官生正財。

傷官	日主	比肩	偏財
戊申	丁巳	丁酉	辛酉
戊　壬　庚	庚　戊　丙	辛	辛
傷官　正官　正財	正財　傷官　劫財	偏財	偏財

己丑	庚寅	辛卯	壬辰	癸巳	甲午	乙未	丙申

1、丁火生在酉月，三秋丁火，陰柔退氣，專用甲木，取庚劈甲。四柱無甲，人生靠格局挺立。年月兩柱偏財坐將星、天乙貴人，調度金錢長袖善舞。

2、正偏財五見，偏財格；時干傷官通根日時地支，傷官格。年柱偏財格，坐下天乙貴人，出身有照顧。原局雖有巳火相扶，無印綬生身，大運甲乙猶未盡，巳午未相隨，用神不悖。年上偏財靠家裡，日時地支正財自己努力。

3、財多根，財源混亂，妻財同宮，女人多鈔票就少，容易因異性緣遭損。辛卯年雙冲月柱，財印交戰。甲午大運壬辰年，雙合月柱，喜臨門。癸巳年，雙合時柱戊申，成家立業兩相宜。甲午年與大運歲運併臨，凡事謹慎勿躁動。乙未年柱運歲三合巳午未劫財臨身，必有破財傷身之虞。

474

例2、坤造，傷官格，財格為主，財逢食傷，孤鸞日，一財得所，傷官旺，不利婚姻。雜氣財官，喜透干帶冲，貴人多。

傷官	日主	正財	傷官
丙子	乙巳	戊戌	丙辰
癸	庚　戊　丙	丁　辛　戊	癸　乙　戊
偏印	正官　正財　傷官	食神　七殺　正財	偏印　比肩　正財
庚寅　辛卯	壬辰　癸巳	甲午　乙未	丙申　丁酉

1、乙日主生在戌月，需癸水滋養，正好時支偏印子水。無辛金發水源，火土旺盛，傷官生財。正財四見，食傷四見，格局相生。

2、一生有錢，財格逢食傷。年月地支辰戌對冲，三十歲前難有家業。一財得所，紅顏失配，傷官旺財，乙巳孤鸞日，夫星難存。火土同位，見食傷就得財。原局貴人多見，善理財。

3、庚寅年下半年交甲午大運，三合傷官必有傷，天干乙庚合，任君幻想。辛卯年丙辛合，卯戌合，子卯刑，雜事交織；壬辰年雙冲月柱，與年柱天剋地刑，兩壞夾一年。

4、《三命通會‧論雜氣》：「看天干透出何字為福，次分節氣淺深，何物當令？大概透財者富，透官者貴，印綬享父祖見成之福，受宣勅蔭庇之貴。如無透出，冲刑少許兼身旺為妙，忌身弱；冲刑太過，則福聚之氣散矣。……月令提綱不可冲，十冲九命皆為凶；惟有財官逢墓庫，運行到此反成功。」原局雜氣財自坐旺位，喜冲。

例 3、坤造，傷官格，偏印格。問婚姻，金水傷官要見官。

偏印	日主	正財	傷官
戊寅	庚戌	乙丑	癸丑
戊 丙 甲	丁 辛 戊	辛 癸 己	辛 癸 己
偏印 七殺 偏財	正官 劫財 偏印	劫財 傷官 正印	劫財 傷官 正印
癸酉　壬申	辛未　庚午	己巳　戊辰	丁卯　丙寅

1、庚金生在丑月，丑土濕寒急需丙火，次取丁火煉庚，甲木丙丁之源不可少。原局日主庚戌魁罡性剛精明，不利婚姻。然正官丁火入戌庫，夫星入庫，雖婚姻可保，惟因日時地支孤辰、寡宿併臨，終有難言之隱。

2、正偏印五見，偏印格，不利婚姻，自力更生不靠男人。時支偏印格帶財，晚年火運有錢。月干正財通根時支偏財，兩個時期不同性質的行業。

3、二十九歲戊辰大運戊寅時柱拱卯，卯戌合，以桃花旺財殺，四柱帶天德月德天乙貴人。三十七歲庚寅年三合官殺，戊辰運辛卯年填實桃花，壬辰年亥月前與戊辰大運天剋地刑，交運己巳進入癸巳年三合比劫陽刃，因是非官殺而破財。辛未大運，辛金入丑庫，空轉五年，辰年衰運。

476

例 4、坤造，傷官格，民意代表，一柱擎天。

正 印	日 主	傷 官	七 殺
辛 丑	壬 戌	乙 卯	戊 子
辛　癸　己	丁　辛　戊	乙	癸
正　劫　正 印　財　官	正　正　七 財　印　殺	傷 官	劫 財
丁　　戊 未　　申	己　　庚 酉　　戌	辛　　壬 亥　　子	癸　　甲 丑　　寅

1、壬水生在卯月，專取戊土為堤岸，辛金發源。原局年干戊土七殺通根日支，七殺格。時干辛金正印通根日支，正印格。調候用神同根透出成格，四柱無刑冲，高命。有調候用神就有機運，後天努力也不會落空。

2、卯戌合，解除子卯刑，丑戌半刑；格局帶合，傷官佩印。《三命通會》：「惟有水木傷官格，財官兩見始為歡。」財官並非當令，權勢隱藏性。七殺坐劫財，肯定幼時淒苦。《三命通會》：「年上(羊刃)主破敗祖基，不受父母產業，平生施恩反怨。」

3、戊申大運壬辰年，三合水局羊刃格，羊刃駕殺，定有斬獲。癸巳年與大運雙合，延續好運。甲午年雙冲年柱與長輩搞不好，乙未年雙冲時柱與後進者不合。日支七殺坐寡宿，婚姻不好。月支桃花帶天乙貴人透干，傷官太旺不利婚姻。

477

例5、坤造，食神變傷官，魁罡對冲帶華蓋，財坐驛馬、文昌。

食神	日主	比肩	劫財
庚申	戊戌	戊辰	己巳
戊　壬　庚	丁　辛　戊	癸　乙　戊	庚　戊　丙
比肩　偏財　食神	正印　傷官　比肩	正財　正官　比肩	食神　比肩　偏印
丙子　乙亥	甲戌　癸酉	壬申　辛未	庚午　己巳

1、戊日主生在辰月，甲木為先，取癸為佐，四柱與大運無甲、癸，成功靠自己。食傷四見，傷官格。戊戌日土魁罡，通達人情，藝術宗教氣息重；文昌坐食神祿位，晚年文采飛揚。

2、日月地支辰戌冲，不利婚姻。己巳大運伏吟年柱。比劫破財，出身清苦。庚午大運己丑年拱酉三合食傷局，有對象；庚寅年寅午戌三合印局，格局被剋。辛未大運辛卯年小利，壬辰年與日柱天剋地冲，與月柱天剋地刑，刑冲太多，心慌意亂。壬申年食傷生財，奔波得利。

3、癸運入庫，空轉五年。酉運三合食傷，辰酉合，擺脫衰運。時支驛馬坐財帶文昌，晚年有光景。年日互換空亡，日月互換空亡，辰戌冲，唯一正官坐寡宿，不利婚姻。戌是大耗、華蓋，空亡太重，宗教藝術另當別論。

478

例6、乾造，傷官格，年月互換空亡，年時辰戌雙冲開庫。

偏財	日主	傷官	偏印
壬戌	戊子	辛丑	丙辰
丁 辛 戊	癸	辛 癸 己	癸 乙 戊
正印 傷官 比肩	正財	傷官 正財 劫財	正財 正官 比肩
己酉　　戊申	丁未　　丙午	乙巳　　甲辰	癸卯　　壬寅

1、戊土生在丑月，天寒土凍，丙火為先，甲木輔佐。惟年干丙火，
  丙辛合水，家道中落。偏印合傷官，地支傷官入庫難生財。正偏
  財四見，偏財格。傷官入庫，沒完沒了。印入庫，母有餘蔭。財
  入庫，多少落袋。可恨丙辛合，庫難冲發。

2、中運南方火地，生機蓬勃。年時雙冲，不利晚年事業，反之，年
  時雙合有貴人加持。年月互換空亡，家庭無助，自力更生。

3、戊子自坐正財，妻宮穩健，子丑合劫財，兄弟所劫來。傷官格
  ，辛金入丑庫，入庫傷官不生財；靠時支傷官生財。

4、乙巳大運癸巳年之後甲午年，雙冲日柱戊子，由癸巳年合到甲午
  年所致。乙未年雙冲月柱辛丑拱午再冲子，妻財難保，諸事不利。
  丙午大運夾巳，印幫身，酉年定發。丁未大運辰年、丑年、戌年
  破財傷身。

479

例7、乾造，傷官格，年日互換空亡，中年財地，晚年木火之地。

食神	日主	傷官	劫財
辛未	己卯	庚申	戊申
乙 丁 己	乙	戊 壬 庚	戊 壬 庚
七殺 偏印 比肩	七殺	劫財 正財 傷官	劫財 正財 傷官
戊辰 丁卯	丙寅 乙丑	甲子 癸亥	壬戌 辛酉

1、己土生在申月，申宮金水長生，丙火輝映壬水生己土，調候丙火不如意，靠自己的格局。比劫四見偏強，傷官格極旺喜帶財，中運北方水地來的巧。癸亥運洩秀生財，甲運不如意，子運不破卯申，半合水局生財。

2、乙丑大運雙沖時柱，己丑年拱寅，庚寅年沖申，兩年不順。辛卯年餘波蕩漾，壬辰年巳月官非刑沖。癸巳年卯月、未月、丑月不利，雙合年柱中靠長上貴人渡過。

3、傷官傷盡，有才學而現實，朋友不好交往，不虧待人也不大方。《三命通會》：「傷官傷盡復生財，器識剛明實偉哉！縱使祖財無分有，等閒玉帛自天來。」又「傷官傷盡最為奇，福祿崢嶸亦壽彌；歲遲更行身旺地，逢財身旺貴無疑。」進入丙寅大運，一寅沖兩申，印剋食傷，傷官剋官，自求多福。

例8、乾造，三合傷官格，官殺無根無格局。

七殺	日主	正官	正官
丁酉	辛亥	丙申	丙辰
辛	甲　壬	戊　壬　庚	癸　乙　戊
比肩	正財　傷官	正印　傷官　劫財	食神　偏財　正印
甲戌　癸卯	壬寅　辛丑	庚子　己亥	戊戌　丁酉

1、辛日主生在申月，先用壬水淘水，次取甲木。年月兩柱拱子，三合申子辰傷官格，不透干，原局申子辰三合水，日柱自坐亥水，辛金酉金生水，水多金沉。辛金用亥水為調候用神，用神太多沒出息；標準的傷官見官。

2、天干火旺，地支水旺，火水未濟。又原局天干正官七殺，地支均無根；格局為傷官剋官，即水火兩行，以木通關，原局缺甲乙財星，行運西北，生財無緣。

3、《三命通會》：「(日)元犯傷官，須要見財則發；傷官最喜行財運，印綬身旺次之，不喜行官鄉，四柱傷官多而見官者，不宜復行傷運，一位無妨。」原局中運傷官復行傷官之地。地支亥、酉為大耗，賭性堅強。

481

進階解釋《滴天髓・體用》：

蓋旺極者抑之，抑之反激而有害，則宜從其強而扶之，弱極者扶之，扶之徒勞而無功，則宜從其弱而抑之，是不可以一端論也。如日主旺，提綱或官、或財、或食傷，皆可為用，日主衰，別尋四柱干支有幫身者為用；提綱是祿刃，即以提綱為體，看其大勢，以四柱干支食神財官，尋其得所者而用之。

如四柱干支財殺過旺，日主旺中變弱，須尋其幫身制化財殺者而用之，日主為體者，日主旺，印綬多，必要財星為用。日主旺，官殺輕，亦以財星為用。日主旺，比劫多，而無財星，以食傷為用。日主旺，比劫多，而財星輕，亦以食傷為用。日主旺，官星輕，印綬重，以財星為用。日主弱，官殺旺，則以印綬為用。日主弱，食傷多，亦以印綬為用。日主弱，財星旺，則以比劫為用。日主與官殺兩停者，則以食傷為用。日主與財星均敵者，則以比劫為用，此皆用神之的當者也。

如日主不能為力，合別干而化，化之真者，即以化神為體，化神有餘，則以洩化神之神為用，化神不足，則以生助化神之神為用。局方曲直五格，日主是元神，即以格象為體，以生助氣象者為用，或以食傷為用，或以財星為用，只不宜用官殺。餘總視其格局之氣勢意向而用之，毋執一也。

如無格無局，四柱又無用神可取，即或取之，或被閑神合住，或被沖神損傷，或被忌神劫占，或被客神阻隔。不但用神不能顧日主，而日主亦不能顧用神，若得歲運破其合神，合其沖神，制其劫占，通其阻隔，此謂歲運安頓，隨歲運取用，亦不失為吉也。

第陸章、特別格與雜格

　　所謂特別格，是指格局不在正財格、偏財格、正官格、七殺格、正印格、偏印格、食神格、傷官格等之中或者雖具有以上的格局但兼俱其它特別性質而言。例如五行有特殊性、偏枯、無根等，依據這一種八字之五行旺衰特性，而產生出從旺格與從勢格。其次是依據四柱中，取干支特殊形態或神煞等，而不專取用於財、官、印、食等之普通格論法。大抵俱皆列載於《淵海子平》、《三命通會》、《星平會海》之中。

一、特別格（專旺與從勢）

（一）、從旺格

　　從旺格以五行區分，大約有曲直、炎上、從革、潤下、稼穡等。依據五行特殊之偏依，從旺格是四柱八字與日主五行相似，例如甲乙日生於亥、卯、未之月柱時柱，又逢寅、卯等。壬癸日生於申、子、辰月時又逢亥、子等，因為八字中日干五行獨旺，氣偏一方，所以又稱一行得氣格。在這一種「干支皆旺」的情形下，即是「從旺」的格局。此為主本得地，歸方就局。倚勢自強，主人身健。凡是從旺的八字，一生要安居遠害，退身避位，輕利薄名，去塵脫俗，即屬佳造。

　　從旺格，依日主的五行不同，而有金、水、木、火、土之五種格局，分別說明於下。

曲直格（全木局）

曲直格即是全木局。甲乙日主，地支成亥、卯、未三合之局勢，最好是亥字多，帶印綬方為入格。如果四柱沒有亥字，而只有卯，不過是木的本氣，如此，則需要有金官、土財方可論為貴命。曲直格全木局，四柱地支沒有亥，也沒有金、土，如此之全木局，缺少財官，則為不秀、不實之木，難以言貴。全木局設若有亥印，不見土、金，則不可見丁傷官，如果有見到丁卯之傷官、羊刃，縱然是可論貴，也不全合於「格」也。曲直格仍須「印」來生身，所以天干地支需有「壬、癸」，否則卯、未僅有木氣而無印。曲直格全木局，所以仍須金剋、剋土，如此財官富貴有望，否則五行全木，違背五行中和原則，難稱佳局。如果曲直格有亥支「印」而不見「財官」，因為亥中壬水忌丁合，仍不合格。

《星平會海》云：「此格以日干甲乙木，地支要寅卯辰、亥卯未木局，不見一點庚辛之氣。若見庚辛即是官煞非此格論也。此格只從木而論，故曰曲直運喜東北，東方屬木，北方屬水，木賴水生故從其類。經云木盛多仁。」

《淵海子平》則云：「曲直格見庚辛即官殺，非此格也；只要水木，故曲直喜東北，北方有水，木賴水生，則從其類，主人多仁，忌西方運」。曲直格取木盛參天之勢，且松柏代表常青，所以又名仁壽格。合格者身形高佻長壽。忌大運流年強金剋制。

例1、《造化元鑰》例，曲直仁壽格，秀才，無奈行西北運，僅為一介寒士，惜哉。

正官	日主	比肩	偏印
庚辰	乙未	乙卯	癸卯
癸 乙 戊	乙 丁 己	乙	乙
偏印 比肩 正財	比肩 食神 偏財	比肩	比肩
丁未 戊申	己酉 庚戌	辛亥 壬子	癸丑 甲寅

原文：曲直仁壽格，秀才，奈行西北運，僅為一介寒士，惜哉。按支全卯未而見庚金，曲直仁壽破格，雖有癸水引化，格局不純，加以運行西北，坐困青氈宜矣。

1、乙木生在卯月，調候用神丙、癸；乙木比肩五見，辰土、未土與卯木僅是三合半會，不能嵌結在三合或三會中，其力有限。其次，專旺格忌諱官殺破格；「支全卯未而見庚金」，指時支濕土生金，乙庚合，日主「見金夫，不有躬(蒙卦六三)」，不安於位，其他干支何以從旺？原局確實曲直格有破。

2、《滴天髓闡微》：「太旺宜洩，旺極宜生，太衰宜剋，衰極宜洩。」雖然癸水偏印成格，洩化庚金，但原本的格局不純，因此「運行西北，坐困青氈」，指水地無戊土制水，水泛木漂；庚戌運雙合月柱，平安順利。己酉雙沖年月兩柱，辰酉合金。作普通格解釋即可。

485

例2、《造化元鑰》例，曲直格，孝廉。曲直格專取乙木。

劫財	日主	比肩	偏財
乙亥	甲辰	甲寅	戊寅
甲　壬	癸　乙　戊	戊　丙　甲	戊　丙　甲
比肩　偏印	正印　劫財　偏財	偏財　食神　比肩	偏財　食神　比肩
壬戌　辛酉	庚申　己未	戊午　丁巳	丙辰　乙卯

原文：拱卯，按此造寅辰夾卯，亥暗會卯木，旺而不成格，以寅中丙火生財為用，支有亥水，辰藏癸水，氣象中和，惜丙火不透，年月空亡，故僅小貴耳。

1、甲在寅月，調候用神丙、癸。日月兩柱甲寅、甲辰拱卯，地支三會木局，比劫六見。「支有亥水，辰藏癸水」，指正偏印兩見。初運東方乙卯順勢持平。丙辰運火生土，食傷生財。丁巳、戊午運財逢食傷。「年月空亡」，指日柱甲辰的空亡在寅卯地支。所拱出之卯木也是空亡。甲木太旺，宜剋宜洩，而專旺排除調候用神。

2、年支偏財坐驛馬，出身家境優渥。月支比肩坐驛馬，跑到哪花到哪。驛馬空亡可惜。偏財餘蔭至日支，晚年印比破耗。《滴天髓》：「木太旺者而似金，喜火之煉者；木旺極者而似火，喜水之剋也。」甲乙木火土同位，故食傷即是財，雖然原局丙丁不旺，有大運巳午加持。

例3、《造化元鑰》例，曲直仁壽格，李文忠公鴻章命。

偏財	日主	劫財	偏印
己卯	乙亥	甲寅	癸未
乙	甲　壬	戊　丙　甲	乙　丁　己
比肩	劫財　正印	正財　傷官　劫財	比肩　食神　偏財
丙午　丁未	戊申　己酉	庚戌　辛亥	壬子　癸丑

原文：李文忠公鴻章命：曲直仁壽格，癸透丙藏，出將入相。

1、乙木生在寅月，調候用神丙、癸，原局有癸水，大運帶巳午未，戊午與癸未合出火局。《三命通會》：「甲乙日得亥卯未局，柱中須有亥字帶印，為入格；若無亥有卯，止是木支本氣，卻要見土金為貴。」前造亥水為辰土所隔開，本造癸水生木。偏財在時干通根年支，偏財格，財生官殺；偏財格與印綬兩不相害。

2、《三命通會》：「甲乙生人寅卯辰，又名仁壽兩堪評；亥卯未全嫌白帝(金)，若逢坎位必身榮。」運行西方庚申、辛酉，封侯拜相，蓋因木多要庚辛雕成棟樑，又有印綬不忌官殺運。《三命通會》：「偏財時上喜干強，運入財鄉發祿難；兄弟更來相劫奪，縱然富貴也多慳。」原局竟無甲乙寅卯運。

炎上格（全火局）

炎上格即是全火局，丙、丁日主，地支有寅、午、戌三合或巳、午、未三會，必須有印來生身，否則火源有限，難成佳局。丙火需壬水，丁火需甲木，所以炎上格需要寅、卯或亥水相濟，忌逢土運。《淵海子平》云：「炎上格忌水鄉金地，怕沖，要身旺，歲運同。炎上者，火之勢急，渾然成象，為文明之象，值之者，當為朱紫之貴。地支巳、午、未三會，天干有甲、乙印生，地支有戊、己食傷洩之。地支得寅、午、戌三合之局勢，必須一定要有寅印，方可入格。如果是只有午、戌之全火局，而沒有寅字者，只是近貴之九流命造。沒有寅、卯之「全火局」，則需要亥水相濟，否則不貴，大忌戊、己、辰、丑之大運。喜東南，怕刑沖，要身旺歲運同。經曰：「丙丁日坐寅午戌，火炎上格從此出。無寅無亥不成名，忌逢土晦出殘疾。」

例1、《造化元鑰》例，炎上格失時，兩干不雜，按察使。

偏財	日主	偏財	比肩
庚寅	丙午	庚寅	丙午
戊 丙 甲	己 丁	戊 丙 甲	己 丁
食神 比肩 偏印	傷官 劫財	食神 比肩 偏印	傷官 劫財
戊戌　丁酉	丙申　乙未	甲午　癸巳	壬辰　辛卯

原文：兩干不雜，按察使。按時月兩透庚金，而庚金無根，寅午會局，比肩出干，不能用財，乃炎上失時，喜其運行東南，故貴為按察使。

1、兩干不雜，兩支不雜；原局半會火局，以寅木當令，僅丙火長生之地，庚干兩見，火氣不純，雖炎上失時，但大運行南方火地，助燃火勢，故貴命。難得的四柱互換空亡。

2、《三命通會》：「丙丁日遇寅午戌局，柱中須有寅字帶印為入格，無寅只是九流近貴之命。若火自旺，無亥水相濟，不貴。」《神峰通考》：「炎上格，丙丁生寅卯月得寅午戌，則為火虛有焰。畏水破格，亦畏火氣太炎，則火不虛矣；畏金水破火破木。此格略驗。」

3、詩曰：「夏火炎天焰焰高，無水方知是顯豪；運行木地方成器，一舉崢嶸奪錦袍。」炎火成象走木地，原局則木旺走火地，異曲同工。原局無水，偏財無根，中運不行西北，合格。

例2、《造化元鑰》例，假炎上格，傷官喜見財，秀才大富。

正印	日主	比肩	傷官
乙未	**丙午**	**丙寅**	**己未**
乙 丁 己	己 丁	戊 丙 甲	乙 丁 己
正印 劫財 傷官	傷官 劫財	食神 比肩 偏印	正印 劫財 傷官
戊午　己未	庚申　辛酉	壬戌　癸亥	甲子　乙丑

原文：假炎上格，秀才大富。按此造假炎上而丙火並不旺，年時兩未，己土出干，似宜用己土洩火氣，正月火土假傷官非上格，然洩秀生財，故秀才而富。

1、原局丙火生在寅月，並非當令，雖然印綬比劫多見，有炎上格之象，然而戊己土傷官食神五見，傷官格為主。正印三見，正印格為輔。洩化火氣，宜順其勢。

2、當特別格有成格與否之存疑時，正是用神或格局發揮作用之時，《滴天髓》：「傷官者……若見官之可否，須就原局權衡，……若傷官用財者，日主旺，傷官亦旺，宜用財。有比劫而可見官，無比劫有印綬，不可見官。」因此初運亥子北方官殺之地，原局帶印綬，無妨。原局缺金，辛酉、庚申之地補其五行順勢，故稱「洩秀生財」。

例3、《造化元鑰》例，真炎上格，炎上格火臨巳午未之域，官至太尉。

偏印	日主	正財	正印
甲午	丙午	辛巳	乙未
己 丁	己 丁	庚 戊 丙	乙 丁 己
傷官 劫財	傷官 劫財	偏財 食神 比肩	正印 劫財 傷官

癸酉	甲戌	乙亥	丙子	丁丑	戊寅	己卯	庚辰

原文：炎上格火臨巳午未之域，官至太尉。按此炎上格之正也，有木以生之，無土以塞之，火虛有焰，運行東方大貴，見水禍不旋踵。

1、丙火祿在巳，火當令，三合巳午未帶午，火有甲木源頭，真炎上格。《滴天髓》：「火太旺者而似水(翻盤之意)，喜土之止也；火旺極者而似土(旺極成真就化)，喜木之剋也。」故初運寅卯大貴。

2、《星平會海》：「火多炎上氣衝天，玄武(水)無侵富貴全；一路東方行運好，簪纓頭頂帶腰懸。」指官殺之地不利，故「見水禍不旋踵」。原局是日刃與時刃並存，丙子運，丙辛合，一子沖兩午，甚凶。乙亥運除雙沖月柱外，乙亥、乙未拱卯，三合木局，木多火旺。午亥暗合，全局撼動，絕無好事。

491

例4、《造化元鑰》例，真炎上格。

偏印	日主	偏財	偏印
甲午	丙午	庚午	甲午
己　丁	己　丁	己　丁	己　丁
傷官　劫財	傷官　劫財	傷官　劫財	傷官　劫財
戊寅　丁丑	丙子　乙亥	甲戌　癸酉	壬申　辛未

原文：炎炎真火，真炎上格也。惜乎運行西北，巽懦拘謹，一籌莫展，失勢向下，逆其性矣。且其胎元辛酉，比劫爭財，成格破格，非佳造也。

1、《神峰通考》：「炎上格，丙丁生寅卯月得寅午戌，則為火虛有焰。畏水破格，亦畏火氣太炎，則火不虛矣，畏金水破火破木，此格略驗。」忌水鄉金鄉，喜行東方運，怕冲，要身旺，歲運同。

2、原局丙日主地支羊刃四見，天干偏印兩見，火極旺。早運辛未雙合日柱丙午，地支午未合，出身有餘蔭。《滴天髓》：「從氣者，不論財官印綬食傷之類，如氣勢在木火，要行木火運；氣勢在金水，要行金水運；反此必凶。」壬申、癸酉運金水之地，與木火扞格；甲戌運不悖火勢舒坦。乙運合財，羊刃奪財；亥運合出濕土有功。丙子運天外飛來羊刃，子午冲，全局震撼。

3、「非佳造」，原局地支劫財奪財，傷官生財，午午自刑，庚剋甲，丙剋庚，結構不佳。

例 5、《造化元鑰》例，化火格，戊子上下相合，運行東方是印綬。

比肩	日主	偏印	正印
戊午	戊子	丙午	丁未
己　丁	癸	己　丁	乙　丁　己
劫財　正印	正財	劫財　正印	正官　正印　劫財

戊戌	己亥	庚子	辛丑	壬寅	癸卯	甲辰	乙巳

原文：袁海觀命，戊癸化火格，戊子上下相合，運行東方，位至總督。

1、原局戊日主生在午月，羊刃格。「戊癸化火格」，全局除子水外，一片火土，然而日柱干支可以化火。《滴天髓》：「化得真者只論化，化神還有幾般話。注……戊癸生於夏月，乙庚生於秋月，丁壬生於春月，獨自相合，又得龍(辰)以運之，此為真化矣。又論化神，如甲己化土，土陰寒要火氣昌旺；土太旺又要取水為財；木為官，金為食傷，隨其所向，論其喜忌，再見甲乙，亦不作爭合忌合論。蓋真化矣，如烈女不更二夫，歲運遇之皆閒神也。」

2、「運行東方」，指原局本體五行轉換成火局，寅卯之地是印綬而非官殺。《滴天髓》：「至於化象作用，亦有喜忌配合之理；所以化神還有幾般話也，非化斯神喜見斯神，執一而論也。是化象亦要究其衰旺，審其虛實，查其喜忌。…化神衰而不足，宜生助化神之神為用。」原局化火戊己土五見，還需寅卯木生火。日時互換空亡。

493

從革格（全金局）

從革格即是全金局。庚、辛日主，地支巳、酉、丑三合之局勢，必須要丙、丁、巳、午等官、殺一、二，方為佳局。然而丙、丁、巳、午之火字，卻又不可以太多見，即官殺重重。譬如：「辛巳、辛酉、辛丑」，這三日出生的人，就不喜生於五(午)月。

《淵海子平》云：「從革格忌南方火運，喜庚、辛旺運，見亥、卯、未冲巳、酉、丑，謂之金木間隔，忌刑冲，歲運同。例如辛酉、戊戌、庚申、辛巳，此命得申、酉、戌全，月令戊土生金，得從其類，金主義乃權衡之權」。經曰：「白虎但逢巳酉丑，格呼從革名偏厚。丙丁巳午少逢之，貴氣煉成官長久。」

《星平會海》：從革格，金曰從革，羞惡之心，仗義疏財，則勇敢豪傑，知廉恥，聲音清響，剛毅有決。太過則自無仁心，好鬥貪欲。不及則多三思，少果決，慳吝，作事措志。

例1、《造化元鑰》例，從革格，喜水木，忌火土(剋金埋金)。

劫財	日主	劫財	偏印
辛 **巳**	**庚** **申**	**辛** **酉**	**戊** **申**
庚　戊　丙	戊　壬　庚	辛	戊　壬　庚
比　偏　七 肩　印　殺	偏　食　比 印　神　肩	劫 財	偏　食　比 印　神　肩
己 巳	戊 辰	丁 卯	丙 寅	乙 丑	甲 子	癸 亥	壬 戌

原文：孫詒讓命，官至主事，金多火熄，著述傳世。

1、庚金生在酉月，羊刃格透干兩見，庚祿在申，祿刃交集，旺極轉從革格。《滴天髓》：「金太旺者而似火，喜水之濟也；金旺極者而似水，喜土之止也。」太旺宜洩，旺極宜生。太衰宜剋，衰極宜洩。問題在原局太旺還是旺極？

2、時柱若為甲申、乙酉，則為「旺極」，而辛巳則丙辛、巳申暗暗洩化日主元氣，故以「太旺」視之。太旺宜洩，即比劫生食傷；若「旺極」則以印綬相生。大運亥子丑水地，食傷洩秀，甲乙木財成就之(偏印格用偏財)。丙寅干合支冲，甲第官祿不利。

3、《三命通會》：「白虎但逢巳酉丑，格呼從格名偏厚；丙丁巳午少逢之，貴氣煉成官最久(不宜逢官殺，否則官位要等到天長地久)。」原局時支官殺化印，認真著述。劫財桃花，想玩就破財。

495

例2、《造化元鑰》例，從革格，偏印格，超級三合羊刃。

劫財	日主	偏印	劫財
辛巳	**庚申**	**戊戌**	**辛酉**
庚 戊 丙	戊 壬 庚	丁 辛 戊	辛
比肩 偏印 七殺	偏印 食神 比肩	正官 劫財 偏印	劫財
庚寅　辛卯	壬辰　癸巳	甲午　乙未	丙申　丁酉

原文：從革格，太尉。按支全申酉戌西方，辛金陽刃出干，宜取巳宮丙火為用。喜其運行南方，七煞得地而貴，煞刃主威權，位至太尉，職掌兵權，似不能以從革成格論也。又明王東台少卿造，辛未 戊戌 庚申 辛巳 相差一字，或為傳抄之誤，亦未可知。

1、原局庚金生在戌月，偏印為主，然而地支三合申酉戌成為金局(超級羊刃)，辛金透干兩見，勢成從革格。普通格為偏印四見。然而從革格與羊刃格喜用神不同，從革以洩秀為美，羊刃以駕殺為用，如何抉擇？

2、「喜其運行南方，七煞得地而貴，煞刃主威權」，依此論三合金局先馳得點，故丙、午、巳等運發貴。申運從旺抑殺，潛龍勿用。乙運合財入庫，原局丁壬合，暗中有油水勾當。甲運偏財生官，長袖善舞。癸運合火，干支官殺太旺，易曰：「泣血漣如，何可長也。」桃花、紅豔透干，紅粉在暗財之中。

潤下格（全水局）

潤下格即是全水局。壬、癸日主，地支得申、子、辰三合之局勢，忌見地支引出、卯、巳水絕之地支。以水絕則不流矣，忌刑冲。《淵海子平》云：「潤下格忌辰、戌、丑、未官鄉，喜西方印地，不宜東南木火，怕冲剋，歲運同。例如庚子、庚辰、壬申、辛亥，此命得申子辰全又見亥，水鄉渾然，庚、辛又生，湛然福量，真富貴之人也」。出生冬月者吉，亥、子、丑一片汪洋，合格者清秀量宏，忌土運水滯。稼穡格行南方火運助土勢，行西方運的食傷洩土氣，食傷剋官殺生財，均為所喜。行東北運水來生木，財生官殺為忌。經曰：「壬癸日逢申子辰，局名潤下最為真。必須巳午並辰戌，申字當權貴絕倫。」經曰：「戊己生日宜四季，多防丑戌懷金氣。生來見木或逢災，個中消息真貴榮。」

《星平會海》：潤下格，水曰潤下，味鹹主智，是非之心，智足多謀，機關深遠，文學聰明，譎詐飄蕩，無力傾覆，陰謀好惡。不及則膽小無謀，反主人物瘦小。

例 1、《造化元鑰》例，潤下格，喜東方運；金多水濁，化地不純。

正印	日主	偏印	偏印
辛亥	壬申	庚辰	庚子
甲　壬	戊　壬　庚	癸　乙　戊	癸
食神　比肩	七殺　比肩　偏印	劫財　傷官　七殺	劫財
戊子　丁亥	丙戌　乙酉	甲申　癸未	壬午　辛巳

原文：潤下格，學道之命。按潤下失時，運行南方，故為學道之命。

1、《三命通會》：「壬癸日逢申子辰，局名潤下最為真；必須巳午(有財)並辰戌(官殺)，申字(殺印相生)當權貴絕倫。」原局地支申子辰三合水局，天干正偏印三見，潤下格成真。

2、《三命通會》：「天干壬癸喜冬生，更值申辰會局成；或是全歸亥子丑，等閑平步上青雲。」月令辰土七殺當令，三合水局非純正。《滴天髓》：「獨象喜行化地，而化神要昌。」化神指食傷，即潤下格要行甲乙寅卯之地。

3、初運巳午未財地無功，壬午、壬申夾未土與癸未運，皆牴觸化地。甲申、乙酉運天干皆是化地，截腳又為印綬所剋；申酉運剋化神。天干正偏印三見，食傷要行地支，在天干只會被剋。原局貴人多，帶華蓋、將星，乙酉運合桃花、華蓋、印綬，適合宗教緣份。

例2、《造化元鑰》例，潤下格？日刃格？神煞說了算。僧人。

正印	日主	正印	比肩
辛亥	壬子	辛亥	壬申
甲　壬	癸	甲　壬	戊　壬　庚
食　比 神　肩	劫 財	食　比 神　肩	七　比　偏 殺　肩　印
己未　戊午	丁巳　丙辰	乙卯　甲寅	癸丑　壬子

原文：支見亥子，四柱無戊，名旺盛無依。潤下成格，惜胎元壬寅，格局不純，木火運行東南，逆水之性，反為貧苦之命。

1、壬日生在亥月，全局金生水旺，潤下格無疑。潤下格喜東方運，何以「逆水之性，反為貧苦之命」？

2、日柱壬子是日刃格，與潤下格各有性質；《三命通會》：「赤黃馬獨臥，黑鼠守空房，男妨妻，女妨夫。……要有七殺相制，再行官印鄉，便為好命。」因此日刃格與潤下格是截然不同的用神，原文以「胎元壬寅，格局不純」，作為理由似乎過於彆扭。其次，月時兩柱伏吟，亥是孤辰、亡神重重疊見；亥正好坐年柱壬申空亡，辛亥、壬子皆同旬，諸多神煞會集，恰宜遁入空門。

3、大運起於月柱，因此兩者偶爾同空亡是正常現象。但原局因為辛亥、壬子皆同旬，因此空亡也在寅卯，但以甲祿在寅，乙祿在卯，人生精華兩個大運皆祿坐空亡，為僧誰曰不宜？

稼穡格（全土局）

　　稼穡格即全土局。戊、己日主，地支得辰、戌、丑、未之四庫局勢，最喜四柱有寅卯官殺，但不可過多，多則為人狡詐，破祖基，心地不仁。再見巳、午火，即可主貴。但也一樣不可以見火太多，否則火炎土燥，萬物不生，忌見金。《淵海子平》云：「稼穡格，忌東方運及北方財運，例如戊戌、己未、戊辰、癸丑，此命辰、戌、丑、未俱全，得水為財，又無木剋，是以為福。所謂稼穡格者，俱從於土干支重見，則為土之一類，深有培養之功，主人多信，人品重厚，豐肥，生財有道」。

　　《星平會海》：稼穡格，土曰稼穡勾陳，誠實之心，敦厚至誠，言行相顧，好敬神佛。處事不輕，度量寬厚。太過則孤介硬吝，不得眾情。

例1、《造化元鑰》例，乾造，稼穡格，子旺母衰之局，宜助其母。

食神	日主	正印	食神
戊戌	丙辰	乙丑	戊戌
丁　辛　戊	癸　乙　戊	辛　癸　己	丁　辛　戊
劫財　正財　食神	正官　正印　食神	正財　正官　傷官	劫財　正財　食神
癸酉	壬申	辛未	庚午	己巳	戊辰	丁卯	丙寅

原文：陶澍命：土重而實，格成稼穡，生於大寒前三日，天寒地凍，喜冬日溫和，以乙木為用，火土傷官之變也，滴天髓云：子旺母衰之局，宜助其母，運行南方，土暖而潤生，萬物得遂其生，巳運壬午任皖撫，午運庚寅年督兩江，土暖而生，顯然可見，卒於未運己亥年，壽六十二，諡文毅。

1、原局丙火而非戊己，何以稱稼穡格？《滴天髓》：「從旺者，四柱皆比劫，無官殺之制，有印綬之生，旺之極者，從其旺神也。要行比劫印綬則吉。如局中印輕，行傷食亦佳。官殺運謂之犯旺，凶禍立至；遇財星，羣劫相爭，九死一生。」原局食傷戊己主氣六見，從旺；故稱稼穡格。五行除金水外，皆不忌；刑冲例外。

2、「巳運壬午任皖撫」，指午戌半合，巳午半會。「午運庚寅年督兩江」，指乙丑庚寅雙合，柱運歲三合火局。「卒於未運己亥年」，大運辛未雙冲月柱，財星透干合日主混殺，焉知禍福？己亥年濕土洩火，財生殺黨。

501

例 2、《造化元鑰》例，很彆扭的稼穡格，日刃格，午未合論羊刃。

傷官	日主	劫財	比肩
辛酉	戊午	己未	戊申
辛	己　丁	乙　丁　己	戊　壬　庚
傷官	劫財　正印	正官　正印　劫財	比肩　偏財　食神
丁卯　丙寅	乙丑　甲子	癸亥　壬戌	辛酉　庚申

原文：稼穡格，火為病，水為藥，早歲大魁天下，乏子。按此造亦稼穡格，辛金結局，不富即貴，此造月日時三位同旬，午未申酉聯珠，精氣團結，宜乎領袖羣英，辛金臨酉，不應乏嗣，殆午破酉之故乎。

1、「火為病，水為藥」，指戊土生在未月，調候用神癸、丙、甲。原局比劫五見透干，正印兩見，身強。食神傷官各有祿位，洩化日主元氣，壬水偏財坐長生，乙木正官入庫在月支，五氣暗通。

2、《滴天髓》：「傷官見官果難辨，可見不可見。注：日主旺，無財官，宜用傷官，喜見財傷，忌見官印。」故由西而北行運食傷生財。原局日刃格，又在月柱、日支、年干已經形成超級羊刃氣勢。《滴天髓》：「土太旺者而似木，喜金之剋。」無官殺用食傷洩。

3、「辛金臨酉，不應乏嗣」，指食傷引到時支酉地坐旺，故應有子息出人頭地。反之，以官殺論子息，引到時支坐絕。年柱驛馬食神生財，帶文昌貴人。

例3、《造化元鑰》例，乾造，化土格，成象稼穡格，金神格。

正財	日主	比肩	正財
己巳	甲子	甲戌	己丑
庚　戊　丙	癸	丁　辛　戊	辛　癸　己
七殺　偏財　食神	正印	傷官　正官　偏財	正官　正印　正財
丙寅　丁卯	戊辰　己巳	庚午　辛未	壬申　癸酉

原文：陳錦樞命，化土格，甲從己化，子中癸水，有巳宮戊土合化，反助財旺，行火土運必貴。

1、「化土格」，指天干甲己化土兩組。「子中癸水，有巳宮戊土合化」，地支子是癸水，巳宮藏戊，戌宮也有戊，癸水左右暗合，更妙年日雙合，干支皆化土，全局氣勢火助旺土，反助財(土)旺。

2、《滴天髓》：「化神旺而有餘，宜洩化神之神為用；化神衰而不足，宜生助化神之神為用。如甲己化土生於未、戌月，土燥而旺，干透丙丁，支藏巳午，謂之有餘，再行火土之運，必太過而不吉也。……柱中有金，要行火運；柱中有水，要行土運；金水並見，過於虛濕，要帶火之土運以實之，助起化神為吉。」原局金水之濕土居多，宜行巳、午、未、戌、己等運。金神偏宜火地。

（二）、從勢格

從勢與從旺的含義，是相反的組合。以日主弱，而其餘的五行，又聚在一氣之方，則成為「從勢」之格。四柱無一點比肩、印綬，且所從之五行透干。

1、日主以外的五行，俱是官殺，則為從殺格。棄命從殺，須要會殺，從殺喜財。運扶從殺不專，反遭禍患。

2、日主以外的五行，俱是財星，則為從財格。從財格需要會財，若逢比劫、印綬，命運蹇困。

3、日主以外的五行，俱是食傷，則為從兒格。從兒須見財，財透天干怕被合，四柱見官殺破格。

唯獨沒有從印格，因為我國倫理精神，從母印乃天經地義。從勢格的首要條件，則是日主一定要無根。所謂無根，即是指地支中的支藏天干沒有日主的五行。調候用神對於從勢格不適用。

從旺與從勢的特別格，由於在四柱之中，有著規格的特定之組合。因為在特別格中，從旺與從勢並非一、二項特點即可成就，所以從旺與從勢的成格門檻較高。例如魁罡重疊即可以認為是特別格，甲日生在卯月即是羊刃格。

《滴天髓》：「從勢者，日主無根，四柱財官食傷並旺，不分強弱；又無劫印生扶日主，又不能從一神而去，惟有和解之可也；視其財官食傷之中，何者獨旺則從旺者之勢；如三者均停，不分強弱，須行財運以和之，引通食傷之氣，助其財官之勢則吉，行官殺運次之，行食傷運又次之；如行比劫印綬，必凶無疑。」

504

棄命從殺格

財生殺旺煞傷身，四柱全無倚靠神。棄命相從成貴象，運行得祿反孤貧。
隻力豈能支旺煞，無根端的只相從。他行他運能成業，我遇身強業反空。

例1、《造化元鑰》例，從殺格，元世祖忽必烈命。

比肩	日主	比肩	比肩
乙	乙	乙	乙
酉	酉	酉	亥
辛	辛	辛	甲　壬
七殺	七殺	七殺	劫財　正印
丁丑　戊寅	己卯　庚辰	辛巳　壬午	癸未　甲申

原文：元世祖忽必烈命：從煞格。

1、〈四言獨步〉：「棄命從煞，須要會煞；從財忌煞，從煞喜財；會逢根氣(比劫)，命損無猜。」因為從煞格官殺太重，身無所歸，不得已而從之。故行運喜逢財官之地，歸順到底。

2、《三命通會》：「五陽坐日全逢煞，棄命相從壽不堅；如是五陰逢此地，身衰煞旺吉堪言。」以陽日主性剛，難以從煞而奉承，一有印比即反彈。《滴天髓》：「五陽從氣不從勢，五陰從勢無情義。」故五陰日見風轉舵從到底，吃香喝辣。

3、原局金木兩局，以亥水通關，有病有藥。《滴天髓》：「關內有織女，關外有牛郎，此關若通也，相邀入洞房。」南方火地原局無財，傷官駕殺。《星平會海》：「天元一字木為根，傳送登明顯福元，四柱官星如得地，功名利祿早承恩。」

例2、《造化元鑰》例，從煞格，侍郎，戊午運焉知吉凶。

偏財	日主	七殺	七殺
辛亥	丁亥	癸亥	癸亥
甲　壬	甲　壬	甲　壬	甲　壬
正印　正官	正印　正官	正印　正官	正印　正官
乙卯　丙辰	丁巳　戊午	己未　庚申	辛酉　壬戌

原文：從煞格，侍郎。亥中雖藏木，而水旺木微，濕木無焰，必從煞也。

1、丁火生在亥月，滿盤官殺帶財，從殺格；調候用神不適用。《滴天髓》:「從得真者只論從，從神又有吉和凶。注：日主孤立無氣，天地人元，絕無一毫生扶之意。財官強甚，乃為真從也。既從矣，當論所從之神；如從財，只以財為主；財神是木而旺，又看意向，或要火要土要金，而行運得所者吉，否則凶。」

2、《滴天髓》:「從勢者，日主無根，四柱財官食傷並旺，不分強弱；又無劫印生扶日主，又不能從一神而去，惟有和解之可也；視其財官食傷之中，何者獨旺則從旺者之勢；如三者均停，不分強弱，須行財運以和之，引通食傷之氣，助其財官之勢則吉，行官殺運次之，行食傷運又次之；如行比劫印綬，必凶無疑。」辛酉、庚申財地吉，戊午運必凶。

506

例3、《命理探源》例，乾造，官殺六見，財生殺，日主無根。

偏印	日主	七殺	正官
丁卯	己亥	乙亥	甲寅
乙	甲　壬	甲　壬	戊　丙　甲
七殺	正官　正財	正官　正財	劫財　正印　正官

癸未	壬午	辛巳	庚辰	己卯	戊寅	丁丑	丙子

原文：己土如田園之土，能生萬物，喜陽火鼓盪，忌寒水冰凝，何則？火能生土，土暖則氣生，而萬物育焉。水能潤土，水寒則氣降，而戕害隨之。今八字亥水重逢，冰凝可慮，甲乙交見剋削堪虞，幸得丁火資生，春回寒谷。

1、原局亥亥自刑，但寅亥合木，亥卯半合木局。雖天干丁火生己土，不真從也是假從。《滴天髓》：「真從之象有幾人，假從亦可發其身。原注：日主弱矣，財官強矣，不能不從；中有比助暗生，從之不真。至於歲運財官得地，雖是假從，亦可取富貴。但其人不能免禍或心術不正。」寅卯雖為從殺之地，然而天干戊己比劫生身，逢根氣必衰。

2、庚辰運，三會木局，暗喜真假均成格，無奈庚合乙，七殺洩氣。辛巳運，巳火冲不動亥水，又干支合水，官殺悠然。時柱空亡在亥，兩見帶合；地支多合人緣好，貴人多可用。

507

棄命從財格

《三命通會》:「棄命從財,須要會財;若逢根氣,命損無猜。……日干無氣滿盤財,棄命相從是福胎;運旺財官皆富貴,如逢根助反為災。」四柱無依,則舍而從之。主其人平生懼內,為填房贅繼之人。財者妻也,身無所托,倚妻成立。

例1、《造化元鑰》例，翰林學士，從財格，戊午運財剋印。

偏財	日主	偏財	偏財
壬子	戊子	壬子	壬子
癸	癸	癸	癸
正財	正財	正財	正財

庚申	己未	戊午	丁巳	丙辰	乙卯	甲寅	癸丑

原文：從財格，翰林學士。按四柱無一點比印，從財成格無疑，前清桐城張文端公英命造，生於康熙十一年壬子十一月十七日子時，同此八個字，翰林出身，父子宰相，配享太廟，為清代第一名臣，與此造未知是一是二，蓋此書命造，多後人加入也。

1、《三命通會》：「日干無氣滿盤財，棄命相從是福胎；運旺財官皆富貴，如逢根助反為災。」初運甲寅、乙卯官殺之地，財有出路，從勢則吉。

2、《滴天髓》：「凡從財格必要食傷吐秀，不但功名顯達，而且一生無大起倒凶災。蓋從財最忌比劫運，柱中有食傷，能化比劫生財之妙也。若無食傷吐秀，書香難遂，一逢比劫無生化之情，必有起倒刑傷。」原局從財格，四柱不見食傷。丙辰運比劫不利，然而丙火見三壬無焰生土，辰土合子水，化險為夷。丁運化木，財生官。巳運難吉；戊午運水火交戰。

例2、《造化元鑰》例，從財格，天地相合化得真，得論化火。

傷官	日主	正財	劫財
甲寅	**癸巳**	**丙午**	**壬午**
戊　丙　甲	庚　戊　丙	己　丁	己　丁
正官　正財　傷官	正印　正官　正財	七殺　偏財	七殺　偏財
甲寅	癸丑	壬子	辛亥	庚戌	己酉	戊申	丁未

原文：劉翰怡命：癸水無根，一壬不足以為救，卻喜癸巳壬午，天地相合，格成從化，甲木出干，制己洩壬而生丙火，從財格真，鉅富之命，運行西方，財旺破印，安富尊榮，一至北方，疊遭橫逆，損失至鉅，其為從財確矣，按五月癸水，所以不易言從者，因胎元酉宮，暗生癸水，自然有根也，財為我剋，故不易從，煞為剋我，故能從，此造好在戊癸丁壬兩合，化而兼從，否則，亦難作從論也。

1、原局火旺，又有甲寅助燃丙丁火。「此造好在戊癸丁壬兩合」，指壬水合丁化木，癸水合坐下巳支戊土，化火；全局財星火最旺，有甲寅傷官生財。因此「喜癸巳壬午，天地相合，格成從化，甲木出干，制己洩壬而生丙火，從財格真」。

2、「一至北方，疊遭橫逆」，指前運西方金地有戊、己、戌土化火生金；殆行運北方，均金水與濕土之地即官殺之地。《三命通會》：「棄命從財，須要會財；若逢根氣，命損無猜。」

510

例 3、《造化元鑰》例，從財格失令，食神制殺，壞在財運。

偏財	日主	食神	七殺
丙午	壬戌	甲寅	戊辰
己 丁	丁 辛 戊	戊 丙 甲	癸 乙 戊
正官 正財	正財 正印 七殺	七殺 偏財 食神	劫財 傷官 七殺
壬戌 辛酉	庚申 己未	戊午 丁巳	丙辰 乙卯

原文：施再村命：支成火局，柱無比印，從財失令，為富翁而不終，名利皆虛。

1、原局地支寅午戌三合火局，丙火透干，寅木當令透干，食神格洩水氣，從財不乾脆。《滴天髓》：「假從者，如人之根淺力薄，不能自立，局中雖有劫印，亦自顧不暇。而日主亦難依靠，只得投從於人。……財之勢旺，則從財；官之勢旺，則從官；從財行食傷財旺之地。從官行財官之鄉，亦能興發。」原局雖然三合火局透干，但月柱食神主氣天透地藏有力；又官殺五見透干，殺黨見財，也有話語權。

2、前述從財是中運南方火地最利，其次食傷。從官則財官運皆能興發，所以辰、戌、己未等官運論吉，其次丙、丁巳、午等財運之地亦吉地。唯獨庚申、辛酉運印綬之地不吉。故「為富翁而不終，名利皆虛」。八字浩瀚，用神必須多元的旁敲側擊。

511

棄命從兒格

　　《滴天髓》:「一出門來只見兒，吾兒成氣構門閭；從兒不管身強弱，只要吾兒又見兒。原注：此與成象、從象、傷官不同，只取我生者為兒。如木遇火，成氣象。如戊己日遇申酉戌，成西方氣。或巳酉丑全會金局。不論日主強弱。而又看金能生水氣，轉成生育之意。此為流通。必然富貴。……是以從兒格最忌印運(印剋食傷)，次忌官運，官能洩財，又能剋日，而食傷又與官星不睦，忘生育之意，起爭戰之風，不傷人丁則散財。」

」

例1、《滴天髓補註》例，坤造，三卯凶惡多，桃花坐食神。

食神	日主	偏財	傷官
乙卯	癸卯	丁卯	甲寅
乙	乙	乙	戊 丙 甲
食神	食神	食神	正官 正財 傷官

己未	庚申	辛酉	壬戌	癸亥	甲子	乙丑	丙寅

原文：干透甲乙，支全寅卯，從象甚真。尤喜月干丁火，為吾兒又見兒也。惜運行北方、水木傷官雖不忌比劫，究非佳造。用神旺者喜洩，行財運洩傷食之氣。雖為婦女，幫夫興家。因運行北地，柔懦無能，格局完美，誥封一品，歿於辛運。

1、原局食傷六見，偏財通根正財，以普通格論，傷官生財。干支無印綬(剋不到食傷)，日主無根(易隨)，從兒格不雜。「運行北方、水木傷官雖不忌比劫，究非佳造」，指中運亥子比劫之地，閑神無濟於運。

2、癸水生在卯月，以庚辛金發水源；調候用神不適用特別格。壬戌運與月柱雙合，丁壬化木，卯戌化火，傷官生財。辛酉運雙冲月柱與時柱，一酉剋三卯，印綬剋食傷，用神受損。桃花透干有人緣，正官獨見，幫夫興家。

513

例 2、《滴天髓補註》例，從兒格，日祿歸時，缺水不美。

食神	日主	食神	傷官
丙寅	甲午	丙午	丁未
戊　丙　甲	己　丁	己　丁	乙　丁　己
偏財　食神　比肩	正財　傷官	正財　傷官	劫財　傷官　正財
戊戌　　己亥	庚子　　辛丑	壬寅　　癸卯	甲辰　　乙巳

原文：食傷成象而日主孤單，為順局從兒格，此類格局須看干支性質，未可一例而論。如水木、土金、金水、從兒皆美。如木火，則木被火焚；火土，則土多火晦，母旺為美，子旺反傷其母。如此造滿局皆火，木必自焚，非佳造也。按：火若生土，以濕土為佳。否則火土夾雜。

1、《三命通會》：「火見土則暗，土宿火則晦。故火自火、土自土」，兩不相掩為妙。若火土夾雜，則主愚濁。……火虛土聚成何用，定是塵埃碌碌人。」

2、原局食傷七見，傷官在月令；地支財星四見，「吾兒又見兒」真從兒。巳運三合食傷局，比劫生食傷，平遂，家庭優渥。甲運無功，辰運濕土財地論吉。癸卯、壬寅運，閑神被忌神蓋頭，從兒無功。辛丑官殺運，雙沖年柱，丙辛合水作印綬，從兒格所忌。庚子運雙沖月柱與日柱，定有災咎。

（三）、羊刃與建祿

羊刃格

　　羊刃格僅針對五陽干甲、丙、戊、庚、壬等五日而言，地支為日主的帝旺位，即是羊刃格，例如，甲日見卯，丙日見午，戊日見午，庚日見酉，壬日見子。

　　《三命通會》云如下：劫財羊刃，切忌時逢。歲運併臨，災殃立至。羊刃重重又見煞，大貴登科甲。羊刃七殺，出仕馳名。支刃干官，時月重逢官必顯。羊刃重重三四，必須患疾盲聾。印生二刃終被刑。羊刃重逢印綬，縱富而殘疾在身。羊刃嫌冲合歲君，流年遇此主災迍。

　　羊刃格稱為格局，是因為日主甚強。無須天透地藏或者是地支三合、三會而取格。此格特色如下：

1、羊刃兼印格，身太強，只有食傷可以解決。如果羊刃重見，又兼印格，一生成就有限。八字羊刃重見，逢偏財流年大凶，群劫爭財。羊刃格偏印流年凶。柱運歲會見三羊刃凶。劫財有根先喪父。男命以正財為妻，故比肩重疊重婚必遲。

2、羊刃格，單獨成格，並沒有實質上的吉凶，如果一個八字只有羊刃格，並沒有參雜任何格局，則視為身旺無依，孤僻之個性；從旺從勢等特別格另議。所以，羊刃格不比其它的財、官等格，由於孤官尚可以視為篤厚之造，而孤刃則是空旺無依，自我陶醉。

3、宜配七殺格，形成羊刃駕殺，與其它的格局難以合併。因此羊刃格者，首要七殺，如果四柱不帶七殺格者，若有三、四位正官坐實，也可以視為命格均衡，或尋求大運調停。如果羊刃格不是帶官殺格，而是成了財格。羊刃劫財，正好去剋財，那就完全要依

賴大運中之食神、傷官運洩比劫，生財來通關。

4、比劫在年時二干，錢財不聚女緣薄。比劫疊疊，反而沒有親人。身重殺輕，過猶不及。若羊刃的劫財出天干，投資不自量力。比劫興旺，虛充面子，泡沫一堆。四柱沒比劫難生小孩（比劫生食傷）。劫財年上坐偏財，出生家庭就敗光。羊刃透比劫夫妻互恨。

5、羊刃格的刑沖合會方面，與一般性格局之刑沖合會，有一些性質是不太相同的。在一般格局之中，大抵都不宜遇刑、沖、合、會的情形，而羊刃格中的刑沖合會，卻有沖合特殊性。

6、干支雙沖的情形，一般性格局不喜干支雙沖，而羊刃格有丙午、壬子這二柱是日主自坐，或者在他柱之中。基於丙午是正南之位，壬子是正北之位。所謂正氣無刑，即是東西南北四正位，不忌刑沖，且越沖越發。因此，丙午、壬子之羊刃格，並不忌刑沖。

7、干支雙合，羊刃格原則上是不喜干支雙合的。惟在五個羊刃格之中，只有丙午可以雙合辛未，壬子可以雙合丁丑，其他的羊刃格，則沒有雙合的可能。即是甲見卯刃、庚見酉刃，是沒有雙合與雙沖的事實存在。甲卯刃與庚酉刃天干是陽干，刃支是陰支，基於六十干支之任何一組排列法，都是干支的陰陽絕對相同的。因此，甲卯刃、庚酉刃在沖、合，就產生沖合併存。

8、沖合併見，同一干支之中，可以對羊刃格構成一沖一合的情形。即是甲見卯羊刃，遇到己酉。或是庚戌歲運，庚見酉羊刃，遇到乙卯，或者是丙辰歲運。羊刃格不忌雙沖，也不十分忌見雙合。最怕是羊刃格在運、歲之中，遇到一沖一合之干支。這就是《繼善篇》云：「羊刃沖合歲君，勃然禍至。」

9、甲庚真羊刃，真羊刃是指甲、庚二日的羊刃而言。因為干支之中沒有甲卯、庚酉。若甲日主生於卯時，其天干一定是丁卯。因此，

在遇到乙卯的運、歲之時，即是真羊刃。同樣，生於庚日主之酉時，其天干則一定是乙酉。故此，在遇到辛酉的運、歲之時，即是真羊刃。

10、財格自坐比劫必有傷。有羊刃不要坐財庫，不利妻財。羊刃魁罡聰明練達，女命不宜，適合職業婦女。羊刃格，羊刃坐官終必刑，坐財先破後成。羊刃雖不宜正偏財，但刃先財後，中年後有成。

11、羊刃駕殺，陽日主堅持理想，終生辛勞。刃重者凶，殺重多是非。甲日主的羊刃格，因為仁慈而逢凶化吉。七殺格不一定要羊刃，但羊刃格一定要七殺。如果月上七殺格，時上羊刃，是七殺格用羊刃，八字見羊刃，沒七殺終不美。

12、金水羊刃容易闖禍，木火羊刃比較沒事。羊刃格客氣間帶驕氣。羊刃格要帶七殺。建祿格要正官。食神羊刃同時成格，一生好散財。羊刃格力不從心，力撐場面之艱辛。

13、《三命通會》云：日主健旺，比肩坐弱，必然我旺兄弟衰。我得祖居，兄弟異處。比肩坐旺，我坐衰絕之地，卻喜比助。弟兄榮華，己必艱苦。妻財衰薄，太歲重逢，官亦失脫，原有羊刃，見比災重，原無比肩，大運逢之，亦主破財傷妻。

例1、《造化元鑰》例，羊刃透干，真羊刃格，金神格，岳武穆命。

正財	日主	劫財	正印
己巳	甲子	乙卯	癸未
庚 戊 丙	癸	乙	乙 丁 己
七 偏 食 殺 財 神	正 印	劫 財	劫 傷 正 財 官 財
丁 戊 未 申	己 庚 酉 戌	辛 壬 亥 子	癸 甲 丑 寅

原文：岳武穆命：劫財陽刃，行辛亥運，辛酉年，冲合陽刃，坐囹圄亡身。

1、甲日生在卯月，羊刃格。《三命通會》：「官印相助福相資，是羊刃帶祿；更有官印相資，尤作吉論。如專羊刃，主眼露性急，凶暴害物，親近惡黨，生旺稍可，死絕尤甚。」原局年日時太旺，恰有時柱洩囚。

2、《三命通會》：「六甲生人逢乙卯丁卯，為真羊刃。若重犯，主殘疾，官祿失退，敗散在晚年，餘卯為偏刃，則輕。」因此原局為真羊刃，早運甲寅、甲子夾丑冲未。癸丑運丑未冲。壬子運水旺奔波。「行辛亥運，辛酉年，冲合陽刃」，指辛酉年雙冲月柱乙卯，辛亥運則是辛金剋乙木(等同天干羊刃)，亥卯合局，稱「冲合陽刃」。戊午年雙冲日柱甲子，己未年與己巳年拱午冲子，庚申年雙合乙卯，一路冲合，確實符合羊刃性質。金神喜七煞，水鄉不發。

518

例2、《造化元鑰》例，乾造，時上羊刃格，食傷制殺為病。

傷官	日主	食神	食神
丁卯	甲寅	丙申	丙午
乙	戊　丙　甲	戊　壬　庚	己　丁
劫財	偏財　食神　比肩	偏財　偏印　七殺	正財　傷官

甲辰	癸卯	壬寅	辛丑	庚子	己亥	戊戌	丁酉

原文：病在丙丁雜亂，故專用庚金，行戌運連捷，庚運轉侍郎。
按時逢陽刃，專用申宮庚金制刃，庚金當令，格局取貴，惟嫌
丙丁並出，制煞太過，行戌運，破印洩食傷生煞，青雲直上矣。

1、原局甲日生在申月，調候用神庚、丁、壬，甲不離庚，然而丙丁
午火四見，食傷通根，七殺被制太過，即造成羊刃無制。換言之，
羊刃被剋或洩就是佳運。《三命通會》：「時逢羊刃喜偏官，若見
財星禍百端。」羊刃與七殺的對抗賽中，財可以洩化食傷，財也
可以幫助七殺，使七殺振奮。而天干的七殺很容易被比劫所奪，
原局羊刃不透天干，好事。

2、「行戌運連捷」，指戌運丁火入庫，火洩為土，火力降低，庚金
得用「運轉侍郎」。己亥運雙合甲寅。庚運七殺透干，驛馬帶財
奔騰。子運冲去食傷，辛運合食神，丑運濕土降溫，壬寅雙剋太
多。時支桃花，寅午申串合帶紅豔，說無情卻是有情。

519

例 3、《造化元鑰》例，日刃格，日祿歸時，祿刃交集，梁啟超命。

正官	日主	偏印	正官
癸巳	丙午	甲寅	癸酉
庚　戊　丙	己　丁	戊　丙　甲	辛
偏財　食神　比肩	傷官　劫財	食神　比肩　偏印	正財
丙午　｜　丁未	戊申　｜　己酉	庚戌　｜　辛亥	壬子　｜　癸丑

原文：梁啟超命：日坐陽刃，身旺用官，子運冲刃，亡命海外，戊運合去官星，不祿。

1、日主坐陽刃，日刃格；《三命通會》：「日刃還如羊刃同，官星七煞喜支逢，歲君若也無傷刃，支上冲刑立武功。」原局正官兩頭掛，年柱正官無根，用正財生官，月柱偏印格，也算官印相生，身強格局弱。

2、《神峰通考》：「日刃有丙午、戊午、壬子三日，與羊刃同法，忌刑冲破害會合，愛七殺，要行官鄉，便為貴命。」初運亥子丑，柱運歲身殺兩停。「子運冲刃，亡命海外」，指壬子運雙冲日柱丙午。辛亥運雙合日柱，因禍得福。庚戌、己酉運財地生官，維持日主與格局平衡。

3、年上正官正財出身書香之家，四柱無刑冲。「戊運合去官星」，指戊申運戊辰年乙丑月，兩戊合兩癸。三合水局，羊刃逢冲不祿。

520

例4、《造化元鑰》例，程璧光命，時上偏財，羊刃格，魁罡日。

偏財	日主	食神	劫財
壬子	戊戌	庚午	己未
癸	丁　辛　戊	己　丁	乙　丁　己
正財	正印　傷官　比肩	劫財　正印	正官　正印　劫財
壬戌　癸亥	甲子　乙丑	丙寅　丁卯	戊辰　己巳

原文：程璧光命，午戌會局，得壬水出干，更有庚金生之，用財破印，雖不見甲，富貴聲名揚溢是也，位至海軍部長。

1、戊土生在午月，羊刃格；比劫四見，正印三見，身強。原局乙木正官入未庫，身強官輕，行運寅卯官殺之地，有時柱壬子財格生官殺為元神。

2、《三命通會》：「陽刃者，天上之凶星，人間之惡煞；喜偏官印綬(丁卯丙寅)，忌反吟、伏吟、魁罡、三合；大率與七殺相似，故陽刃喜見七煞，七煞喜見陽刃。」

3、《星平會海》：「偏財身旺要官星，運入官鄉發利名，兄弟若來分奪去，功名不遂禍隨生。」原局中運無比劫，乙丑運合食神給力，洩秀生財，丑運正官衝出。戊午年五十七歲雙冲時柱遇刺身亡。

521

例5、《造化元鑰》例，煞刃格，身殺兩停，天干通地支祿刃，地支反剋。

七殺	日主	正官	劫財
丙子	庚午	丁酉	辛卯
癸	己　丁	辛	乙
傷官	正印　正官	劫財	正財

己丑	庚寅	辛卯	壬辰	癸巳	甲午	乙未	丙申

原文：清高宗(乾隆)命，書云：子午卯酉，入格為四極，不入格者為四沖，此造煞刃通根並透，乃煞刃格，不以沖論，更有丁火出干，六十年太平天子，威加四海，非尋常所能及也，壽八十九。

1、《三命通會》：「若乃時逢七煞，見之未必為凶，月制干強，其煞反為權印。經云：時上偏官身要強，羊刃沖刑煞敢當，制多要行煞旺運，煞多制少必為殃。」原局庚金生在酉月，羊刃格。時上丙火七煞以丁火為根；也算身殺兩停。

2、原局妙在庚辛在地支以酉為祿刃，丙丁在地支以午為祿刃。地支子剋午，午剋酉，酉剋卯，一路反剋。正官格坐祿，正財生官制羊刃奪財。丙申運雙合年柱辛卯，有祖蔭。乙未運雙合日柱，見龍在田。甲午、癸巳運官殺之地，日理萬機。壬辰運雙合月柱，政平人和。辛卯運雙沖帶扶吟，花無百日嬌，人無萬年勝。

例6、《造化元鑰》例，日時羊刃對抗傷官生財，財生殺，羊刃駕殺。

偏印	日主	傷官	七殺
庚子	壬子	乙卯	戊午
癸	癸	乙	己 丁
劫財	劫財	傷官	正官 正財

癸亥	壬戌	辛酉	庚申	己未	戊午	丁巳	丙辰

原文：康有為命：水旺透庚，水木傷官佩印。兩子沖午，子卯相刑，卯午又破，沖激動蕩，出於天性。戊土止水，福壽兩全，水木清華，科甲之貴。未運戊戌年，釀維新政變。酉運戊午年，又釀復辟之禍。壬運丁卯年辛，壽七十。

1、壬水生在卯月，調候用神戊、辛、庚。原局月柱傷官格，日刃、時刃幫身駕殺。「兩子沖午，子卯相刑，卯午又破」，原局看似沖刑甚多，固然無疑。然而原局五行倒生，由時干庚金發源生壬子水，再由壬子水生乙卯木，乙卯木生戊午火土，富貴險中求。

2、「戊土止水，福壽兩全，水木清華，科甲之貴」，指原局外，初運南方火土財官旺地。「未運戊戌年，釀維新政變」，指己未、戊戌年官殺(午未、卯未、午戌、卯戌)滯水刃，大難未死，死道友不死貧道。辛酉運沖提綱，戊午年伏吟，子午卯酉全。壬戌運丁卯年，丁壬合木卯戌合火，丁壬合子卯刑，一合一刑。劫財剋妻，桃花交逢，紅豔重疊，娶妻沒完沒了。

523

建祿格

　　建祿格即是日主之臨官祿位在月支。諸如：甲日生寅月，乙日生於卯月，庚日生於申月等。建祿格的八字，本身已經是屬於身強，最忌年柱再透出比肩、劫財之神。宜見財、官出天干，官殺剋我、我剋財，日主得中和，有財官不見刑冲，當作吉命而論。如果建祿格在四柱之中，不見財、官入格，而只不過僅僅是建祿，則不作吉命而推論之。今以十天干之建祿特性，簡要述明於下：

1、甲日生於寅月，四柱之中又多見乙、卯等字，劫財太重，多主無祖產、剋妻。財難聚守，虛張聲勢，而不篤實。雨水前先丙後癸，得富貴。

2、乙日生於卯月，四柱之中又多見甲、寅等字，則與甲日作相同之論斷。若有庚、辛、巳、酉、丑，金屬官殺，或者戊、己、巳、午、辰、戌，土屬財等，則可以作吉命之論。

3、丙日生於巳月，四柱之中又多見丁、午等字，宜八字之中，水、金成格，水主官，金主財，財官入格，可主富貴。壬水或有既濟之功。財官成格，不見戊己出干，得湖海汪洋，顯職之兆。

4、丁日生於午月，若是屬於陽男陰女之順運，主剋一妻。如果是陰男陽女之逆運，主剋三妻。唯以四柱之中，有巳、酉、丑、庚、辛，金屬財，壬、癸、申、子、辰，五行屬官殺等之財官成格局。有庚有甲，木火通明。

5、戊日巳月，四柱若無水，則主剋妻，無祖業，子息亦多事端。火炎土燥實取甲木，四柱之中見七殺比正官為吉，三合申、子、辰財局，主子息略遲。土金傷官須查土之燥濕。

6、己日生於午月，財官即使出天干成格，亦主妻遲，官職不大；卻以財生官殺、殺印相生成格者為佳。喜潤土生金，忌壬水混濁濕土。

7、庚日生於申月，宜剋不宜洩。專用丁火，取甲引丁。上半月所生者，難有祖財。下半月生者較佳，財格優於官殺之格局。

8、辛日生於酉月，天干見劫財者，比劫剋財妻遲財乏；若有木火財官生旺，則為吉祥之命。辛酉日，則為日主專祿。辛卯、辛未自身坐財，可許有衣祿之命。辛巳日，有貴人，但官祿也只是平常。

9、壬日生於亥月，水勢浩蕩須戊土七殺出干，若有癸字在四柱之中坐實，則妻遲官小。土止流水福壽全，用財滋煞富貴福壽。

10、癸日生於子月，與壬日相似，如果沒有丙、丁財，戊、己土官成格，反見比劫出干又會局者，皆作俱無祖業，妨妻又乏功名；若一派戊土，煞重身輕，貧困之命。

　　建祿格表示日主身強，即不喜於四柱、大運之中又再見比、劫、祿、刃等字，而喜財、官、食、殺等，以此調節至中和格局。

　　建祿格的喜忌，是採用時柱來調節，比用格局來平衡日主易於理解。十天干之建祿格所喜之生時如下：甲日寅月，宜生於壬申時。乙日卯月，宜生於辛巳時。丙日巳月，宜生於己亥時。丁日午月，宜生於庚子時。戊日巳月，宜生於甲寅時。己日午月，宜生於乙丑時。庚日申月，宜生於丙戌時。辛日酉月，宜生於丁酉時。壬日亥月，宜生於戊申時。癸日子月，宜生於己亥時。

例1、《造化元鑰》例，乾造，夾祿格，亦可直接稱建祿格。

偏財	日主	偏印	正印
己卯	乙丑	癸卯	壬午
乙	辛　癸　己	乙	己　丁
比肩	七殺　偏印　偏財	比肩	偏財　食神

辛亥	庚戌	己酉	戊申	丁未	丙午	乙巳	甲辰

原文：此乃夾祿格，貴小富大，白手成家，但子女多刑。

按木以臨官為祿，不論甲乙，此造丑卯夾寅，故云夾祿，午宮己土出干，以食神生財為用，丁火為壬癸所困，貴小，財星透出，富大，財居祿上，官煞臨於絕地，故子女多刑也。

1、「夾祿格」，乙祿在卯，地支卯木兩見，即此可稱建祿格。原文又以「木以臨官為祿，不論甲乙，此造丑卯夾寅，故云夾祿」，似乎畫蛇添足。

2、「貴小富大」，指七殺入庫，官殺運太晚。「白手成家」，《三命通會》：「凡命月令建祿，難招祖業……財星有助，運臨財旺之地亦富」巳午未皆屬財地。

3、「午宮己土出干，以食神生財為用」，指偏財格很旺，原局自坐偏財。「財居祿上」，指時柱己卯而言。「官煞臨於絕地」，指七殺入庫不親，庚辛絕在卯，故「子女多刑」。

526

例2、《造化元鑰》例，日祿歸時，化與不化都是食傷生財。

正印	日主	正財	正財
丁巳	戊子	癸亥	癸酉
庚 戊 丙	癸	甲 壬	辛
食神 比肩 偏印	正財	七殺 偏財	傷官
乙卯 丙辰	丁巳 戊午	己未 庚申	辛酉 壬戌

原文：王俊珊命，日祿歸時格，專用巳中丙戊，運至南方比劫之地，發財鉅萬，為鹽務總商，其富而不貴者，丙火不透，酉金損甲故也。

1、《神峰通考》：「歸祿格，要四柱中無一點官星(月令有財官，只以財官論)，方用此格。號曰：青雲得路，最要日干生旺，兼行食神傷官之鄉，可發福。但歸祿有六忌：一則刑冲。二則作合。三則倒食。四則官星。五則日月天元同。六則歲日天元同。犯此六者，不可一例以為貴矣。若時支有祿，年月支亦有祿，謂之聚福歸祿，主大貴。」

2、原局財格最強，食傷兩見，然而癸酉、癸亥夾戊土，食傷轉強，且戊日主有戊土為根，時柱正偏印帶比肩，日主也轉強。一路由印生比劫，比劫生食傷，食傷生財。「富而不貴」，指原局七殺甲木濕而無焰，大運比劫之地(戊癸化火則論食傷生財)，比劫奪財用食神，官殺閑神事不關己。

527

例3、《造化元鑰》例，丑戌未三刑，日祿歸時，傷官傷盡。

傷官	日主	正財	偏財
庚午	己丑	壬戌	癸未
己　　丁	辛　癸　己	丁　辛　戊	乙　丁　己
比　　偏 肩　　印	食　偏　比 神　財　肩	偏　食　劫 印　神　財	七　偏　比 殺　印　肩
甲寅　　乙卯	丙辰　　丁巳	戊午　　己未	庚申　　辛酉

原文：何應欽命，土金傷官佩印，秋土氣寒，金水進氣，專取午宮丁火，丑戌未三刑，幫身得用，時上歸祿，無官星破格，貴為參謀總長。

1、原局己土地支比劫四見，偏印三見，身強。干支食傷、正偏財三見，食傷生財；印生比劫，比劫生食傷，食傷生財，官殺入庫成閒神。丑戌未三刑，身強無妨。

2、「時上歸祿，無官星破格」，指月支無官殺可用。初運庚申傷官生財。己未運厚土埋金，沖出偏財。戊午雙合年柱，丁巳火土之地，丙辰沖出財星，諸運皆火土旺盛，傷官用印。

3、《三命通會》：「傷官用印宜去財，用財宜去印……傷官最喜行財運，印綬身旺次之，不喜行官鄉(傷官傷盡不忌)。」《三命通會》：「土以木為官，以金為傷；木畏金剋，金得木無益。所以火土傷官格，忌見官星。」

二、論雜格

魁罡格

辰是天罡、戌是地魁，在辰、戌之中，選出庚辰、庚戌、壬辰、戊戌，以出生於這四日的人，作為魁罡格。

《三命通會》云：戊戌日無財不貴，不宜見官，若魁罡重疊有情，富貴兩全。壬辰日怕見財官，大喜印綬、劫財與煞。庚戌、庚辰怕官顯。魁罡要疊位相逢，方為有力，諸如：生於庚戌日，又正好是壬辰月中，如此，則為踏併魁罡，亦稱之為雙魁罡，若日主強、不遇刑沖，皆可以主掌權之命。

《星平會海》云：如日位臨者是福重，行身旺發福百端，一見財官，禍患立至也。《三命通會》云：「魁罡聚眾，發福非常。主人性格聰明，文章振發。臨事果斷，秉權而性情肅殺。性嚴有操持，而為人聰敏是也。運行身旺，發福百端。身弱又見財官旺處，禍患立至。魁罡若帶刑沖，日位獨處於沖刑之地。必是小人，刑責不已，窮必徹骨。運臨財官旺地，須防奇禍。」魁罡重疊是貴人，天元健旺喜臨身。

魁罡格，好公義正直，若在刑沖之地，則為言清行濁。庚辰、庚戌是金魁罡，好生議論。逢刑沖則擅言譏評他人之事，而發事端，庚辰、庚戌怕官顯。戊戌是土魁罡，沉默堅毅。逢沖刑，則好自譏、自嘲，言辭刻薄，視金錢為唯一之要事。壬辰是水魁罡，是屬於有機智的人，怕見財官，大喜印綬劫財與煞，歲運同。但是壬辰日，又遇庚辰、庚戌、戊戌等魁罡沖魁罡，則為性格有攻擊性，須防引奇禍臨身之虞。戊戌、壬辰畏財運。

例 1、《造化元鑰》例，魁罡格要重疊相見，地支相冲要財官透出。

比肩	日主	偏財	劫財
庚辰	庚戌	甲午	辛酉
癸　乙　戊	丁　辛　戊	己　丁	辛
傷官　正財　偏印	正官　劫財　偏印	正印　正官	劫財
丙戌　丁亥	戊子　己丑	庚寅　辛卯	壬辰　癸巳

原文：徐紹禎(舉人、革命家)辰戌魁罡相逢，年逢辛酉，陽刃，午宮丁火當旺，為官刃格，運利西北。

1、庚金生在午月，原局並無壬癸水；月干偏財以辰中乙木為根，雜氣財喜冲，正官正印坐提綱，財生官。「官刃格」，指午戌半合正官，有年柱辛酉羊刃對抗。「運利西北」，指調候用神壬、癸水。

2、《三命通會》云：「魁罡四日最為先，疊疊相逢掌大權，庚戌庚辰怕官顯，壬辰壬戌見財運，主人性格多聰慧，好殺之心斷不偏，柱有刑冲兼剋破，一貧徹骨受笞鞭。」

3、庚寅運拱午三合火局，與庚辰拱卯三會財局，木火通明，財生官，必有顯達。《星平會海》：「雜氣泛來福不輕，天干透出始為真；身強財旺生官祿，運見刑冲聚寶珍。」

例 2、《造化元鑰》例，魁罡重疊雖貴，自刑滿布。

食神	日主	食神	七殺
壬午	庚辰	壬辰	丙辰
己　丁	癸　乙　戊	癸　乙　戊	癸　乙　戊
正印　正官	傷官　正財　偏印	傷官　正財　偏印	傷官　正財　偏印
庚子　己亥	戊戌　丁酉	丙申　乙未	甲午　癸巳

原文：清穆宗(同治)命造，甲午運甲戌年，日犯太歲而殂。

1、原局庚金生在辰月，調候用神甲、丁、壬，用神有甲運。原局天
　干剋洩，地支辰土三見，時支午火，自刑滿布；地支正偏印四見，
　近偏印格。以格局而言，食傷五見，傷官格。

2、《三命通會》：「魁罡重疊是貴人，天元健旺喜臨身；財官一見生
　災禍，刑煞俱全定苦辛。」甲午運，柱運午午自刑，甲戌年雙沖
　日柱庚辰，午戌半合火局兩組，一戌沖三辰，原局財官不透干，
　流年透財生殺；柱運歲刑沖俱全。

531

金神格

　　金神者，破敗之神。金神格是取出生的時辰為準，即是乙丑時、己巳時、癸酉時。《星平會海》云：夫金神者，只有三時，癸酉、巳巳、乙丑之類也。金神乃破敗之神要制伏，入火鄉為勝。如四柱中更帶七煞羊刃真貴人也，運入水鄉則為禍矣。這三個時辰的日主，依五鼠遁日法則，即是一定生於甲、己二日。顯然而甲、己二日，同屬金神格，卻是以甲日為主，又以甲子、甲辰二日為最明，月令之地支，要通金、火二局，方成佳命。通常所稱之金神要入火鄉，此是以大致而言，若不通於月令之火、金，可以不必認為金神格。若入其他的格局，即以它格取用。

1、《星平會海》云：癸酉己巳並乙丑，時土逢之是福神。傲物恃方宜制伏，交逢煞刃貴人真。又云：金神遇火貴無疑，金水禍殃定有之，運到火鄉多發達，官崇衣富兩相宜。

2、甲子、甲辰日之金神格，月令不通金氣火局，即論他格。即月令要火金，取巳、午、申、酉地支，不可入水鄉。若生於亥、子月，或者有水運，可以視作印看。四柱有官殺、羊刃者，亦可以作吉論，但忌見有刑冲。

3、生於亥、卯、未月之金神格，木洩水生火，最宜入火鄉。而生於癸酉時之金神格，不可以入火鄉。

4、六己日，見乙丑、己巳、癸酉時，亦作金神格而論，不喜金運，而喜入火鄉。論金神格時門檻較高，因此若有普通格之條件，仍須先將普通格考慮在內，互為印證。

例1、《造化元鑰》例，金神格多水，甲木有乙丑、己巳、癸酉三時，要甲木向陽。

正財	日主	正印	偏印
己巳	甲辰	癸丑	壬辰
庚 戊 丙	癸 乙 戊	辛 癸 己	癸 乙 戊
七 偏 食 殺 財 神	正 劫 偏 印 財 財	正 正 正 官 印 財	正 劫 偏 印 財 財
辛 庚 巳 辰	己 戊 未 午	丁 丙 巳 辰	乙 甲 卯 寅

原文：陸子冬命，甲己作合，時上巳宮，丙火得祿，寒木向陽，富而兼貴，現任江蘇銀行行長。

1、原局正偏印五見，正偏財五見，好在財印相間隔。甲木得到坐下癸水，月干癸水相生，甲己合而不化。大運甲寅與日柱三會劫財，乙卯依然劫財，早運無功。丙運食神轉機，辰運自刑。丁巳運論調候濕木喜火，論金神格，宜入火鄉。

2、《三命通會》：「金神遇火貴無疑，金水災殃定有之；運到火鄉多發達，官崇家富兩相宜。時遇金神貴氣多；如逢羊刃卻中和，若行水運貧而疾，火制名高爵位峨。」另一命己丑、丁丑、甲辰、癸酉，大運金水之地，金水傷丁，貧賤。

533

例2、《造化元鑰》例，乾造，化土失令，化在晚運，衣祿無虞。

正財	日主	正官	偏印
己巳	甲子	辛亥	壬辰
庚　戊　丙	癸	甲　壬	癸　乙　戊
七殺　偏財　食神	正印	比肩　偏印	正印　劫財　偏財
己未　戊午	丁巳　丙辰	乙卯　甲寅	癸丑　壬子

原文：化土失令，孤寡多疾，晚年有衣祿。按化神喜行旺地，甲己化土，必須以火為用也；壬辛並透水多土蕩，破格明矣。喜時上巳宮丙戊得用，晚運丙辰、丁巳，衣祿無虧矣。

1、「化土失令」，指原局雖然僅辰土，但因為甲己化土後，有地支子中癸水，巳宮戊土接應，化火而火土同位，勉強稱化土格但失令。原局正偏印四見水旺。

2、《滴天髓》：「假化之人亦多貴，孤兒異姓能出類。原注：日主孤弱而遇合神真，不能不化。但暗扶日主，合神又虛弱，及無龍(辰土)以運之，則不真化。至於歲運扶起合神，制伏忌神，雖為假化，亦可取富貴，雖是異姓孤兒，亦可出類拔萃；但其人多執滯偏拗，做事遲遭，骨肉欠遂。」原局金水不弱，化土難真，以格局而言，偏財剋偏印用戊土。以金神格而言喜入火鄉。換言之，甲寅、乙卯比劫運不化，丙辰丁巳運，金神入火鄉，偏印用偏財，格局用神不謀而合。

534

三奇貴人

三奇貴人：天上三奇是甲戊庚齊全。地下三奇是乙丙丁齊全。人中三奇是壬癸辛齊全。但必須日干強始可托福祿，其次帶有貴人，否則空有其名。乙丙丁最驗。

例、《造化元鑰》例，干支三奇貴人，貴人換祿。

劫財	日主	偏印	正官
丙午	丁卯	乙巳	壬辰
己　丁	乙	庚　戊　丙	癸　乙　戊
食神　比肩	偏印	正財　傷官　劫財	七殺　偏印　傷官
癸丑　壬子	辛亥　庚戌	己酉　戊申	丁未　丙午

原文：胡景翼命：專用官星，得胎元申宮生之，天干乙丙丁，支聚卯巳午，上下三奇，卯辰巳午聯珠，總領師旅，位至都督。

1、丁火生在巳月，日祿歸時，自坐偏印三見，偏印格，比劫三見坐臨官帝旺，身強。天干乙丙丁，地中三奇，更妙地支巳(丙祿在巳)、卯(乙祿在卯)、午(丁祿在午)，地支也是三奇貴人，除壬水外，天干在地支均有祿位。地支卯辰巳午連成一氣，少見即貴。七殺入庫，財不旺，身強格弱。

2、調候用神庚、甲，柱中不見。初運丙午伏吟，丁運合壬，三奇自能透顯。戊申、己酉運食傷生財，滋生弱煞，官殺得用。《滴天髓》：「上下貴乎情協，左右貴乎同志。」

535

六甲趨乾

《造化元鑰》例，乾造，六甲趨乾，戊出天干，止水之流，號曰六甲趨乾，官至府尹。日月互換空亡。

劫財	日主	正印	偏財
乙亥	甲子	癸亥	戊辰
甲　壬	癸	甲　壬	癸　乙　戊
比　偏 肩　印	正 印	比　偏 肩　印	正　劫　偏 印　財　財
辛未　庚午	己巳　戊辰	丁卯　丙寅	乙丑　甲子

原文：戊出天干，止水之流，號曰六甲趨乾，官至府尹。

按亥為乾宮，六甲日生亥月，亥時，為趨乾格。戊出天干止流水，乃用財損印也。

1、六甲趨乾，指六甲日見亥，亥為天門，甲木賴之長生。《三命通會》：「趨乾六甲最為奇，甲日生人得亥時，歲運若逢財旺處，官災患難來尋之。」甲日見亥偏印帶比肩，比肩剋財，財剋印。

2、原局水多，正偏印五見，即印綬旺，有水泛木漂之虞；而年柱是戊土偏財格，偏財剋印綬，有病有藥醫，格局有成。至於年月天干戊癸合而不化。

3、早運甲子伏吟日柱，剋去偏財，子運合水，不利。乙丑運拱子，水泛木漂。丙寅、丁卯運食傷生財。〈真寶賦〉：「六甲趨乾透印綬為佳，財星疊見，位列名卿。」

536

六乙鼠貴格

《三命通會》云：陰木獨遇子時，為六乙鼠貴之地。乙以子申為貴神，獨遇子者，用鼠不用猴也。六乙日即是乙丑、乙卯、乙巳、乙未、乙酉、乙亥六日生人，又生於子時，以乙日貴人在子，故曰：六乙鼠貴。

1、《星平會海》云：以六乙日生遇子時為鼠貴，用子字多官高名顯，若四柱中無官星者，方用此格。大忌冲子，不宜午字去冲子，若子多為聚貴，柱中若見庚申、辛酉、丑字，則減分。

2、忌四柱之中有午破、丑合之字，亦忌貴人逢冲則無力。宜無官星。月支之中，最宜通木局，水支亦可。月令之字，不宜是屬於金、火的地支。

3、大運在申酉，有凶晦之事。東方運中，則為漸退，午運，則最不濟事。若是生於夏季，則仍以傷官格而論。若入他格，則是普通格局。

例1、《造化元鑰》，六乙鼠貴格，丙火高透，戊土制水，官至按院。

傷官	日主	正財	劫財
丙子	乙亥	戊辰	甲寅
癸	甲　壬	癸　乙　戊	戊　丙　甲
偏印	劫財　正印	偏印　比肩　正財	正財　傷官　劫財

丙子	乙亥	甲戌	癸酉	壬申	辛未	庚午	己巳

原文：六乙鼠貴格，丙火高透，戊土制水，官至按院。
按年月甲木破戊，時上子水得力，正合六乙鼠貴，丙照癸滋，大貴之格。

1、乙木生在辰月，調候用神癸、丙、戊，原局癸丙戊貼身，正財格為主，傷官格為輔，四柱無刑冲，高命。《三命通會》：「陰木獨遇子時，為六乙鼠貴之地。乙以子申為貴神，獨遇子者，用鼠不用猴。……此格要月通木局(身旺)，日下支神皆是木旺之地，水印亦可，忌見金火。」甲寅、辰、亥，即是通木局。

2、《三命通會》：「乙日生人得子時，名為鼠貴最為奇；切嫌午字來冲破，辛酉庚申總不宜。」原局己巳運雙冲日柱，帶劫財不利。庚午運與時柱雙冲，與日柱乙亥雙合，天德合大耗與文昌，驚滔駭浪。辛運合水論吉。未運乙木入庫，兄弟不傷傷自己。壬申水，必有漂泊之時。癸運入庫空轉，雙合月柱後五年轉運。甲戌雙冲月柱，與年柱甲寅拱火局，午亥合，不傷子水。

例2、《造化元鑰》，六乙鼠貴，兩干不雜，陶模命。

傷官	日主	傷官	比肩
丙子	乙亥	丙戌	乙未
癸	甲　壬	丁　辛　戊	乙　丁　己
偏印	劫財　正印	食神　七殺　正財	比肩　食神　偏財

戊寅	己卯	庚辰	辛巳	壬午	癸未	甲申	乙酉

原文：陶模命：丙透癸藏，專用子中癸水，六乙鼠貴格也，位至總督。

1、乙日生在戌月，調候用神癸、辛。原局身旺食傷強，喜財運。原局食傷四見，傷官格順用逆用皆宜，其區別在傷官用印，無財不宜見財，否則財剋印。傷官用財，無印不宜見印，否則也是財剋印。原局食傷與財火土同位，故傷官用財。

2、單純的六乙鼠貴未必高命，尚須用神與格局的搭配。乙木行南方火地食傷見財。《滴天髓》：「日主旺，傷官輕，無印綬而可見官。傷官旺而無財，一遇官而有禍。傷官旺而身弱，一見官而有禍。傷官弱而財輕，一見官而有禍。大率傷官有財，皆可見官。」原局傷官帶財，中運傷官帶財；官殺有印綬洩化，印綬有財星制，四柱無刑冲。

井欄叉格

《造化元鑰》例，井欄叉格，辰酉合刃，時上偏財。

偏財	日主	食神	劫財
甲申	庚子	壬辰	辛酉
戊　壬　庚	癸	癸　乙　戊	辛
偏印　食神　比肩	傷官	傷官　正財　偏印	劫財
甲申　　　乙酉	丙戌　　丁亥	戊子　　己丑	庚寅　　辛卯

原文：端方命，滿人，井欄叉格，位至總督，辛亥年死於亂軍中，年五十一。

1、《三命通會》：「庚日全逢潤下，忌丙丁巳午之方；時遇子申，其福減半。此格以庚申、庚子、庚辰三日為主。地支三合水局，天干透三庚，乃為全逢潤下，庚用丁為官，以申子辰冲寅午戌火局。庚日得官星為貴，丙丁則官煞顯露；巳午則井口填實；時遇丙子為時上偏官；甲申為日祿歸時，難成此格。……井欄叉即井口也，潤下者水也，井中有水，所以濟人。見午未填實，水為土雜，則無濟人之功。…此格須柱無一點火氣。」

2、《三命通會》：「申子辰全日遇庚，井欄叉格制官星；局中無火方為貴，破動提綱禍已臨。」庚寅運與時柱甲申，正氣相冲，發貴。己丑、戊子運不犯官星。「辛亥年死於亂軍中」，指辛亥年與辛酉夾戌冲提綱辰土。

六陰朝陽

　　六陰是指六個辛日的生日，而生在子時。即是辛丑、辛卯、辛巳、辛未、辛酉、辛亥，這六天所生的人，又生在子時，即視為六陰朝陽格。

1、《星平會海》云：六壬行運喜西方，臨在東方也吉昌，若到北方凶且畏，南離沖破主禍殃。嫌四柱之中，有午字明見，如果沒有午字破子，則可以大運入西方金運為吉。

2、此格雖然是以子字為佳，但是不可以在四柱之中，有二個以上的子字，多則反而不吉。四柱中亦不宜見有午沖、丑合，如果有午、丑等字，沖合子字，則陰不朝陽。

3、最宜生於申、辰、亥、卯、未、酉月，若生於戌、丑二月之中，則作印格而論，不論六陰朝陽。如果是生於甲寅、乙卯日，只以財格而論之；行運不論南、北，只要身旺，皆作吉祥之論。六辛日之中，獨以辛未、辛酉二日為正格。

4、《三命通會》云：身旺為妙，若成此格，多名勝於財，為人高亢，傷妻害子，如犯上忌身弱，貧薄。

　　《三命通會》云：辛逢戊子號朝陽，運喜西方祿位昌。丑午丙丁無出現，腰金衣紫入朝綱。南地平平最嫌北，西方第一次東方。若還子字不重遇，貴處朝堂姓名香。」

《造化元鑰》例，六陰朝陽格，食神順用，不喜火土之地逆剋。

正印	日主	比肩	食神
戊子	辛酉	辛酉	癸巳
癸	辛	辛	庚　戊　丙
食神	比肩	比肩	劫財　正印　正官
癸丑　甲寅	乙卯　丙辰	丁巳　戊午	己未　庚申

原意：全無木氣疏土，孤貧。按此造亦是六辛朝陽格，巳宮丙戊得祿，戊土太重，癸水出干被傷，反致孤貧。

1、《三命通會》：「六辛日時逢戊子，嫌午位；運喜西方。此格六辛日為主，辛以丙為官星，以癸為壽星；喜戊子時，以戊合癸，子乃辛之生地；戊祿在巳，戊來印辛，戊乃丙之子，丙見戊印辛，丙卻生戊合辛為貴，辛日得官星也。柱中只宜子字一位，多則不中，怕午冲丑絆，則陰不能朝陽；丙巳填實，運行西方金旺之地，故喜。東北財傷，次之；南方死絕則忌。此格只宜生申辰亥卯未酉月；若生四季，以印綬論。丙午、丙寅、丙戌月，以財官論。甲寅、乙卯月，只以財論，月令為主，行運不拘南北，身旺為妙，若成此格，名多勝於財，為人高亢，傷妻害子。」

2、原局比劫印綬多，身強喜洩秀。喜庚申金旺之地，進入己未運無功，戊午冲子(格局用神)大忌，丁巳運官殺死絕，丙辰運金水可用，乙卯冲剋多，孤貧。

夾垣格

《造化元鑰》例，夾垣格(又名，財格)，張弧命，一丑刑三戌。

比肩	日主	比肩	比肩
乙酉	乙亥	乙酉	乙亥
辛	甲　壬	辛	甲　壬
七殺	劫財　正印	七殺	劫財　正印
丁丑　戊寅	己卯　庚辰	辛巳　壬午	癸未　甲申

原文：張弧命：夾垣格，無癸，姑用壬水，天干一氣，地支兩清，位至財政部長，卒於丁丑年，壽六十二。

1、《星平會海》：「此格用日支與時支共扶其財，如甲寅日甲子時，虛拱丑中己土為財庫。又如乙卯日見丁巳時，虛拱辰宮戊土為財庫。」原局乙亥、乙酉拱出戊土，戊土為正財。以火土同位通關，比劫多喜食傷。

2、拱出即不宜填實，柱中若見官煞及羈絆則拱不住；更要身旺運及財運之地為妙，行運南方火土食傷生財。古訣：「夾垣之格少人知，拱夾休填萬庫反；不犯柱中官殺位，一生清貴顯當時。」

3、行運雖無戊填實，辛巳運雙沖乙亥。「用實不如用虛」；庚辰運沖戌，雙合乙酉，沖出雜氣官，波瀾壯闊，宦海浮沉。己卯雙沖乙酉，全局撼動。「卒於丁丑」，一丑刑三戌，用神丁火入戌庫。

合祿格

　　《三命通會》記載類似拱祿、拱貴、冲祿、冲合祿馬、刑合得祿、刑冲帶合、丑遙巳祿、子遙巳祿、祿元三會、祿元互換、天元暗祿、八專祿旺、建祿不富、背祿不貧、背祿逐馬等，其原則中有例外，例外中有原則，均不脫離用神、格局、衰旺等理論。學者無須迷惑。

　　《造化元鑰》例，合祿格，以傷官格之理論之。

食神	日主	傷官	偏財
庚申	戊寅	辛亥	壬申
戊　壬　庚	戊　丙　甲	甲　壬	戊　壬　庚
比肩　偏財　食神	比肩　偏印　七殺	七殺　偏財	比肩　偏財　食神
己未　　戊午	丁巳　　丙辰	乙卯　　甲寅	癸丑　　壬子

原文：名合祿格，位至府尹，蓋支下四皆生地，故運遇東南，大貴。按喜忌篇云：庚申時逢戊日，名食神干旺之方，歲月犯甲丙卯寅，此乃遇而不遇，蓋戊日見庚申時，名專食合祿格，以申合巳為戊之祿，寅刑巳，亥冲巳，全局虛神集注巳祿，戊土不旺，專取食神洩秀也，運至東南方，火土得地而發。

1、合祿格，《神峰通考》:「合祿格者，蓋取六戊門，逢庚申時，原四柱無官印，方取此格。蓋取時上庚，合起乙木為戊土官星也。

只畏甲木剋戊,制了本身。又畏丙字破了庚字,不能合乙,又畏寅字冲破了申字,又畏卯字見了官星。」原局食傷生財。

2、《滴天髓》注:「身弱而傷官旺者,見印而可見官(印化官剋食傷)。身旺而傷官旺者,見財而可見官(食傷洩秀)。傷官旺,財神輕,有比劫而可見官(比劫抗殺不劫財)。日主旺,傷官輕,無印綬而可見官(身殺兩停)。傷官旺而無財,一遇官而有禍(傷官剋官)。傷官旺而身弱,一見官而有禍(剋洩交加)。傷官弱而見印,一見官而有禍(強印剋食傷)。大率傷官有財,皆可見官,傷官無財,皆不可見官。又要看身強身弱,合財官印綬比肩不同方可。不必分金木水火土也。又曰:傷官用印,無財不宜見財。傷官用財,無印不宜用印。」

3、原局日主不弱,食傷與偏財最強,時柱食神生財;甲寅運冲祿,乙卯運雙合。驛馬在申生財透干帶文昌。

金白水清

　　庚申辛酉日生秋月，引到時上遇亥子水鄉，金則白，水則清，忌刑冲破害，主得福氣，忌夏月生即不入格。春金二三月，運行西北同屬之。若生在秋冬月令，無火傷土制，見金水相停成局亦屬之。

《造化元鑰》例，金白水清，滿地自刑，印運剋食傷。

食神	日主	傷官	傷官
甲辰	壬午	乙酉	乙酉
癸 乙 戊	己 丁	辛	辛
劫財 傷官 七殺	正官 正財	正印	正印
丁丑 戊寅	己卯 庚辰	辛巳 壬午	癸未 甲申

原文：張麟書命：壬生八月，得甲木出干制土，金白水清，午宮丁火財星得祿，洩甲木之氣，故供職交通銀行三十年，不出金融界，辰運戊寅年五月，慘遭暗殺殞命，不得令終，以滿盤自刑故也。

1、壬水酉月，調候甲、庚。《三命通會》：「此輩宜登科地，此象乃庚申、辛酉日生秋月令，引到時上，遇亥子水鄉，以金則白，以水則清，無刑冲破害，主福厚，切忌夏生，則不入格。」原局食神傷官四見，傷官格。傷官要生財，大運行南方火地，得意於生財之途。

2、「供職交通銀行三十年，不出金融界」，《三命通會》：「金清水白主榮貴，秀麗文章定出羣；更無火土來刑制，聲響掀騰翰苑人。」巳午未運南方火土之地，故食傷生財於金融界。以自坐財官，總有一段呼風喚雨。「滿盤自刑」，指酉刑酉，午刑午，辰刑辰。庚辰運雙合年月柱，時柱天剋地刑，寅年拱卯冲酉。

547

母旺子衰

《造化元鑰》例，體全之象，母旺子衰，宜助其子。

正印	日主	食神	正印
庚申	癸卯	乙酉	庚辰
戊　壬　庚	乙	辛	癸　乙　戊
正官　劫財　正印	食神	偏印	比肩　食神　正官
癸巳　壬辰	辛卯　庚寅	己丑　戊子	丁亥　丙戌

原文：孔祥熙命：水淺金多，號曰體全之象，喜乙庚卯申合，滿盤皆金，金為體，水為用，位至行政院長。

1、癸水生在酉月，金白水清，正偏印四見，偏印格。食神三見，食神格。印剋食傷很難調停。「水淺金多」，指乙庚合金，辰酉合金，卯申合金，則卯酉不冲。

2、《子平粹言》：「母旺子衰：癸水日干，全局皆印，為體全格，與從兒同。……書云：獨水三犯庚辛，號曰：體全之象，三犯者，四柱之中除日主為水外，其餘三干皆金也。旺者喜洩，印太旺宜行比劫之地，以洩印之旺氣，以全局氣勢為主，其理固一貫也。」金水號體全格。水木、木火、火土、土金，雖不名體全，同為母旺子衰，宜助其子。」故原局僅見癸水洩印綬旺金，宜行北方水地，助其子。多合無冲刑，長袖善舞。

548

兩干不雜

《三命通會》：「干頭相類，銅臭官卑，以甲人得乙，乙人得甲，謂之偏祿，多無科名。」兩干不雜必有一個比肩，同類又出劫財，等於天干沒格局就吃虧。原局有天干順時(即天干連珠)，地支夾拱(即地支連茹)，兩干不雜等，還須分析用神如何。《三命通會》：「富貴天干順食奇，地支夾拱少人知；兩干不雜還須貴，一世生成造化稀。」

《造化元鑰》例，乾造，兩干不雜，好看而已。

正官	日主	正官	比肩
辛未	甲子	辛未	甲辰
乙 丁 己	癸	乙 丁 己	癸 乙 戊
劫財 傷官 正財	正印	劫財 傷官 正財	正印 劫財 偏財
己卯	戊寅 丁丑 丙子	乙亥 甲戌	癸酉 壬申

原文：此名兩干不雜，專用丁火，雖有富貴，妻子難留。若作丁卯時，丁火出干，可生四子，但家貧耳。按兩干不雜，局勢雖清，無關取用；此造好在甲木臨子，官印相生，潤土生木，故能用丁，丙寅害子，妻賢難留。若丁卯時，丁火出干，卯刃劫財，故子多而家貧。

1、甲木生在未月，先用癸水。劫財入庫；比劫四見，自坐正印，帶正印入庫；天干正官兩見無根，故身強。「專用丁火」，指火土同位，用傷官洩身生財。「妻子難留」，指比劫重剋妻財，正官兩頭掛有子難留。「若作丁卯時」，指時上羊刃，傷官透干，傷官格，傷官要生財，而羊刃要奪財，比劫強，故「家貧」。

2、「丁火出干，可生四子，但家貧耳」，指卯時時上羊刃。「甲木臨子，官印相生」，正官出干論官，自坐正印論印。「潤土生木，故能用丁」，指調候癸水到位，濕土生木。否則「丙寅害子」，指丙寅均消洩子水；則甲木元氣衰退。「妻賢難留」，指日支妻宮受到剋洩，寅未都有比劫。故兩干不雜好看而已，非命格決定要素。

進階解釋 《滴天髓•從象》

　　從旺者，四柱皆比劫，無官殺之制，有印綬之生，旺之極者，從其旺神也。要行比劫印綬則吉，如局中印輕，行傷食亦佳，官殺運，謂之犯旺，凶禍立至，遇財星、羣劫爭財，九死一生。

　　從強者，四柱印綬重重，比劫疊疊，日主又當令，絕無一毫財星官殺之氣，謂二人同心，強之極矣，可順而不可逆也，則純行比劫運則吉；印綬運亦佳；食傷運，有印綬沖剋必凶；財官運，為觸怒旺神，大凶。

　　從氣者，不論財官印綬食傷之類。如氣勢在木火，要行木火運；氣勢在金水，要行金水運，反此則凶。

　　從勢者，日主無根，四柱財官食傷並旺，不分強弱，又無劫印生扶，日主又不能從一神而去，惟有和解之可也，視其財官食傷之中，何者獨旺，則從旺者之勢。如三者均停，不分強弱，須行財運以和之，引通食傷之氣，助其財官之勢，則吉；行官殺運次之；行食傷運又次之；如行比劫印綬，必凶無疑，試之屢驗。

551

參考書目：（以筆劃為順序）

萬民英著：《三命通會》。

徐樂吾著，《子平粹言》。

徐樂吾著，《造化元鑰評註》。

徐樂吾著，《滴天髓補註》。

徐樂吾著，《淵海子平評註》

袁樹珊著，《滴天髓闡微》。

袁樹珊著，《命理探原》。

梁湘潤藏本，《增補星平會海全書合訂本》。

梁湘潤編著，《實務論命》。

梁湘潤藏本，《八字預測學》。

梁湘潤編著，《四角方陣刑沖合會透解》。

梁湘潤著，《淵海子平詩集解》。

梁湘潤著，《流年法典》。

梁湘潤編著，《余氏用神辭淵》。

梁湘潤編著，《大流年判例》。

梁湘潤編著，《命學大辭淵》。

於光泰著，《八字基礎會通》。

張楠撰，《神峰通考》。

國家圖書館出版品預行編目資料

八字奧秘三十天快譯通/於光泰著
--初版一桃園市
於光泰，2022.03
551 面；14.8X21 公分
ISBN：978-957-43-9866-9
CST: 命書　2.CST: 生辰八字
293.12　　　　　111002780

八字奧秘三十天快譯通

2022 年 3 月　初版　第 1 刷

作者：於光泰
出版者：於光泰
地址：桃園市桃園區大業路二段 103 號 7 樓之 2
電話：(03)472-4980
Email：s91923010@yahoo.com.tw

印刷：明邦印刷事業有限公司
地址：新北市中和區中山路二段 327 巷 11 弄 5 號 1 樓
電話：(02)2247-5550

建議售價：新台幣壹仟壹佰元整

ISBN：978-957-43-9866-9